中华国学文库

书 集 传

〔宋〕蔡 沉 撰

王丰先 点校

中华书局

图书在版编目（CIP）数据

书集传/（宋）蔡沉撰；王丰先点校. —北京：中华书局，2017.6
（2025.4 重印）
（中华国学文库）
ISBN 978-7-101-12515-3

Ⅰ.书… Ⅱ.①蔡…②王… Ⅲ.①中国历史-商周时代②
《尚书》-研究 Ⅳ.K221.04

中国版本图书馆 CIP 数据核字（2017）第 059526 号

书 名	书集传	
撰 者	〔宋〕蔡　沉	
点 校 者	王丰先	
丛 书 名	中华国学文库	
责任编辑	石　玉	
责任印制	韩馨雨	
出版发行	中华书局	
	（北京市丰台区太平桥西里 38 号　100073）	
	http://www.zhbc.com.cn	
	E-mail：zhbc@zhbc.com.cn	
印 刷	河北新华第一印刷有限责任公司	
版 次	2017 年 6 月第 1 版	
	2025 年 4 月第 2 次印刷	
规 格	开本/880×1230 毫米　1/32	
	印张 9½　插页 2　字数 265 千字	
印 数	6001-6600 册	
国际书号	ISBN 978-7-101-12515-3	
定 价	38.00 元	

中华国学文库出版缘起

《中华国学文库》的出版缘起，要从九十年前说起。

1920年，中华书局在创办人陆费伯鸿先生的主持下，开始编纂《四部备要》。这套汇集三百三十六种典籍的大型丛书，精选经史子集的"最要之书"，校订成"通行善本"，以精雅的仿宋体铅字排印。一经推出，《四部备要》即以其选目实用、文字准确、品相精美、价格低廉的鲜明特点，最大限度地满足了国人研治学问、阅读典籍的需要，广受欢迎。丛书中的许多品种，至今仍为常用之书。

中华人民共和国成立之后，党和国家倡导系统整理中国传统文献典籍。六十餘年来，在新的学术理念和新的整理方法的指导下，数千种古籍得到了系统整理，并涌现出许多精校精注整理本，已成为超越前代的新善本，为学界所必备。

同时，随着中华民族以前所未有的自信快速发展，全社会对中国固有的学术文化——国学，也表现出前所未有的关注和重视。让中华文化的优秀成果得到继承和创新，并在世界范围内进行传播和弘扬，普惠全人类，已经成为中华民族的历史使命。当此之时，推出符合当代国民阅读需要的权威的国学经典读本，实为当务之急。于是，《中华国学文库》应运而生。

《中华国学文库》是我们追慕前贤、服务当代的产物，因此，它自当具备以下三个基本特点：

一、《文库》所选均为中国学术文化的"最要之书"。举凡哲学、历史、文学、宗教、科学、艺术等各类基本典籍，只要是公认的国学经典，皆在此列。

二、《文库》所选均为代表当代学术水平的"最善之本"，即经过精校精注的整理本。其中既有传统旧注本的点校整理本，如朱熹《四书章句集注》，也有获得学界定评的新校新注本，如余嘉锡《世说新语笺疏》。总之，不以新旧为别，惟以善本是求。

三、《文库》所选均以新式标点、简体横排刊印。中国古籍向以繁体竖排为标准样式。时至当代，繁体竖排的标准古籍整理方式仍通行于学术界，但绝大多数国人早已习惯于现代通行的简体横排的图书样式。《文库》作为服务当代公众的国学读本，标准简体字横排本自当是恰当的选择。

中华书局自 1912 年成立，至今已近百岁。我们将《中华国学文库》当作向中华书局百年诞辰敬献的一份贺礼，更是向致力于中华民族和平崛起、实现复兴大业的全国人民敬献的一份厚礼。我们自当努力，让《中华国学文库》当得起这份重任，这份荣誉。

中华书局编辑部
2010 年 12 月

中华国学文库出版缘起

校点说明

书集传,又名书经集传、书经集注、书蔡传,是南宋著名学者蔡沉的尚书学著作。

蔡沉(公元一一六七——一二三〇),一名蔡沈,字仲默,学者称九峰先生,谥文正。南宋建宁府建阳县(今属福建)人。其父大儒蔡元定(一一三五——一一九八),字季通,号牧斋,学者尊称西山先生。宋史本传云:"元定于书无所不读,于事无所不究,义理洞见大原,下至图书、礼乐、制度,无不精妙。古书奇辞奥义,人所不能晓者,一过目辄解。""闻朱子名,往师之。熹扣其学,大惊曰:'此吾老友也,不当在弟子之列。'遂与对榻讲论诸经奥义,每至夜分。四方来学者,熹必俾先从元定质正焉。"而朱子云:"凡性与天道之妙,他弟子不得闻者,必以语季通焉。""异篇奥传,微辞突义[一],多先令讨究而后亲折衷之。"(真德秀西山文集卷四十二)朱子尝辑其问答之辞曰"翁季录"。及蔡氏葬,朱

[一]"突义",律吕新书及性理大全书作"遂旨"。

子以文诔之，曰："精诣之识，卓绝之才，不可屈之志，不可穷之辩，不复可得而见矣。"（见本传）可见朱子对元定的赏识与推重。尤袤、杨万里联疏荐举，宋廷召之，而终以疾辞。后韩侂胄当权，言官承意连章诋朱子，并及蔡氏。庆元二年（一一九六），朱子落职，蔡氏被编管道州（今湖南道县），竟死于贬所。韩侂胄死后，赠迪功郎，谥号文节。所著有大衍详说、律吕新书、燕乐原辩、皇极经世太玄潜虚指要、洪范解、八阵图说、阴符解、运气节略、脉书及杂说若干卷。全祖望云："西山蔡文节公领袖朱门，然其律吕、象数之学，盖得之其家庭之传，惜夫翁季录之不存也。"

蔡沉为元定次子，幼承家学，入则受教乃父，出则从文公游，为朱子晚年高足弟子。元定贬道州，蔡沉从之跋涉三千里相从，父子读书、授徒、讲学不倦。元定殁于贬所，蔡沉徒步护丧以归。返乡后，即屏去举子业，隐居九峰，一以圣贤为师。元定一生精研洪范之学，然未及论著，寄希望于蔡沉，说："成吾书者，沉也。"

朱子早在淳熙十三年（一一八六），即开始有意识地收集尚书资料。其答潘文叔云："近亦整顿诸家说，欲仿伯恭诗说作一书。"而在给他人的书信中，也不忘求取时人的尚书学专著，如吴斗南洪范论、程大昌禹贡论等。而在庆元年间，朱子与门弟子讨论尚书，朱子语类所记三四百条，多是这一时期师生问答的产物；而文集中与朱子往返讨论尚书的有十八人之多。起初，朱子还委托李相祖、李方子、谢成之等各撰书解，并有意亲为书传。其答谢成之云："此中今年绝无来学者，只邵武一朋友，见编书说未备，近又遭丧，俟其稍定，当招来讲究，亦放诗传作一书。彼编所看后篇得接续寄来尤幸，恐当有所助耳。"但由于老病，被迫放弃了原来的想法，而是把这项重要的任务交给了晚年高足弟子蔡沉。蔡沉书经集传序亦云："庆元己未冬，先生文公令沉作书集传。明年，先生殁。又十年，始克成编。"可见，蔡沉之受朱子之托作书集传，是在朱子去世前一年。前此，蔡沉亦多次向朱子请益尚书方面的问题。此前一年，蔡沉完成洪范传（束景南朱子年谱长编），获得朱子首肯，从而成为其尚书学的理想传人。李方子撰年谱云："按大全集，二典、禹谟、金縢、召诰、洛诰、武成诸说数篇及亲稿百余段具在，其他悉口授蔡沉，俾足成之。"其实，朱子不仅把自己的尚书研究成果，甚至于收集的同时代学人的尚书学著作，乃至朱门其他弟子的相关研究都毫无保留地传给了蔡沉。故蔡沉自言："沉自受读以来，沉潜其义，参考众说，融会贯通，乃敢折衷。微辞奥旨，多述旧闻。"而其子蔡抗上表亦云："先臣沉从游最久，见道已深，俾加探索之功，以遂发挥之志。微辞奥指，既得于讲贯之余；大要宏纲，尽授以述作之意。"蔡沉历经十年之苦心，终成书集传。真德秀谓"不愧父师之传"，洵为笃论。可见蔡沉善继善述，无愧于朱子之重托。从此意义上说，书集传是集合了朱子、蔡沉师生两代人心血的著述，师生二人由此也共同谱写了学术史上的一段佳话。

　　正因为书集传是蔡沉受朱子之嘱而完成的，所以该书自然地承载和保留了朱子关于尚书的基本认识，反映了朱子解说尚书的基本理路和方法。

首先，朱子云："借经以通乎理耳，理得则无俟于经。"释经的目的是为了通理。具体在尚书学方面，就是以发明大义为主，不拘泥纠缠于细枝末节。其答蔡仲默书云："书说未有分付处，因思向日喻及'尚书文义贯通犹是第二义，直须见得二帝、三王之心，而通其所可通，毋强通其所难通'，即此数语便已参到七八分。"故蔡沉之传尚书，亦一以发明二帝、三王之心为全书主脑。其序云：

书
集
传

> 然二帝、三王之治本于道，二帝、三王之道本于心，得其心则道与治固可得而言矣。何者？精一执中，尧、舜、禹相授之心法也；建中建极，商汤、周武相传之心法也；曰德、曰仁、曰敬、曰诚，言虽殊而理则一，无非所以明此心之妙也。至于言天则严其心之所自出，言民则谨其心之所由施。礼乐教化，心之发也。典章文物，心之著也。家齐国治而天下平，心之推也。心之德，其盛矣乎！二帝、三王，存此心者也；夏桀、商受，亡此心者也；太甲、成王，困而存此心者也。存则治，亡则乱，治乱之分，顾其心之存不存如何耳。后世人主有志于二帝、三王之治，不可不求其道；有志于二帝、三王之道，不可不求其心。求心之要舍是书何以哉？

4

其次，在文本方面，朱子继承中唐以来，尤其是北宋刘敞等开创的疑经、辨经等风气，怀疑孔传，怀疑书序，分辨今古文,删改经文。这在书集传中都有反映。尤其是每篇题目下的传文都会交代古今文的情况;将书序总为一篇,置于书后,并逐条辩驳。这些都可看出弥漫于两宋尚书学界的疑古思潮对书集传成书的深刻影响。

第三,朱子比较重视汉唐注疏。其答李时可:"元祐说命、无逸讲义及晁以道、葛子平、程泰之、吴仁杰数书先附去,可便参订。序次当以注疏为先,疏节其要者,以后只以时世为先后可也。西山间有发明经旨处,固当附本文之下,其统论即附篇末也。记得其数条理会点句及正多方、多士两篇,可并考之。"虽系对李时可语,但也是朱子学风的真实写照。蔡传对于二孔注疏,或明引,或暗引,或节引,不一而足,但数量极多,正说明蔡沉对师说的信奉尊从。

第四,博采众长而时出新意。书集传征引对象既有孔安国、郑玄、王肃、孔颖达、颜师古等汉、唐学者,还广泛涉及苏轼、王安石、曾巩、林之奇、吕祖谦、吴棫、程颐、夏僎、陈鹏飞、曾彦和、张栻、叶梦得、葛子平、晁以道等宋代学者。涉及地理知识,还征引汉书地理志、舆地广记、括地志、水经注、太平寰宇记、通典、李复潏水集、新唐书、通鉴。至于说文、尔雅、广雅、周礼、左传、论语、诗经、周易、孟子、礼记、仪礼、国语、前四史等也时有引用。宋黄震黄氏日钞卷五读尚书云:"经解惟书最多,至蔡九峰参合诸儒要说,尝经朱文公订正。其释文义既视汉唐为精,其发指趣又视诸家为的,书经至是而大明,如揭日月矣。"可谓知言。

对于书集传取得的学术成就,王柏认为:

今九峰蔡氏，祖述朱子之遗规，斟酌群言而断以义理，洗涤支离而一于简洁，如今文、古文之当考，固已甚明矣；大序、小序之可疑，今已甚于[一]；帝王之词与史氏之词参错乎其中，今亦可辨。有害理伤道者，又辞而辟之；有考订平易者，亦引而进之。如天文、地理之精核，岁月先后之审定，用工勤苦，久已成编，后学可谓大幸。（鲁斋集卷五）

这一评价是中肯的。探源蔡传之作，原本不过继朱子之遗志，完成朱学系统之尚书注解而已，但由于蔡氏取精用弘，含英咀华，深入浅出，遂成为尚书宋学的代表作。随着元延祐二年议复贡举，书用蔡氏与古注疏并行，蔡传遂为朝廷功令所在，迄于清末。自其问世后，虽有张葆舒蔡传订误、黄景昌蔡氏传正误、程直方蔡传辨疑、余苞舒读蔡传疑等递相诘难，而陈栎初作书传折衷，颇论蔡氏之失，但推崇、阐释、羽翼蔡传者不绝如缕。笃信朱学的董鼎、金履祥、都昌陈大猷分别作书集传纂疏、尚书表注、书传会通等来羽翼和会通蔡传。明洪武十年，朱元璋与群臣论蔡传之失，二十七年诏刘三吾等撰书传会选，纠正蔡传凡六十六条。永乐中，胡广等奉敕撰书传大全，复专主蔡传，荟萃众说以羽翼之。而入清以后，康熙晚年敕令重臣纂修书经传说汇纂，又踵明成祖修书传大全之武，而扩张充实，终成书集传流传史上最权威的读本。而清代自胡渭禹贡锥指、阎

〔一〕"于"字疑误，经义考卷八十四引小字注"原阙"。

若璩古文尚书疏证对蔡传的地理学知识提出批评，乾嘉汉学者多有意漠视和忽略蔡传。对此，近儒陈澧在其东塾读书记中指出，伪孔传解释不到位而蔡传解释通达精当之处，清儒江声尚书集注音疏、王鸣盛尚书后案、段玉裁古文尚书撰异往往抄袭其说而没其名。此固可见学术之嬗变、人心之向背，而蔡传之价值也绝非清儒所能掩。

　　书集传自蔡沉完成初稿后，就有刻本问世。淳祐丁未（一二四七），蔡抗对理宗问，云："坊中板行已久，蜀中亦曾板行。今家有其书，掠取先臣之绪余以献者，亦皆窃陛下官爵。"可见蔡抗上表前，此书至少已有两种刻本问世。可惜的是，其早已不存，无缘知其梗概。而现存最早的版本则是淳祐十年（一二五〇）上饶郡学吕遇龙刻本。吕跋言"斯传上经乙览，四方人士争欲得而诵之，犹惧其售本之未善也"，说明吕本之所以出现，是由于蔡抗进书后，书集传受到士人极大推崇，而当时流传的版本不尽如人意。此本共六卷，前有蔡抗进书集传表、淳祐丁未八月二十六日臣抗面对延和殿所得圣语、后省看详、书传问答、蔡沉书经集传序、原书序（系摘录孔安国、汉书艺文志、孔颖达语加以注解，下同），卷后有书序、黄自然跋、朱监跋、吕遇龙跋。除此之外，台北"国立中央图书馆"尚藏有题为"书集传"的南宋刊大字本，因未寓目，其情不得详。今存元刻本有至正十一年德星堂本（藏国家图书馆、北师大图书馆）、梅隐书院本（藏台北"故宫博物院"）、至正十一年余氏双桂书堂本（藏日本）、麻沙刘氏南涧书堂本（藏日本）、至正五年虞氏南溪精舍明复斋本、至正十四年日新书堂本（上图）。以上六种，除南涧书堂本、梅隐书院本外，其他均附邹季友音释，且卷首用朱子说书纲领代替书传问答，另补尚书纂图，且宋本卷末之书序也被调整到卷首。而元至正十一年（一三五一）德星堂本，据卷首凡例系据宋明州本重刊。而至正十一年余氏双桂书堂本与之相较，行款格式及文字均同，差别在于德星堂本把蔡沉书集传序与原序置于全书之首，然后接排书蔡氏传重刊明本凡例，而双桂书堂本则置此二文于尚书纂图后、第一卷前，而于书蔡氏传重刊明本凡例前则增加一牌记，上下两栏，上栏横书"双桂书堂"四字，字较小，下栏则分为左中右三栏，左右宽，中间窄，中间小字书"经传详音，明本大字"八字，上下有小圆圈；左栏大字书"纂图辑释"，右栏亦大字书"蔡氏书传"，两两对称，想必是书贾为牟利而印的商标。麻沙刘氏南涧书堂刻本，卷首有书序、书集传序、文公亲帖、原序，卷后无跋。相比于吕本，卷首内容没有变化，但次序变化很大，而所谓文公亲帖，其内容与吕本书传问答完全一致，但朱子与蔡沉的四则系照原信行书笔迹刻写，卷首无蔡抗进书集传表、淳祐丁未八月二十六日臣抗面对延和殿所得圣语、后省看详三篇文字。从校勘情况看，两本版式、行款、用字习惯一致，避讳情况完全相同，在版本上甚为相近，可定为同一版本源流的二本。笔者怀疑此本实为宋代建阳书肆刻本，系上饶郡学本之祖本。明清两代，由于科举考试的原因，书集传刊刻不绝，版本众多，但大要不出以上诸种之流衍。

　　本次整理，以宋淳祐十年上饶郡学吕遇龙刻本为底本，以元德星堂刻本、南涧书堂本、文渊阁四库全书本为校本。由于元儒陈栎书集传纂疏与清官修书经传说汇纂分别代表了元明清三代对书集传研究的最高成就，因此，此两种书也作为重要的参校本，前者用元泰定四年梅溪书院刻本，而后者采用清雍正内府刻本。另外，陈师凯书蔡传旁通对蔡传文字内容多有纠谬，此次整理亦尽可能吸收其说，所用版本为至正五年余氏勤有堂刊本。至于十三经则用嘉庆二十年阮刻十三经注疏本，诸史、通鉴、通典、水经注等则用中华书局整理本，而东坡书传则用明万历本，增修东莱书说、书传会选则用文渊阁四库全书本。由于上饶郡学本每卷标题均作“朱文公订正蔡九峯书集传卷之某”，卷首“书序”作“书”，下亦有“朱文公订正、蔡九峯集传”字样，而刘氏南涧书屋本每卷标题作“书卷第某”，除第一卷下标“晦庵先生订定，门人蔡沉集传”外，余五卷下均标“蔡沉集传”。而卷首书序下则无。今悉依刘氏南涧书集本。卷首书传问答，上饶郡学在刊刻时删去信函前之“熹”、“熹承”、“熹承喻”等字样，今悉据刘氏南涧书屋本补，不再出校。

　　我对于书集传的阅读，始于十年前博士论文康熙朝御纂诸经编纂研究的写作。此前，自己所受的学术训练更多地偏于古典文学一路，而对经学相对比较隔膜。十分感谢导师安平秋先生的宽容，坚定了蹒跚中学步的我的学术方向。毕业后，又由于先生的厚爱与推荐，以及汤先生及儒藏编纂与研究中心孙先生、魏老师、李老师等的关爱，我得以留校继续安心读书，从事自己喜欢的经学研究。而中心审查稿件的过程中，围绕一个个不起眼的标点问题，同仁往往"疑义相与析"，从而充分领略了韩愈所说"句读之不知，惑之不解"的重要性，对古籍整理有了更切己的体察。中华书局哲学编辑室，尤其是石玉编辑的热忱、盛情和认真负责，则最终促成了本书的出版。

　　这本书的整理是伴随着小儿岩岩的成长完成的。在双方父母和内子马婧的协助下，我得以心无旁骛地徜徉在书海中。很难想象，没有他们的辛勤付出，生活是什么状态！

丁酉仲春于京西潜斋

書集傳

目 录

进书集传表

臣抗言,惟精惟一以执中,盖三圣传心之法;无党无偏而建极,乃百王立治之经。念先臣亲绎于师承,而遗帙粗明乎宗旨。恭逢叡圣,敢效涓埃。臣抗惶惧惶惧,顿首顿首。

臣窃考典、谟、训、诰、誓、命之文,无非载道;及更刘、班、贾、马、郑、服之手,浸以失真。二孔注疏之虽存,诸家笺释之愈众,党同伐异,已乖平平荡荡之风;厌常喜新,又失浑浑灏灏之旨,讹以相袭,杂而不纯。暨皇图赤伏之中兴,有大儒朱熹之特出,经皆为之训传,义理洞明;书尤切于讨论,工夫未逮。谓先臣沉从游最久,见道已深,俾加探索之功,以遂发挥之志。微辞奥指,既得于讲贯之余;大要宏纲,尽授以述作之意。往复之缄具在,删润之墨如新。半生殚采摭之劳,六卷著研覃之思。帝王之制,坦然明白;圣贤之言,炳若丹青。使登彻于〔一〕九重,亦缉熙之一助。

1

〔一〕"于",原阙,今据古文集成前集卷二十三补。

兹者恭遇皇帝陛下，智由天锡，德与日新，任贤勿贰，去邪勿疑，既从民情而罔咈；保邦未危，制治未乱，益思君道之克艰。虽聪明之宪天，犹终始而念学。臣误蒙拔擢，获玷班行。自惟章句之徒，莫效丝豪之报；抱父书而永叹，望宸阙以冒尘。傥获清间乙览之俯临，岂但畴昔辛勤之不朽。置之座右，常闻无怠无荒之规；冒于海隅，咸仰克宽克仁之治。臣无任瞻天望圣，激切屏营之至。所有先臣沉书集传六卷，小序一卷，朱熹问答一卷，缮写成十二册，用黄罗装褙复封，谨随表上进以闻。臣抗惶惧惶惧，顿首顿首，谨言。

　　淳祐七年八月日，奉议郎秘书省著作佐郎兼权侍右郎官兼枢密院编修官兼诸王宫大小学教授臣蔡抗上表。

淳祐丁未八月二十六日臣抗面对延和殿所得圣语

　　臣抗奏二札,节次蒙圣谕。臣奏毕,又蒙玉音宣问臣前此缴进奏札,臣再一一奏毕。遂奏:"臣犬马之情,切于爱主;久怀耿耿,无自指陈。兹侍清光,尽摅蕴抱。臣退归山林,死无悔恨。"

　　玉音忽云:"卿前日所进尚书解,朕常看,其间甚好,是卿之父?"臣奏:"臣先臣沉辛勤三十年,著成此书,今遭遇陛下赐之乙览,九原知幸,千载光荣。"

　　玉音云:"正是从朱熹学?"臣奏:"先臣此书,皆是朱熹之意。朱熹晚年训传诸经略备,独书未有训解,以先臣从游最久,遂授以大意,令具藁而自订正之。今朱熹删改亲笔,一一具存。"

　　玉音云:"曾刊行?"臣奏:"坊中板行已久,蜀中亦曾板行。今家有其书,掠取先臣之绪余以献者,亦皆窃陛下官爵。独先臣此书未得上彻圣览,臣所以冒昧缴进。"

　　玉音云:"昨已特付下尚书省议褒谥矣。"臣奏:"臣先

3

臣此书,惟以未得彻圣览为恨。今既得彻圣览,此外臣何敢他有觊望。惟先臣此书,上蒙圣恩褒借,臣不胜受恩感激,容臣下殿谢恩。"遂退。

后省看详

中书后省准都省送到侍右郎官蔡抗奏缴进朱熹订正先臣沉书集传并书序、问答一十二册，送后省看详申：

今看详蔡君沉书解，得于朱文公之指授，义理周浃，事证精切，多诸儒之所未讲。其言圣贤传心之法，帝王经世之具，天人会通之际，政治沿革之原，世变升降，民心离合，莫不得其指要，真足以垂世传远。其书宜藏之秘阁，以竢圣天子缉熙正学之须。

谨按：沉，西山先生季通子也。西山为文公畏友，文公门人多从其学。沉不坠其先之传，多有著述，而于讨索涵泳之中，又能真知实践，允谓醇儒。生虽不得仕，而学者敬慕之，真西山文忠公尝铭其墓，三致意其人。

昔邵先生康节殁于布衣而死得谥，今沉亦宜得谥。近年得谥者，其家多有所希冀，或自陈乞。沉之子孙于此深有所不愿也。圣朝何惜，不畀沉以谥，而劝著书明理之儒哉？敬看详以闻。

右件元奏批头并书序、问答、集传共壹拾贰册，随状见到,缴申尚书省。

淳祐八年二月□□日朝请郎权尚书吏部侍郎兼权中书舍人兼同修国史实录院同修撰兼侍讲赵汝腾状。

书
集
传

书传问答

赠太师徽国公朱熹与先臣沉手帖

熹比想冬寒,感时追慕,孝履支持。熹年来病势交攻,困悴日甚,要是根本已衰,不复能与病为敌。看此气象,岂是久于人世者。诸书且随分,如此整顿一番,礼书大段未了,最是书说未有分付处。因思向日喻及尚书"文义通贯犹是第二义,直须见得二帝、三王之心,而通其所可通,毋强通其所难通",即此数语便已参到七八分。千万便拨置此来,议定纲领,早与下手为佳。诸说此间亦有之,但苏氏伤于简,林氏伤于繁,王氏伤于凿,吕氏伤于巧,然其间尽有好处,如制度之属,只以疏文为本。若其间有未稳处,更与挑剔,令分明耳。余干人未遣,更欲付一书也。熹顿首仲默贤契友。

又

熹承书,知服药有效,深以为喜。熊生他处用药未闻

如此，或是自有缘法相契也。星筮之说，俟更详看。但云
"天绕地左旋一日一周"，此句下恐欠一两字。说地处却似
亦说得有病。盖天绕地一周了更过一度，日之绕地比天虽
退，然却一日只一周而无余也。岐梁恐须并存众说，而以
晁氏为断，但梁山证据不甚明白耳。禹贡有程尚书说，册
大难送，俟到此可见。稍暇，能早下来为佳。熹顿首仲默
贤契友。

又

熹承示喻书说数条皆是，但康诰"外事"与"肆汝小子
封"等处，自不可晓，只合阙疑。熹尝谓尚书有不必解者，
有须着意解者，有略须解者，有不可解者。其不可解者，正
谓此等处耳。熹顿首仲默贤契友。

熹承喻弗辟之说，只从郑氏为是。向董叔重得书，亦
辨此条，一时信笔答之，谓当从古注说。后来思之不然。
是时三叔方流言于国，周公处兄弟骨肉之间，岂应以片言
半语，便遽然兴师以诛之？圣人气象大不如此。又成王方
疑周公，周公固不应不请而自诛之。若请之于王，王亦未
必见从，则当时事势亦未必然。虽曰圣人之心公平正大，
区区嫌疑自不必避，但舜避尧之子于南河之南，禹避舜之
子于阳城，自是合如此。若居尧之宫，逼尧之子，即为篡
矣。或又谓成王疑周公，故周公居东，不幸成王终不悟，不
知周公又如何处。愚谓：周公亦惟尽其忠诚而已矣。胡氏
家录有一段论此，极有意味。熹顿首仲默贤契友。

陈淳安卿记朱熹语

临行拜别先生，曰："安卿今年已许人书会，冬间更烦出行一遭，不然，亦望自爱。李丈禀白书解且乞放缓，愿早成礼书，以幸万世。"先生曰："书解甚易，只等蔡仲默来便了。礼书大段未也。"

黄义刚毅然记朱熹语

蔡仲默集注尚书至"肇十有二州",因云:"禹即位后,又并作九州。"先生曰:"也见不得,但后面皆只说'帝命式于九围'、'以有九有之师',不知是甚么时并作九州。"

蔡仲默论五刑不赎之意,先生曰:"是穆王方有赎法。尝见萧望之言古不赎刑,熹甚疑之,后来方省是赎刑不是古,因取望之传看毕,曰:'说得也。'无引证。"

蔡仲默论五刑三就,先生曰:"熹尝思量,以为用此五刑是就三处,如大辟弃于市,宫刑下蚕室,其他底刑也是就个隐僻无风[一]处。不然,教那人当风割了耳鼻,岂不破伤风,胡乱死了人。"

义刚归有日,先生曰:"公这数日也莫要闲。"义刚言伯静在此数日,因与之理会天度。问伯静之说如何,义刚言伯静以为天是一日一周,日则不及一度,非天过一度也。先生曰:"此说不是。若以为天是一日一周,则四时中星如

〔一〕"无风",原阙,今据南涧书堂本补。

何解不同。若是如此,则日日一般,却如何纪岁,把甚么时节做定限。若以天为不过而日不及一度,则趱来趱去,将次午时便打三更矣。"因取礼记月令疏指其中说"早晚不同"及"更行一度"两处,曰:"此说得甚分明,其他历书都不如此说。盖非不晓,但是说滑了口后信口说,习而不察,更不去子细点检。而今若就天里看时,只是行得三百六十五度四分度之一。若把天外来说,则是一日过了一度。<u>季通</u>尝有言:论日月则在天里,论天则在太虚空里。若去太虚空里观那天,自是日日衮得,不在旧时处。"先生至此,以手画轮子曰:"谓如今日在这一处,明日自是又衮动着些子,又不在旧时处了。"又曰:"天无体,只二十八宿便是体。日月皆从角起,日则一日运一周,依旧只到那角上;天则一周了又过角些子,日日累上去,到一年便与日会。"

次日,<u>蔡仲默附至书传天说</u>,云:"天体至圆,周围三百六十五度四分度之一,绕地左旋,常一日一周而过一度。日丽天而少迟,故日行一日亦绕地一周,而在天为不及一度。积三百六十五日九百四十分日之二百三十五而与天会,是一岁日行之数也。月丽天而尤迟,一日常不及天十三度十九分度之七。积二十九日九百四十分日之四百九十九而与日会,十二会得全日三百四十八,余分之积又五千九百八十八,如日法九百四十而一,得六不尽三百四十八,通计得日三百五十四九百四十分日之三百四十八,是一岁月行之数也。岁有十二月,月有三十日,三百六十日者,一岁之常数也。故日与天会,而多五日九百四十分日之二百三十五者为气盈，月与日会，而少五日九百四十分日之五百九十二者为朔虚，合气盈、朔虚而闰生焉。故一岁闰率则十日九百四十分日之八百二十七，三岁一闰则三十二日九百四十分日之六百单一，五岁再闰则五十四日九百四十分日之三百七十五，十有九岁七闰则气朔分齐，是为一章也。"先生以此示义刚，曰："此说分明。"

　　右赠太师徽国公朱熹与先臣沉手帖及问答语录也。窃惟先臣沉奉命传是书也，左右就养，逮启手足，诸篇纲领，悉经论定。凡得之面命口授者，已具载传中。其见于手帖、语录者仅止此，搜辑披玩，不胜感咽，于以见一时师友之际，其成是书也不易如此。谨附卷末，以致惓惓景仰孝慕之思云。臣抗百拜敬书。

九峰蔡先生书集传序

庆元己未冬，先生文公令沉作书集传。明年，先生殁。又十年，始克成编，总若干万言。

呜呼！书岂易言哉！二帝、三王治天下之大经大法皆载此书，而浅见薄识岂足以尽发蕴奥？且生于数千载之下，而欲讲明于数千载之前，亦已难矣！然二帝、三王之治本于道，二帝、三王之道本于心，得其心则道与治固可得而言矣。何者？精一执中，尧、舜、禹相授之心法也；建中建极，商汤、周武相传之心法也；曰德、曰仁、曰敬、曰诚，言虽殊而理则一，无非所以明此心之妙也。至于言天则严其心之所自出，言民则谨其心之所由施。礼乐教化，心之发也。典章文物，心之著也。家齐国治而天下平，心之推也。心之德，其盛矣乎！二帝、三王，存此心者也；夏桀、商受，亡此心者也；太甲、成王，困而存此心者也。存则治，亡则乱，治乱之分，顾其心之存不存如何耳。后世人主有志于二帝、三王之治，不可不求其道；有志于二帝、三王之道，不可不求其心。求心之要，舍是书何以哉？

13

沉自受读以来，沉潜其义，参考众说，融会贯通，乃敢折衷。微辞奥旨，多述旧闻。二典、禹谟，先生盖尝是正〔一〕，手泽尚新。呜呼！惜哉！先生改本已附文集中，其间亦有经承先生口授指画而未及尽改者，今悉更定，见本篇。集传本先生所命，故凡引用师说不复识别，四代之书分为六卷〔二〕，文以时异，治以道同。圣人之心见于书，犹化工之妙著于物，非精深不能识也。是传也，于尧、舜、禹、汤、文、武、周公之心，虽未必能造其微，于尧、舜、禹、汤、文、武、周公之书，因是训诂，亦可得其指意之大略矣。

　　　　　　　　嘉定己巳三月既望，武夷蔡沉序

14

〔一〕"是正"，原倒，今据德星堂本、四库本乙正。
〔二〕此下，德星堂本有"虞一卷、夏一卷、商一卷、周三卷，书凡百篇。遭秦火后，今所存者仅五十八篇"二十九字。

书　序〔一〕

　　汉孔安国曰："古者伏牺氏之王天下也，始画八卦，造书契以代结绳之政，由是文籍生焉。"陆氏曰："伏牺，风姓，以木德王，即太皞也。书契，刻木而书其侧以约〔二〕事也。易系辞云：'上古结绳而治，后世圣人易之以书契。'文，文字也。籍，书籍也。"伏牺、神农、黄帝之书谓之三坟，言大道也。少昊、颛顼、高辛、唐、虞之书谓之五典，言常道也。至于夏、商、周之书，虽设教不伦，雅诰奥义，其归一揆，是故历代宝之，以为大训。陆氏曰："神农，炎帝也，姜姓，以火德王。黄帝，轩辕也，姬姓，以土德王。一号有熊氏。坟，大也。少昊，金天氏，名挚，己姓，黄帝之子，以金德王。颛顼，高阳氏，姬姓，黄帝之孙，以水德王。高辛，帝喾也，黄帝之曾孙，姬姓，以木德王。唐，帝尧也，姓伊耆氏，帝喾之子，初为唐侯，后为天子，都陶，故号陶唐氏，以火德王。虞，帝舜也，姓姚氏，国号有虞，颛顼六世孙，以土德王。夏，禹有天下之号也，以金德王。商，汤有天下之号也，亦号殷，以水德王。周，文王、武王有天下之号也，以木德王。揆，度也。"八卦之说，谓之八索，求其义也。九州之志，谓之九丘。丘，聚也，言九州所有、土地所生、风气所

15

〔一〕"序"，原脱，今据南涧书堂本补。
〔二〕"约"，大全作"纪"。

宜,皆聚此书也。**春秋左氏传曰"楚左史倚相能读三坟、五典、八索、九丘",即谓上世帝王遗书也。**陆氏曰:"索,求也。倚相,楚灵王时史官也。"**先君孔子生于周末,睹史籍之烦文,惧览之者不一,遂乃定礼乐,明旧章,删诗为三百篇,约史记而修春秋,赞易道以黜八索,述职方以除九丘,讨论坟典,断自唐虞以下,讫于周,芟夷烦乱,剪截浮辞,举其宏纲,撮其机要,足以垂世立教,典、谟、训、诰、誓、命之文凡百篇,所以恢弘至道,示人主以轨范也。帝王之制坦然明白,可举而行。三千之徒,并受其义。**程子曰:"所谓大道,若性与天道之说,圣人岂得而去之哉? 若言阴阳、四时、七政、五行之道,亦必至要之理,非如后世之繁衍末术也,固亦常道,圣人所以不去也。或者所谓羲、农之书,乃后人称述当时之事,失其义理,如许行为神农之言及阴阳、权变、医方称黄帝之说耳,此圣人所以去之也。五典既皆常道,又去其三。盖上古虽已有文字,而制立法度,为治有迹,得以纪载,有史官以识其事,自尧始耳。"○今按:周礼外史"掌三皇、五帝之书",周公所录必非伪妄。而春秋时,三坟、五典、八索、九丘之书,犹有存者,若果全备,孔子亦不应悉删去之。或其简编脱落,不可通晓;或是孔子所见,止自唐虞以下,不可知耳。今亦不必深究其说也。**及秦始皇灭先代典籍,焚书坑儒,天下学士逃难解散,我先人用藏其家,书于屋壁。**秦,国名。始皇名政,并六国,为天子,自号始皇帝。焚诗书在三十四年,坑儒在三十五年。颜师古曰:"家语云:'孔腾,字子襄,畏秦法峻急,藏尚书、孝经、论语于夫子旧堂壁中。'而汉记尹敏传云:'孔鲋所藏。'二说不同,未知〔一〕孰是。"**汉室龙兴,开设学校,旁求儒雅,以阐大猷。济南伏生年过九十,失其本经,口以传授,裁二十余篇。以其上古之书,谓之尚书。百篇之义,世莫得闻。**汉艺

〔一〕"知",德星堂本作"详"。案汉书注作"知"。

文志云:"尚书:经二十九卷。"注云:"伏生所授者。"儒林传云:"伏生名胜,为秦博士,以秦时禁书,伏生壁藏之。其后大兵起,流亡。汉定,伏生求其书,亡数十篇,独得二十九篇,即以教于齐鲁之间。孝文时,求能治尚书者,天下无有闻,伏生治之,欲召,时伏生年九十余,老不能行。于是诏大常使掌故晁错往受之。"颜师古曰:"卫宏定古文尚书,序云:'伏生老不能正言,言不可晓,使其女传言教错。齐人语多与颍川异,错所不知凡十二三,略以其意属读而已。'"陆氏曰:"二十余篇,即马、郑所注二十九篇是也。"孔颖达曰:"泰誓本非伏生所传,武帝之世始出而得行,史因以入于伏生所传之内,故云二十九篇也。"〇今按:此序言"伏生失其本经,口以传授",汉书乃言初亦壁藏,而后亡数十篇,其说与此序不同,盖传闻异辞尔。至于篇数亦复不同者,伏生本但有尧典、皋陶谟、禹贡、甘誓、汤誓、盘庚、高宗肜日、西伯戡黎、微子、牧誓、洪范、金縢、大诰、康诰、酒诰、梓材、召诰、洛诰、多方、多士、立政、无逸、君奭、顾命、吕刑、文侯之命、费誓、秦誓凡二十八篇。今加泰誓一篇,故为二十九篇耳。其泰誓真伪之说,详见本篇,此未暇论也。**至鲁共王好治宫室,坏孔子旧宅,以广其居,于壁中得先人所藏古文虞、夏、商、周之书,及传、论语、孝经,皆科斗文字。王又升孔子堂,闻金石丝竹之音,乃不坏宅,悉以书还孔氏。科斗书废已久,时人无能知者,以所闻伏生之书考论文义,定其可知者为隶古定,更以竹简写之,增多伏生二十五篇。伏生又以舜典合于尧典,益稷合于皋陶谟,盘庚三篇合为一,康王之诰合于顾命,复出此篇,并序凡五十九篇,为四十六卷,其余错乱摩灭,弗可复知,悉上送官,藏之书府,以待能者。**陆氏曰:"共王,汉景帝子,名余。传谓春秋也。一云:周易十翼非经,谓之传。科斗,虫名,虾蟇子,书形似之。为隶古定,谓用隶书以易〔一〕古文。"吴氏曰:"伏生传于既耄之时,而安国为隶古文〔二〕,特定其所可知者,而一篇之中、一简之内其不可知者盖不无矣,乃欲以是尽求作书之本意与夫本末先后之义,其亦可谓难矣。而安国所增多之书,今篇目具在,皆文从字顺,非若伏生之书诘曲聱牙,至有不可读者。夫四代之书作者不一,乃至二人之手而遂定为二体乎?其亦难言矣。二十五篇者,谓大禹谟、五子之歌、胤征、仲虺之诰、汤诰、伊训、太甲三篇、咸有一德、说命三篇、泰誓三篇、武成、旅獒、微子之命、蔡仲之命、周官、君陈、毕命、君牙、冏命也。复出者,舜典、益稷、盘庚三篇、康王之诰凡五篇。又百篇之序自为一篇,共五十九篇,即今所行五十八篇,而以序冠篇首者也。为四十六卷者,孔疏以为同序者同卷,异序者异卷。同序者,太甲、盘庚、说命、泰誓皆三篇共序,凡十二篇,只四卷。又大禹、皋陶谟、益稷、康诰、酒诰、梓材亦各三篇共序,凡六篇,只二卷。外四十篇,篇各有序,凡四十卷,通共序者六卷,故为四十六卷也。其余错乱摩灭者,汨作、九共九篇、槀饫、帝告、釐沃、汤征、汝鸠、汝方、夏社、疑至、臣扈、典宝、明居、肆命、徂后、沃丁、咸义四篇、伊陟、原命、仲丁、河亶甲、祖乙、高宗之训、分器、旅巢命、归禾、嘉禾、成王政、将蒲姑、贿肃慎之命、亳姑,凡四十二篇,今亡。"**承诏为五十九篇作传,于是遂研精覃思,博考经籍,采摭群言,以立训传。约文申义,敷畅厥旨,庶几有补于将来。书序序所以为作者之意,昭然义见,宜相附近,故引之各冠其篇首,定五十八篇。**详此章虽说"书序序所以为作者之意",而未尝以为孔子所作。至刘歆、班固始以为孔子所作。**既毕,会国有巫蛊事,经籍道息,用不复以闻。传之子孙,以贻后代。若好古博雅君子,与我同志,亦所不隐也。"**陆氏曰:"汉武帝末,征和中,江充造〔三〕蛊,败戾太子。"○今按:安国此序,不类西京文字,疑或后人所托,然无据,未敢必也。以其本末颇详,故备载之。读者宜考焉。

〔一〕"易",旁通认为是"写"字之误。

〔二〕"文",原作"又",今据南涧书堂本改。

〔三〕"造"下,南涧书堂本有"巫"字,经典释文无。

汉书艺文志云:"书者,古之号令。号令于众,其言不立具,则听受施行者弗晓。古文读应尔雅,故解古今语而可知也。"括苍叶梦得曰:"尚书文皆奇涩,非作文者故欲如此,盖当时语自尔也。"今按:此说是也。大抵书文训诂多奇[一]涩,而誓命多平易,盖训诂皆是记录当时号令于众之本语,故其间多有方言及古语,在当时则人所共晓,而于今世反为难知。誓命则是当时史官所撰,檃括润色,粗有体制,故在今日亦不难晓耳。

孔颖达曰:孔君作传,值巫蛊不行以终。前汉诸儒知孔本五十八篇,不见孔传,遂有张霸之徒伪作舜典、汩作、九共九篇、大禹谟、益稷、五子之歌、胤征、汤诰、咸有一德、典宝、伊训、肆命、原命、武成、旅獒、囧命二十四篇,除九共九篇共卷,为十六卷,盖亦略见百篇之序,故以伏生二十八篇者复出舜典、益稷、盘庚二篇、康王之诰及泰誓,共为三十四篇,而伪作此二十四篇十六卷附,以求合于孔氏之五十八篇四十六卷之数也。刘向、班固、刘歆、贾逵、马融、郑玄之徒皆不见真古文,而误以此为古文之书。服虔、杜预亦不之见,至晋王肃始似窃见。而晋书又云:"郑冲以古文授苏愉,愉授梁柳,柳之内兄皇甫谧又从柳得之,而柳又以授臧曹,曹始授梅赜,赜乃于前晋奏上其书而施行焉。"汉书所引泰誓云"诬神者殃及三世",又云"立功立事惟以永年",疑即武帝之世所得者。律历志所引伊训、毕命,字画有与古文略同者,疑伏生口传而晁错所属读者。其引武成,则伏生无此篇,必张霸所伪作者也。

今按:汉儒以伏生之书为今文,而谓安国之书为古文,以今考之,则今文多艰涩,而古文反平易。或者以

〔一〕"奇",德星堂本、四库本、纂疏作"艰"。

为今文自伏生女子口授晁错时失之,则先秦古书所引之文皆已如此,恐其未必然也。或者以为记录之实语难工,而润色之雅词易好,故训诰誓命有难易之不同,此为近之。然伏生倍文暗诵,乃偏得其所难;而安国考定于科斗古书错乱摩灭之余,反专得其所易,则又有不可晓者。至于诸序之文,或颇与经不合,而安国之序又绝不类西京文字,亦皆可疑。独诸序之本不先经,则赖安国之序而见,故今定此本,壹以诸篇本[一]文为经,而复合序篇于后,使览者得见圣经之旧,而又集传其所可知,姑阙其所不可知者云。

书
集
传

〔一〕"本",德星堂本作"正"。

书集传卷一

晦庵先生訂定　門人蔡沉集传

虞　书

<u>虞</u>，舜氏因以为有天下之号也。书凡五篇。<u>尧典</u>虽纪<u>唐尧</u>之事，然本<u>虞</u>史所作，故曰<u>虞书</u>。其<u>舜典</u>以下，<u>夏</u>史所作，当曰<u>夏书</u>。<u>春秋</u>传亦多引为<u>夏书</u>。此云<u>虞书</u>，或以为<u>孔子</u>所定也。

尧　典

<u>尧</u>，<u>唐</u>帝名。说文曰："典，从册在丌上，尊阁之也。"此篇以简册载<u>尧</u>之事，故名曰"<u>尧典</u>"。后世以其所载之事可为常法，故又训为常也。今文、古文皆有。

曰若稽古<u>帝尧</u>，曰放勋，钦明文思安安，允恭克让，光被四表，格于上下。 曰、粤、越通，古文作"粤"。"曰若"者，发语辞。<u>周书</u>"越若来三月"，亦此例也。稽，考也。史臣将叙<u>尧</u>事，故先言考古之<u>帝尧</u>者，其德如下文所云也。曰者，犹言其说如此也。放，至也，犹<u>孟子</u>言"放乎四海"是也。勋，功也，言<u>尧</u>之功大而无所不至也。钦，恭敬也；明，通明也，敬体而明用也。文，文章也；思，意思也，文著见而思深远也。安安，无所勉强也。言其德性之美，皆出于自然，而非勉强，所谓"性之"者也。允，信；克，能也。

常人德非性有，物欲害之，故有强为恭而不实、欲为让而不能者，惟尧性之，是以信恭而能让也。光，显；被，及；表，外；格，至；上，天；下，地也。言其德之盛如此，故其所及之远如此也。盖放勋者，总言尧之德业也。钦明文思安安，本其德性而言也。允恭克让，以其行实而言也。至于被四表、格上下，则放勋之所极也。孔子曰："惟天为大，惟尧则之。"故书叙帝王之德莫盛于尧，而其赞尧之德莫备于此，且又首以"钦"之一字为言，此书中开卷第一义也，读者深味而有得焉，则一经之全体不外是矣，其可忽哉！**克明俊德，以亲九族；九族既睦，平章百姓；百姓昭明，协和万邦，黎民於变时雍。**明，明之也。俊，大也。尧之大德，上文所称是也。九族，高祖至玄孙之亲，举近以该远，五服、异姓之亲亦在其中也。睦，亲而和也。平，均；章，明也。百姓，畿内民庶也。昭明，皆能自明其德也。万邦，天下诸侯之国也。黎，黑也，民首皆黑，故曰"黎民"。於，叹美辞。变，变恶为善也。时，是；雍，和也。此言尧推其德，自身而家而国而天下，所谓"放勋"者也。

　　乃命羲和，钦若昊天，历象日月星辰，敬授人时。 乃者，继事之辞。羲氏、和氏，主历象授时之官。若，顺也。昊，广大之意。历，所以纪数之书；象，所以观天之器，如下篇玑、衡之属是也。日阳精，一日而绕地一周。月阴精，一月而与日会。星，二十八宿众星为经，金木水火土五星为纬，皆是也。辰，以日月所会，分周天之度为十二次也。人时，谓耕获之候，凡民事早晚之所关也。其说详见下文。**分命羲仲，宅嵎夷，曰旸谷。寅宾出日，平秩东作。日中星鸟，以殷仲春。厥民析，鸟兽孳尾。** 此下四节言历既成，而分职以颁布，且考验之，恐其推步之或差也。或曰上文所命，盖羲伯、和伯，此乃分命其仲叔，未详是否也。宅，居也。嵎夷，即禹贡"嵎夷既略"者也。曰"旸谷"者，取日出之义，羲仲所居官次之名。盖官在国都，而测候之所则在于嵎夷，东表之地也。寅，敬也。宾，礼接之如宾客也，亦帝喾历日月而迎送之意。出日，方出之日，盖以春分之旦朝方出之日，而识其初出之景也。平，均；秩，序；作，起也。东作，春月岁功方兴，所当作起之事也。盖以历之节气早晚均次其先后之宜，以授有司也。日中者，春分之刻于夏永冬短为适中也，昼夜皆五十刻，举昼以见夜，故曰"日"。星鸟，南方朱鸟七宿，唐

<u>一行</u>推以鹑火为春分昏之中星也。殷，中也。春分，阳之中也。析，分散也。先时冬寒，民聚于隩，至是则以民之散处而验其气之温也。乳化曰孳，交接曰尾，以物之生育而验其气之和也。**申命羲叔，宅南交，平秩南讹。敬致，日永星火，以正仲夏。厥民因，鸟兽希革。**申，重也。<u>南交</u>，南方<u>交阯</u>之地。<u>陈氏</u>曰："'<u>南交</u>'下当有'曰明都'三字。"讹，化也，谓夏月时物长盛，所当变化之事也。<u>史记</u>索隐作"南为"，谓所当为之事也。敬致，<u>周礼</u>所谓"冬〔一〕夏致日"，盖以夏至之日中祠日而识其景，如所谓"日至之景尺有五寸，谓之地中"者也。永，长也。日永，昼六十刻也。星火，东方苍龙七宿火，谓大火，夏至昏之中星也。正者，夏至阳之极，午为正阳位也。因，析而又析，以气愈热而民愈散处也。希革，鸟兽毛希而革易也。**分命和仲，宅西，曰昧谷。寅饯纳日，平秩西成，宵中星虚，以殷仲秋。厥民夷，鸟兽毛毨。**西，谓西极之地也。曰昧谷者，以日所入而名也。饯，礼送行者之名。纳日，方纳之日也，盖以秋分之莫夕方纳日而识其景也。西成，秋月物成之时，所当成就之事也。宵，夜也。宵中者，秋分夜之刻于夏冬为适中也，昼夜亦各五十刻，举夜以见日，故曰宵。星虚，北方玄武七宿之虚星，秋分昏之中星也。亦曰殷者，秋分阴之中也。夷，平也，暑退而人气平也。毛毨，鸟兽毛落更生，润泽鲜好也。**申命和叔，宅朔方，曰幽都。平在朔易，日短星昴，以正仲冬。厥民隩，鸟兽氄毛。**<u>朔方</u>，北荒之地。谓之朔者，朔之为言苏也，万物至此死而复苏，犹月之晦而有朔也。日行至是则沦于地中，万象幽暗，故曰幽都。在，察也。朔易，冬月岁事已毕，除旧更新，所当改易之事也。日短，昼四十刻也。星昴，西方白虎七宿之昴宿，冬至昏之中星也。亦曰正者，冬至阴之极，子为正阴之位也。隩，室之内也，气寒而民聚于内也。氄毛，鸟兽生耎㲲细毛以自温也。盖既命<u>羲和</u>造历制器，而又分方与时，使各验其实，以审夫推步之差。圣人之敬天勤民，其谨如是。是以术不违天，而政不失时也。又按：此冬至日在虚，昏中昴；今冬至日在斗，昏

3

〔一〕"冬"，原作"春"，今据诸本及<u>周礼冯相氏</u>改。

中壁,中星不同者,盖天有三百六十五度四分度之一,岁有三百六十五日四分
日之一,天度四分之一而有余,岁日四分之一而不足,故天度常平运而舒,日道
常内转而缩,天渐差而西,岁渐差而东,此岁差之由。唐一行所谓"岁差"者是
也。古历简易,未立差法,但随时占候修改,以与天合。至东晋虞喜始以天为
天,以岁为岁,乃立差以追其变,约以五十年退一度。何承天以为太过,乃倍其
年而又反不及。至隋刘焯取二家中数七十五年为近之,然亦未为精密也。因
附著于此。

帝曰:"咨! 汝羲暨和,朞三百有六旬有六日,以闰月
定四时成岁。允厘百工,庶绩咸熙。"咨,嗟也,嗟叹而告之也。
暨,及也。朞犹周也。允,信;厘,治;工,官;庶,众;绩,功;咸,皆;熙,广也。天
体至圆,周围三百六十五度四分度之一,绕地左旋,常一日一周而过一度。日
丽天而少迟,故日行一日亦绕地一周,而在天为不及一度,积三百六十五日九
百四十分日之二百三十五而与天会,是一岁日行之数也。月丽天而尤迟,一日
常不及天十三度十九分度之七,积二十九日九百四十分日之四百九十九而与
日会,十二会得全日三百四十八,余分之积又[一]五千九百八十八,如日法九百
四十而一[二],得六不尽三百四十八,通计得日三百五十四九百四十分日之三
百四十八,是一岁月行之数也。岁有十二月,月有三十日。三百六十者,一岁
之常数也。故日与天会而多五日九百四十分日之二百三十五者为气盈,月与
日会而少五日九百四十分日之五百九十二者为朔虚,合气盈、朔虚而闰生焉。
故一岁闰率则十日九百四十分日之八百二十七,三岁一闰则三十二日九百四
十分日之六百单[三]一,五岁再闰则五十四日九百四十分日之三百七十五,十
有九岁七闰则气朔分齐,是为一章也。故三年而不置闰,则春之一月入于夏,
而时渐不定矣;子之一月入于丑,而岁渐不成矣。积之之久,至于三失闰,则春
皆入夏,而时全不定矣。十二失闰,子皆入丑,岁全不成矣。其名实乖戾,寒暑
反易,农桑庶务皆失其时。故必以此余日置闰月于其间,然后四时不差,而岁

〔一〕"又",原脱,今据德星堂本、纂疏、汇纂、四库本及卷首书传问答补。
〔二〕"一",原脱,今据德星堂本、汇纂、四库本及卷首书传问答补。
〔三〕"单",原脱,今据德星堂本、纂疏、汇纂、四库本及卷首书传问答、朱子语类补。

功得成，以此信治百官，而众功皆广也。

帝曰："畴咨若时登庸？"放齐曰："胤子朱启明。"帝曰："吁！嚚讼，可乎？"此下至鲧"绩用弗成"，皆为禅舜张本也。畴，谁；咨，访问也。若，顺；庸，用也。尧言谁为我访问能顺时为治之人而登用之乎。放齐，臣名。胤，嗣也。胤子朱，尧之嗣子丹朱也。启，开也。言其性开明，可登用也。吁者，叹其不然之辞。嚚谓口不道忠信之言。讼，争辩也。朱盖以其开明之才，用之于不善，故"嚚讼"，禹所谓"傲虐"是也。此见尧之至公至明，深知其子之恶，而不以一人病天下也。或曰：胤，国，子爵，尧时诸侯也。夏书有"胤侯"，周书有"胤之舞衣"。今亦未见其必不然，姑存于此云。帝曰："畴咨若予采？"驩兜曰："都！共工方鸠僝功。"帝曰："吁！静言庸违，象恭滔天。"采，事也。都，叹美之辞也。驩兜，臣名。共工，官名，盖古之世官族也。方，且；鸠，聚；僝，见也。言共工方且鸠聚而见其功也。静言庸违者，静则能言，用则违背。象恭，貌恭而心不然也。"滔天"二字，未详，与下文相似，疑有舛误。上章言顺时，此言顺事，职任大小可见。帝曰："咨！四岳！汤汤洪水方割，荡荡怀山襄陵，浩浩滔天，下民其咨，有能俾乂？"佥曰："於！鲧哉！"帝曰："吁！咈哉！方命圮族。"岳曰："异哉！试可乃已。"帝曰："往，钦哉！"九载，绩用弗成。四岳，官名，一人而总四岳诸侯之事也。汤汤，水盛貌。洪，大也。孟子曰："水逆行谓之洚水。洚水者，洪水也。"盖水涌出而未泄，故泛滥而逆流也。割，害也。荡荡，广貌。怀，包其四面也。襄，驾出其上也。大阜曰陵。浩浩，大貌。滔，漫也，极言其大，势若漫天也。俾，使；乂，治也。言有能任此责者，使之治水也。佥，众共之辞，四岳与其所领诸侯之在朝者同辞而对也。於，叹美辞。鲧，崇伯名。叹其美而荐之也。咈者，甚不然之辞。方命者，逆命而不行也。王氏曰："圆则行，方则止。方命，犹今言废阁诏令也。盖鲧之为人，悻戾自用，不从上令也。"圮，败；族，类也。言与众不和，伤人害物，鲧之不可用者以此也。楚辞言"鲧婞直"，是其"方命圮族"之证也。岳曰，四岳之独言也。"异"义未详，疑是已废而复强举之之意。试可乃已者，盖廷臣未有能于鲧者，不若姑试用之，取其可以治水而已。言无预它事，不必求其备也。尧于是遣之往治水，而戒以"钦哉"。盖任大事不可以不敬，圣人之戒辞约而意尽也。载，年也。九载三考，功用不成，故黜之。

帝曰："咨！四岳。朕在位七十载，汝能庸命，巽朕位？"岳曰："否德忝帝位。"曰："明明扬侧陋。"师锡帝曰："有鳏在下曰**虞舜**。"帝曰："俞！予闻，如何？"岳曰："瞽子，父顽，母嚚，**象**傲，克谐以孝，烝烝乂，不格奸。"帝曰："我其试哉！女于时，观厥刑于二女。"厘降二女于**妫汭**，嫔于**虞**。帝曰："钦哉！"朕，古人自称之通号。吴氏曰："巽、逊古通用。"言汝四岳能用我之命而可逊以此位乎。盖丹朱既不肖，群臣又多不称，故欲举以授人，而先之四岳也。否、不通。忝，辱也。明明，上"明"谓明显之，下"明"谓已在显位者。扬，举也。侧陋，微贱之人也。言惟德是举，不拘贵贱也。师，众；锡，与也。四岳，群臣诸侯同辞以对也。鳏，无妻之名。**虞**，氏也。**舜**，名也。俞，应许之辞。予闻者，我亦尝闻是人也。如何者，复问其德之详也。岳曰，四岳独对也。瞽，无目之名。言舜乃瞽者之子也。舜父号**瞽叟**。心不则德义之经为顽。母，舜后母也。**象**，舜异母弟名。傲，骄慢也。谐，和；烝，进也。言舜不幸遭此，而能和以孝，使之进进以善自治，而不至于大为奸恶也。女，以女与人也。时，是；刑，法也。二女，尧二女，娥皇、女英也。此尧言其将试舜之意也。庄子所谓"二女事之，以观其内"是也。盖夫妇之间，隐微之际，正始之道，所系尤重，故观人于此为尤切也。厘，理；降，下也。**妫**，水名，在今河中府河东县，出历山，入河。尔雅曰"水北曰汭"，亦小水入大水之名。盖两水合流之内也，故从水从内。盖舜所居之地。嫔，妇也。**虞**，舜氏也。史言尧治装下嫁二女于**妫水**之北，使为舜妇于**虞氏**之家也。"钦哉"，尧戒二女之辞，即礼所谓"往之女家，必敬必戒"者，况以天子之女嫁于匹夫，尤不可不深戒之也。

舜　典

今文、古文皆有，今文合于尧典，而无篇首二十八字。○唐孔氏曰：“东晋梅赜上孔传，阙舜典自‘乃命以位’以上二十八字，世所不传，多用王范之注补之，而皆以‘慎徽五典’以下为舜典之初。至齐萧鸾建武四年，姚方兴于大航头得孔氏传古文舜典，乃上之。事未施行，而方兴以罪致戮。至隋开皇初，购求遗典，始得之。”今按：古文孔传尚书有“曰若稽古”以下二十八字，伏生以舜典合于尧典，只以“慎徽五典”以上接“帝曰钦哉”之下，而无此二十八字。梅赜既失孔传舜典，故亦不知有此二十八字，而“慎徽五典”以下则固具于伏生之书，故传者用王范之注以补之。至姚方兴乃得古文孔传舜典，于是始知有此二十八字。或者由此乃谓古文舜典一篇皆尽亡失，至是方全得之，遂疑其伪，盖过论也。

曰若稽古帝舜，曰重华，协于帝，浚哲文明，温恭允塞，玄德升闻，乃命以位。 华，光华也。协，合也。帝谓尧也。浚，深；哲，智也。温，和粹也。塞，实也。玄，幽潜也。升，上也。言尧既有光华，而舜又有光华，可合于尧。因言其目，则深沉而有智，文理而光明，和粹而恭敬，诚信而充[一]实，有此四者幽潜之德，上闻于尧，尧乃命之以职位也。**慎徽五典，五典克从。纳于百揆，百揆时叙。宾于四门，四门穆穆。纳于大麓，烈风雷雨弗迷。** 徽，美也。五典，五常也，“父子有亲，君臣有义，夫妇有别，长幼有序，朋友有信”是也。从，顺也，左氏所谓“无违教”也。此盖使为司徒之官也。揆，度也。百揆者，揆度庶政之官。惟虞有之，犹周之冢宰也。时叙，以时而叙，左氏所谓“无废事”也。四门，四方之门。古者以宾礼亲邦国，诸侯各以方至，而使主焉，故曰宾。穆穆，和之至也，左氏所谓“无凶人”也。此盖又兼四岳之官也。麓，山足也。烈，迅；迷，错也。史记曰：

〔一〕“充”，德星堂本、纂疏、汇纂、四库本作“笃”。

"尧使舜入山林川泽，暴风雷雨，舜行不迷。"苏氏曰："洪水为害〔一〕，尧使舜入山林，相视原隰，雷雨大至，众惧失常，而〔二〕舜不迷。其度量有绝人者，而〔二〕天地鬼神亦或有以相之欤？"愚谓：遇烈风雷雨非常之变而不震惧失常，非固聪明诚智、确乎不乱者不能也。易"震惊百里，不丧匕鬯"，意为近之。

帝曰："格汝舜，询事考言，乃言厎可绩，三载，汝陟帝位。"舜让于德，弗嗣。格，来；询，谋；乃，汝；厎，致；陟，升也。尧言询舜所行之事而考其言，则见汝之言致可有功，于今三年矣。汝宜升帝位也。让于德，让于有德之人也。或曰谦逊，自以其德不足为嗣也。

正月上日，受终于文祖。上日，朔日也。叶氏曰："上旬之日。"曾氏曰："如上戊、上辛、上丁之类。"未详孰是。受终者，尧于是终帝位之事而舜受之也。文祖者，尧始祖之庙。未详所指为何人也。在璿玑玉衡，以齐七政。在，察也。美珠谓之璿。玑，机也，以璿饰玑，所以象天体之转运也。衡，横也，谓衡箫也。以玉为管，横而设之，所以窥玑，而齐七政之运行，犹今之浑天仪也。七政，日月五星也。七者运行于天，有迟有速，有顺有逆，犹人君之有政事也。此言舜初摄位，整理庶务，首察玑衡，以齐七政。盖历象授时，所当先也。○按浑天仪者，天文志云：言天体者三家：一曰周髀，二曰宣夜，三曰浑天。宣夜绝无师说，不知其状如何。周髀之术以为天似覆盆，盖以斗极为中，中高而四边下，日月旁行绕之，日近而见之为昼，日远而不见之为夜。蔡邕以为考验天象，多所违失。浑天说曰：天之形状，似鸟卵。地居其中，天包地外，犹卵之裹黄，圆如弹丸，故曰浑天，言其形体浑浑然也。其术以为天半覆地上，半在地下。其天居地上，见者一百八十二度半强，地下亦然。北极出地上三十六度，南极入地下亦三十六度，而嵩高正当天之中。极南五十五度，当嵩高之上。又其南十二度，为夏至之日道。又其南二十四度，为春秋分之日道。又其南二十四度，为冬至之日道。南下去地三十一度而已，是夏至日北去极六十七度，春秋分去极九十一度，冬至去极一百一十五度，此其大率也。其南北极特其两端，

〔一〕"害"，东坡书传作"患"。
〔二〕"而"，东坡书传同，德星堂本作"以"。

书集传

8

其天与日月星宿斜而回转。此必古有其法，遭秦而灭。至汉武帝时，落下闳始经营之，鲜于妄人又量度之。至宣帝时，耿寿昌始铸铜而为之象。宋钱乐[一]又铸铜作浑天仪，衡长八尺，孔径一寸，玑径八尺，圆周二丈五尺强，转而望之，以知日月星辰之所在，即璿玑玉衡之遗法也。历代以来，其法渐密，本朝因之，为仪三重，其在外者曰六合仪，平置黑单环，上刻十二辰八千四隅在地之位，以准地面而定四方；侧立黑双环，背刻去极度数，以中分天脊，直跨地平，使其半入地下，而结于其子午，以为天经；斜倚赤单环，背刻赤道度数，以平分天腹，横绕天经，亦使半出地上，半入地下，而结于其卯酉，以为天纬。三环表里相结不动。其天经之环，则南北二极皆为圆轴，虚中而内向，以挈三辰四游之环。以其上下四方，于是可考，故曰六合。次其内曰三辰仪，侧立黑双环，亦刻去极度数，外贯天经之轴，内挈黄赤二道；其赤道则为赤单环，外依天纬，亦刻宿度，而结于黑双环之卯酉；其黄道则为黄单环，亦刻宿度，而又斜倚于赤道之腹，以交结于卯酉，而半入其内，以为春分后之日轨，半出其外，以为秋分后之日轨；又为白单环，以承其交，使不倾垫。下设机轮，以水激之，使其日夜随天东西运转，以象天行。以其日月星辰，于是可考。故曰三辰。其最在内者曰四游仪，亦为黑双环，如三辰仪之制，以贯天经之轴。其环之内，则两面当中各施直距，外指两轴而当其要中之内面，又为小窾，以受玉衡。要中之小轴，使衡既得随环东西运转，又可随处南北低昂，以待占候者之仰窥焉。以其东西南北无不周遍，故曰四游。此其法之大略也。沈括曰："旧法规环一面刻周天度，一面加银丁。盖以夜候天，晦不可目察，则以手切之也。"古人以璿饰玑，疑亦为此。今太史局秘书省铜仪制极精致，亦以铜丁为之。历家之说又以北斗魁四星为玑，杓三星为衡。今详经文简质，不应北斗二字乃用寓名，恐未必然。姑存其说，以广异闻。**肆类于上帝，禋于六宗，望于山川，遍于群神，**

肆，遂也。类、禋、望，皆祭名。周礼肆师"类造于上帝"，注云："郊祀者，祭昊天之常祭；非常祀而祭告于天，其礼依郊祀为之，故曰类。"如泰誓武王伐商，王制言"天子将出"，皆云"类于上帝"是也。禋，精意以享之谓。宗，尊也。所

9

〔一〕"乐"下，当有"之"字，蔡传据孔疏误脱，宋书律历及天文二志有。

尊祭者,其祀有六。<u>祭法</u>曰:"埋少牢于泰昭,祭时也。相近于<u>坎坛</u>,祭寒暑也。王宫,祭日也。夜明,祭月也。<u>幽宗</u>,祭星也。<u>雩宗</u>,祭水旱也。"山川,名山大川,<u>五岳</u>四渎之属,望而祭之,故曰望。遍,周遍也。群神,谓丘陵坟衍、古昔圣贤之类。言受终观象之后,即祭祀上下神祇,以摄位告也。**辑五瑞。既月,乃日觐四岳群牧,班瑞于群后。** 辑,敛;瑞,信也。公执桓圭,侯执信圭,伯执躬圭,子执穀璧,男执蒲璧。五等诸侯执之以合符于天子而验其信否也。<u>周礼</u>:"天子执冒,以朝诸侯。"<u>郑氏</u>注云:"名玉以冒,以德覆冒天下也。"诸侯始受命,天子锡以圭。圭头斜锐,其冒下斜,刻小大长短广狭如之。诸侯来朝,天子以刻处冒其圭头,有不同者,即辨其伪也。既,尽。觐,见。四岳,四方之诸侯。群牧,九州之牧伯也。<u>程子</u>曰:"辑五瑞,征五等诸侯也。"此以[一]上皆正月事。"至尽此月,则四方诸侯有至者矣。远近不同,来有先后,故日日见之,不如它[二]朝会之同期于一日。盖欲以少接之,则得尽其询察礼意也。"班、颁同。群后,即侯牧也。"既见之后,审知非伪,则又颁还其瑞,以与天下正始也。"

　　岁二月,东巡守,至于<u>岱宗</u>,柴;望秩于山川。肆觐东后,协时月,正日,同律度量衡,修五礼,五玉三帛二生一死贽,如五器。卒乃复。五月,南巡守,至于南岳,如岱礼。八月,西巡守,至于<u>西岳</u>,如初。十有一月朔巡守,至于北岳,如西礼。归格于艺祖,用特。 <u>孟子</u>曰:"天子适诸侯曰巡守。巡守者,巡所守也。"岁二月,当巡守之年二月也。<u>岱宗</u>,太山也。柴,燔柴,以祀天也。望,望秩,以祀山川也。秩者,其牲币祝号之次第,如<u>五岳</u>视三公、<u>四渎</u>视诸侯、其余视伯子男者也。东后,东方之诸侯也。时谓四时,月谓月之大小,日谓日之甲乙。其法略见上篇。诸侯之国,其有不齐者,则协而正之也。律谓十二律,黄钟、太簇、姑洗、蕤宾、夷则、无射、大吕、夹钟、仲吕、林钟、南吕、应钟也。

〔一〕"以",诸本作"已",二字古通用,下同,不再出校。

〔二〕"它",<u>德星堂</u>本、<u>纂疏</u>、<u>汇纂</u>、四库本作"他",古通用,下同,不再出校。

书
集
传

10

六为律,六为吕,凡十二管,皆径三分有奇,空围九分,而黄钟之长九寸,大〔一〕吕以下律吕相间,以次而短,至应钟而极焉。以之制乐而节声音,则长者声下,短者声高,下者则重浊而舒迟,上者则轻清而剽疾;以之审度而度长短,则九十分黄钟之长,一为一分,而十分为寸,十寸为尺,十尺为丈,十丈为引;以之审量而量多少,则黄钟之管其容子谷秬黍,中者一千二百以为龠,而十龠为合,十合为升,十升为斗,十斗为斛;以之平衡而权轻重,则黄钟之龠所容千二百黍,其重十二铢,两龠则二十四铢为两,十六两为斤,三十斤为钧,四钧为石。此黄钟所以为万事根本。诸侯之国,其有不一者,则审而同之也。时月之差,由积日而成,其法则先粗而后精。度量衡,受法于律,其法则先本而后末。故言“正日”在“协时月”之后,“同律”在“度量衡”之先,立言之叙盖如此也。五礼,吉凶军宾嘉也,修之所以同天下之风俗。五玉,五等诸侯所执者,即五瑞也。三帛,诸侯世子执纁,公之孤执玄,附庸之君执黄。二生,卿执羔,大夫执雁。一死,士执雉。五玉三帛二生一死,所以为贽而见者。此九字,当在“肆觐东后”之下,“协时月,正日”之上,误脱在此。言东后之觐皆执此贽也。如五器,刘侍讲曰:“如,同也。五器即五礼之器也。”周礼六器、六贽,即舜之遗法也。卒乃复者,举祀礼、觐诸侯、一正朔、同制度、修五礼、如五器数事皆毕,则不复东行,而遂西向,且转而南行也,故曰“卒乃复”。南岳,衡山。西岳,华山。北岳,恒山。二月东,五月南,八月西,十一月北,各以其时也。格,至也,言至于其庙而祭告也。艺祖,疑即文祖。或曰文祖,艺祖之所自出,未有可〔二〕考也。特,特牲也,谓一牛也。古者君将出,必告于祖祢,归又至其庙而告之。孝子不忍死其亲,出告反面之义也。王制曰:“归格于祖祢。”郑注曰:“祖下及祢,皆一牛。”程子以为但言艺祖,举尊尔,实皆告也,但止就祖庙共用一牛,不如时祭各设主于其庙也。二说未知孰是,今两存之。

五载一巡守,群后四朝。敷奏以言,明试以功,车服以庸。 五载之内,天子巡守者一,诸侯来朝者四。盖巡守之明年,则东方

〔一〕“大”,原作“夫”,今据诸本改。
〔二〕“可”,德星堂本、纂疏、汇纂、四库本作“所”。

诸侯来朝于天子之国。又明年,则南方之诸侯来朝。又明年,则西方之诸侯来朝。又明年,则北方之诸侯来朝。又明年,则天子复巡守。是则天子诸侯虽有尊卑,而一往一来,礼无不答,是以上下交通,而远近洽和也。敷,陈;奏,进也。周礼曰:"民功曰庸。"程子曰:"敷奏以言者,使各陈其为治之说,言之善者,则从而明考其功,有功则赐车服,以旌异之;其言不善,则亦有以告饬之也。"林氏曰:"天子巡守则有'协时月〔一〕'以下等事,诸侯来朝则有'敷奏以言'以下等事。"**肇十有二州,封十有二山,浚川。**肇,始也。十二州,冀、兖、青、徐、荆、扬、豫、梁、雍、幽、并、营也。中古之地但为九州,曰冀、兖、青、徐、荆、扬、豫、梁、雍。禹治水作贡,亦因其旧。及舜即位,以冀、青地广,始分冀东〔二〕恒山之地为并州,其东北医无闾之地为幽州。又分青之东北辽东等处为营州,而冀州止有河内之地,今河东一路是也。封,表也。封十二山者,每州封表一山,以为一州之镇,如职方氏言"扬州其山镇曰会稽"之类。浚川,浚导十二州之川也。然舜既分十有二州,而至商时又但言"九围"、"九有",周礼职方氏亦止列为九州,有扬、荆、豫、青、兖、雍、幽、冀、并而无徐、梁、营也,则是为十二州盖不甚久,不知其自何时复合为九也。吴氏曰:"此一节在禹治水之后,其次叙不当在四罪之先。盖史官泛记舜所行之大事,初不计先后之序也。"

　　象以典刑,流宥五刑,鞭作官刑,扑作教刑,金作赎刑,眚灾肆赦,怙终贼刑。钦哉! 钦哉! 惟刑之恤哉! 象,如天之垂象以示人。而典者,常也。示人以常刑,所谓墨、劓、腓、宫、大辟五刑之正也,所以待夫元恶、大憝、杀人、伤人、穿窬、淫放凡罪之不可宥者也。流宥五刑者,流遣之,使远去,如下文流、放、窜、殛之类。宥,宽也,所以待夫罪之稍轻,虽入于五刑,而情可矜,法可疑,与夫亲贵勋劳而不可加以刑者,则以此而宽之也。鞭作官刑者,木末垂革,官府之刑也;扑〔三〕作教刑者,夏、楚二物,学校之刑也,皆以待夫罪之轻者。金作赎刑者,金,黄金;赎,赎其罪也,盖罪之极

12

〔一〕"月"下,德星堂本、纂疏、汇纂、四库本有"日"字。

〔二〕"东",旁通据朱子语类及通典以为当作"西"。

〔三〕"扑",原作"朴",今据诸本改。

轻，虽入于鞭扑之刑，而情法犹有可议者也。此五句者，从重入轻，各有条理，法之正也。肆，纵也。眚灾肆赦者，眚谓过误，灾谓不幸，若人有如此而入于刑，则又不待流宥、金赎而直赦之也。贼，杀也。怙终贼刑者，怙谓有恃，终谓再犯，若人有如此而入于刑，则虽当宥当赎，亦不许其宥，不听其赎，而必刑之也。此二句者，或由重而即轻，或由轻而即重，盖用法之权衡，所谓法外意也。圣人立法制刑之本末，此七言者大略尽之矣。虽其轻重取舍、阳舒阴惨之不同，然"钦哉！钦哉！惟刑之恤"之意则未始不行乎其间也。盖其轻重毫厘之间，各有攸当者，乃天讨不易之定理，而钦恤之意行乎其间，则可以见圣人好生之本心也。据此经文，则五刑有流宥而无金赎，周礼秋官亦无其文。至吕刑乃有五等之罚，疑穆王始制之，非法之正也。盖当刑而赎则失之轻，疑赦而赎则失之重，且使富者幸免，贫者受刑，又非所以为平也。

流共工于幽洲，放驩兜于崇山，窜三苗于三危，殛鲧于羽山，四罪而天下咸服。 流，遣之〔一〕远去，如水之流也；放，置之于此，不得他适也；窜则驱逐禁锢之；殛则拘囚困苦之，随其罪之轻重而异法也。共工、驩兜、鲧事见上篇。三苗，国名，在江南荆扬之间，恃险为乱者也。幽洲，北裔之地，水中可居曰洲。崇山，南裔之山，在今澧州。三危，西裔之地，即雍之所谓"三危既宅"者。羽山，东裔之山，即徐之"蒙羽其艺"者。服者，天下皆服其用刑之当罪也。程子曰："舜之诛四凶，怒在四凶，舜何与焉？盖因是人有可怒之事而怒之，圣人之心本无怒也。"圣人以天下之怒为怒，故天下咸服之。春秋传所记四凶之名，与此不同，说者以穷奇为共工，浑敦为驩兜，饕餮为三苗，梼杌为鲧，不知其果然否也？

二十有八载，帝乃殂落，百姓如丧考妣，三载，四海遏密八音。 殂、落，死也。死者魂气归于天，故曰殂；体魄归于地，故曰落。丧，为之服也。遏，绝；密，静也。八音，金、石、丝、竹、匏、土、革、木也。言尧圣德广大，恩泽隆厚，故四海之民思慕之深至于如此也。仪礼：圻内之民为天子齐衰三月，圻外之民无服。今应服三月者，如丧考妣。应无服者，遏密八音。

〔一〕"之"，德星堂本作"而"。

尧十六即位,在位七十载,又试舜三载,老不听政,二十八载乃崩,在位通计百单一年。**月正元日,舜格于文祖。**月正,正月也。元日,朔日也。汉孔氏曰:"舜服尧丧三年毕,将即政,故复至文祖庙告。"苏氏曰:"受终告摄,此〔一〕告即位也。"然春秋国君皆以遭丧之明年正月即位于庙而改元。孔氏云"丧毕之明年",不知何所据也。**询于四岳,辟四门,明四目,达四聪。**询,谋;辟,开也。舜既告庙即位,乃谋治于四岳之官,开四方之门,以来天下之贤俊;广四方之视听,以决天下之壅蔽。**"咨,十有二牧!"曰:"食哉惟时,柔远能迩,惇德允元,而难任人,蛮夷率服。"**牧,养民之官。十二牧,十二州之牧也。王政以食为首,农事以时为先。舜言足食之道,惟在于不违农时也。柔者宽而抚之也,能者扰而习之也。远近之势如此,先其略而后其详也。惇,厚;允,信也。德,有德之人也。元,仁厚之人也。难,拒绝也。任,古文作"壬",包藏凶恶之人也。言当厚有德、信仁人而拒奸恶也。凡此五者,处之各得其宜,则不特中国顺治,虽蛮夷之国亦相率而服从矣。

　　舜曰:"咨,四岳!有能奋庸熙帝之载,使宅百揆,亮采惠畴。"佥曰:"伯禹作司空。"帝曰:"俞,咨!禹,汝平水土,惟时懋哉!"禹拜稽首,让于稷契暨皋陶。帝曰:"俞,汝往哉。"奋,起;熙,广;载,事;亮,明;惠,顺;畴,类也。一说:亮,相也。舜言有能奋起事功,以广帝尧之事者,使居百揆之位,以明亮庶事而顺成庶类也。佥,众也,四岳所领四方诸侯有在朝者也。禹,姒姓,崇伯鲧之子也。平水土者,司空之职。时,是;懋,勉也。指百揆之事以勉之也。盖四岳及诸侯言伯禹见作司空,可宅百揆,帝然其举,而咨禹使仍作司空而兼行百揆之事,录其旧绩而勉其新功也。以司空兼百揆,如周以六卿兼三公,后世以它官平章事知政事,亦此类也。稽首,首至地。稷,田正官。稷,名弃,姓姬氏,封于邰。契,臣名,姓子氏,封于商。稷契皆帝喾之子。暨,及也。皋陶,亦臣名。俞者,然其举也。汝往哉者,不听其让也。此章称"舜曰",此下方称"帝曰"者,以见尧老

──────────

〔一〕"此",东坡书传作"今"。

舜摄,尧在时,舜未尝称帝,此后舜方真即帝位而称帝也。**帝曰:"弃,黎民阻饥,汝后稷,播时百谷。"**阻,厄。后,君也,有爵土之称。播,布也。谷非一种,故曰百谷。此因禹之让而申命之,使仍旧职以终其事也。

帝曰:"契,百姓不亲,五品不逊,汝作司徒,敬敷五教,在宽。"亲,相亲睦也。五品,父子、君臣、夫妇、长幼、朋友五者之名位等级也。逊,顺也。司徒,掌教之官。敷,布也。五教,父子有亲,君臣有义,夫妇有别,长幼有叙,朋友有信。以五者当然之理而为教令也。敬,敬其事也。圣贤之于事,虽无所不敬,而此又事之大者,故特以敬言之,宽裕以待之。盖五者之理出于人心之本然,非有强而后能者。自其拘于气质之偏,溺于物欲之蔽,始有昧于其理,而不相亲爱、不相逊顺者。于是因禹之让,又申命契仍为司徒,使之敬以敷教,而又宽裕以待之,使其[一]优柔浸渍,以渐而入,则其天性之真自然呈露,不能自已,而无无耻之患矣。孟子所引尧言"劳"、"来"、"正"、"直"、"辅"、"翼"、"使自得之,又从而振德之",亦此意也。

帝曰:"皋陶,蛮夷猾夏,寇贼奸宄。汝作士,五刑有服,五服三就,五流有宅,五宅三居,惟明克允。"猾,乱。夏,明而大也。曾氏曰:"中国文明之地,故曰华夏。"四时之夏,疑亦取此义也。劫人曰寇,杀人曰贼,在外曰奸,在内曰宄。士,理官也。服,服其罪也,吕刑所谓"上服"、"下服"是也。三就,孔氏以为大罪于原野,大夫于朝,士于市,不知何据。窃恐惟大辟弃之于市,宫辟则下蚕室,余刑亦就屏处。盖非死刑,不欲使风中其疮,误而至死,圣人之仁也。五流,五等象刑之当宥者也。五宅三居者,流虽有五,而宅之但为三等之居,如"列爵惟五,分土惟三"也。孔氏以为大罪居于四裔,次则九州之外,次则千里之外。虽未见其所据,然大概当略近之。此亦因禹之让而申命之,又戒以必当致其明察,乃能使刑当其罪,而人无不信服也。

〔一〕"其",德星堂本、纂疏、汇纂、四库本作"之"。

帝曰:"畴若予工?"佥曰:"垂哉!"帝曰:"俞,咨!垂,汝共工。"垂拜稽首,让于殳、斨暨伯与。帝曰:"俞,往哉!汝谐。"若,顺其理而治之也。曲礼六工有土工、金工、石工、木工、兽工、草工,周礼有攻木之工、攻金之工、攻皮之工、设色之工、抟埴之工,皆是也。帝问谁能顺治予百工之事者?垂,臣名,有巧思。庄子曰"攦工垂之指",即此也。殳、斨、伯与,三臣名也。殳,以积竹为兵,建兵车者。斨,方凿斧也。古者〔一〕多以其所能为名,殳、斨岂能为二器者欤?"往哉!汝谐"者,往哉,汝和其职也。

帝曰:"畴若予上下草木鸟兽?"佥曰:"益哉!"帝曰:"俞,咨!益,汝作朕虞。"益拜稽首,让于朱、虎、熊、罴。帝曰:"俞,往哉!汝谐。"上下,山林泽薮也。虞,掌山泽之官,周礼分为虞、衡,属于地〔二〕官。朱、虎、熊、罴,四臣名也。高辛氏之子有曰仲虎、仲熊。意以兽为名者,亦以其能服是兽而得名欤?史记曰:"朱、虎、熊、罴为伯益之佐。"前殳、斨、伯与,当亦为垂之佐也。帝曰:"咨!四岳,有能典朕三礼?"佥曰:"伯夷。"帝曰:"俞,咨!伯,汝作秩宗,夙夜惟寅,直哉惟清!"伯拜稽首,让于夔、龙。帝曰:"俞,往钦哉!"典,主也。三礼,祀天神、享人鬼、祭地祇之礼也。伯夷,臣名,姜姓。秩,叙也。宗,祖庙也。秩宗,主叙次百神之官,而专以秩宗名之者,盖以宗庙为主也。周礼亦谓之宗伯,而都家皆有宗人之官以掌祭祀之事,亦此意也。夙,早;寅,敬畏也。直者,心无私曲之谓。人能敬以直内,不使少有私曲,则其心洁清而无物欲之污,可以交于神明矣。夔、龙,二臣名。帝曰:"夔,命汝典乐,教胄子,直而温,宽而栗,刚而无虐,简而无傲。诗言志,歌永言,声依永,律和声。八音克谐,无相夺伦,神人以和。"夔曰:"於!予击石拊石,百兽率舞。"胄,长也,自天子

〔一〕"者",德星堂本、纂疏作"名"。
〔二〕"地",原作"夏",今据旁通及周礼改。

至卿大夫之適子也。栗，庄敬也。上二"无"字，与"毋"同。凡人直者必不足于温，故欲其温；宽者必不足于栗，故欲其栗，所以虑其偏而辅翼之也。刚者必至于虐，故欲其无虐；简者必至于傲，故欲其无傲，所以防其过而戒禁之也。教胄子者，欲其如此，而其所以教之之具，则又专在于乐，如周礼大司乐"掌成均之法以教国子弟"，而孔子亦曰"兴于诗，成于乐"，盖所以荡涤邪秽，斟酌饱满，动荡血脉，流通精神，养其中和之德，而救其气质之偏者也。心之所之谓之志，心有所之必形于言，故曰"诗言志"。既形于言，则必有长短之节，故曰"歌永言"。既有长短，则必有高下清浊之殊，故曰"声依永"。声者，宫、商、角、徵、羽也。大抵歌声长而浊者为宫，以渐而清且短则为商、为角、为徵、为羽，所谓"声依永"也。既有长短清浊，则又必以十二律和之，乃能成文而不乱。假令黄钟为宫，则大簇为商，姑洗为角，林钟为徵，南吕为羽。盖以三分损益，隔八相生而得之，余律皆然。即礼运所谓"五声、六律、十二管还相为宫"，所谓"律和声"也。人声既和，乃以其声被之八音，而为乐则无不谐协，而不相侵乱，失其伦次，可以奏之朝廷，荐之郊庙，而神人以和矣。圣人作乐，以养情性，育人材，事神祇，和上下，其体用功效广大深切乃如此。今皆不复见矣，可胜叹哉！"夔曰"以下，苏氏曰："舜方命九官，济济相让，无缘夔于此独言其功，此益稷之文，简编脱误，复见于此。"

帝曰："龙，朕堲谗说殄行，震惊朕师。命汝作纳言，夙夜出纳朕命，惟允！" 堲，疾；殄，绝也。殄行者，谓伤绝善人之事也。师，众也。谓其言之不正，而能变乱黑白，以骇众听也。纳言，官名。命令政教，必使审之，既允而后出，则谗说不得行，而矫伪无所托矣。敷奏复逆，必使审之，既允而后入，则邪僻无自进，而功绪有所稽矣。周之内史，汉之尚书，魏晋以来所谓中书门下者，皆此职也。

帝曰："咨！汝二十有二人，钦哉！惟时亮天功。" 二十二人，四岳、九官、十二牧也。周官言内有百揆四岳，外有州牧侯伯，盖百揆者所以统庶官，而四岳者所以统十二牧也。既分命之，又总告之，使之各敬其职，以相天事也。曾氏曰："舜命九官，新命者六人。命伯禹、命伯夷，咨四岳而命者也。命垂、命益，泛咨而命者也。命夔、命龙，因人之让，不咨而命者也。夫知道而后可宅百揆，知礼而后可典三礼，知道、知礼非人人所能也，故必咨于四岳。'若予工'、'若上下草木鸟兽'则非此之比，故泛咨而已。礼乐命令，其体虽不若百揆之大，然其事理精微，亦非百工庶物之可比。伯夷既以四岳之举而当秩宗之任，则其所让之人必其中于典乐、纳言之选可知，故不咨而命之也。若稷、契、皋陶之不咨者，申命其旧职而已。又按：此以平水土、若百工各为一官，而周制同领于司空；此以士一官兼兵刑之事，而周礼分为夏、秋两官。盖帝王之法，随时制宜，所谓损益可知者如此。"

三载考绩，三考，黜陟幽明，庶绩咸熙，分北三苗。考，核实也。三考，九载也。九载则人之贤否、事之得失可见，于是陟其明而黜其幽，赏罚明信，人人力于事功，此所以庶绩咸熙也。北，犹背也，其善者留，其不善者窜，徙之使分背而去也。此言舜命二十二人之后，立此考绩黜陟之法，以时举行，而卒言其效如此。按三苗见于经者，如典、谟、益稷、禹贡、吕刑详矣。盖其负固不服，乍臣乍叛，舜摄位而窜逐之。禹治水之时，三危已宅，而旧都犹顽不即工。禹摄位之后，帝命徂征，而犹逆命。及禹班师而后来格，于是乃得考其善恶，而分北之也。吕刑之言"遏绝"，则通其本末而言，不可以先后论也。

舜生三十，征庸三十，在位五十载，陟方乃死。征，召也。陟方，犹言升遐也。韩子曰："竹书纪年：帝王之没皆曰陟。陟，升也，谓升天也。书曰：'殷礼陟配天。'言以道终，其德协天也。故书纪舜之没云'陟'，其下言'方乃死'者，所以释陟为死也。地之势东南下，如言舜巡守而死，宜言'下方'，不得言'陟方'也。"按此得之，但不当以"陟"为句绝耳。方，犹云"徂乎方"之"方"。陟方乃死，犹言徂落而死也。舜生三十年，尧方召用，历试三年，居摄二十八年，通三十年，乃即帝位，又五十年而崩。盖于篇末，总叙其始终也。史记言舜巡守，崩于苍梧之野，孟子言舜卒于鸣条，未知孰是。今零陵九疑有舜冢云。

大禹谟

谟，谋也。林氏曰："虞史既述二典，其所载有未备者，于是又叙其君臣之间嘉言善政，以为大禹、皋陶谟、益稷三篇，所以备舜[一]典之未备者。"
今文无，古文有。

曰若稽古大禹，曰文命敷于四海，祗承于帝。命，教；祗，
敬也。帝谓舜也。文命敷于四海者，即禹贡所谓"东渐"、"西被"、"朔南暨声
教讫于四海"者是也。史臣言禹既已布其文教于四海矣，于是陈其谟，以敬承
于舜，如下文所云也。文命，史记以为禹名。苏氏曰："以'文命'为禹名，则
'敷于四海'者为何事耶？"**曰："后克艰厥后，臣克艰厥臣，政乃
乂，黎民敏德。"**"曰"以下即禹"祗承于帝"之言也。艰，难也。孔子曰：
"为君难，为臣不易。"即此意也。乃者，难辞也。敏，速也。禹言君而不敢易
其为君之道，臣而不敢易其为臣之职，夙夜祗惧，各务尽其所当为者，则其政事
乃能修治而无邪慝，下民自然观感速化于善，而有不容已者矣。

**帝曰："俞！允若兹，嘉言罔攸伏，野无遗贤，万邦咸
宁。稽于众，舍己从人，不虐无告，不废困穷，惟帝时克。"**
嘉，善；攸，所也。舜然禹之言，以为信能如此，则必有以广延众论，悉致群贤，
而天下之民咸被其泽，无不得其所矣。然非忘私顺理、爱民好士之至，无以及
此，而惟尧能之，非常人所及也。盖为谦辞以对，而不敢自谓其必能，舜之"克
艰"于此亦可见矣。程子曰："舍己从人最为难事，己者，我之所有，虽痛舍之，
犹惧守己者固而从人者轻也。"**益曰："都！帝德广运，乃圣乃神，
乃武乃文。皇天眷命，奄有四海，为天下君。"**广者大而无外，运
者行之不息，大而能运，则变化不测。故自其大而化之而言则谓之圣，自其圣
而不可知而言则谓之神，自其威之可畏而言则谓之武，自其英华发外而言则
谓之文。眷，顾；奄，尽也。尧之初起，不见于经，传称其自唐侯特起为帝。观
益之言，理或然也。或曰："舜之所谓帝者，尧也。群臣之言帝者，舜也。如
'帝德罔愆'、'帝其念哉'之类，皆谓舜也。盖益因舜尊尧，而遂美舜之德以劝
之。言不特尧能如此，帝亦当然也。"今按：此说所引比类固为甚明，但益之语

〔一〕"舜"，德星堂本、纂疏、汇纂、四库本及尚书全解作"二"，当是。

接连上句"惟帝时克"之下，未应遽舍尧而誉舜，又徒极口以称其美，而不见其有劝勉规戒之意。恐唐虞之际，未遽有此谀佞之风也，依旧说赞尧为是。**禹曰："惠迪吉，从逆凶，惟影响。"**惠，顺；迪，道也。逆，反道者也。惠迪、从逆，犹曰[一]顺善从恶也。禹言天道可畏，吉凶之应于善恶，犹影响之出于形声也，以见不可不艰者以此，而终上文之意。

益曰："吁！戒哉！儆戒无虞，罔失法度，罔游于逸，罔淫于乐，任贤勿贰，去邪勿疑，疑谋勿成，百志惟熙。罔违道以干百姓之誉，罔咈百姓以从己之欲。无怠无荒，四夷来王。"先吁后戒，欲使听者精审也。儆与警同。虞，度；罔，勿也。法度，法则制度也。淫，过也。当四方无可虞度之时，法度易至废弛，故戒其失坠。逸乐易至纵恣，故戒其游淫。言此三者，所当谨畏也。任贤以小人间之谓之贰，去邪不能果断谓之疑。谋，图为也。有所图为，揆之于理而未安者，则不复成就之也。百志，犹易所谓"百虑"也。咈，逆也。九州之外，世一见曰王。帝于是八者朝夕戒惧，无怠于心，无荒于事，则治道益隆，四夷之远莫不归往，中土之民服从可知。今按：益言八者亦有次第。盖人君能守法度，不纵逸乐，则心正身修，义理昭著，而于人之贤否，孰为可任，孰为可去；事之是非，孰为可疑，孰为不可疑，皆有以审其几微，绝其蔽惑，故方寸之间光辉明白，而于天下之事，孰为道义之正而不可违，孰为民心之公而不可咈，皆有以处之，不失其理，而毫发私意不入于其间。此其惩戒之深旨，所以推广大禹"克艰"、"惠迪"之谟也。苟无其本，而是非取舍决于一己之私，乃欲断而行之，无所疑惑，则其为害，反有不可胜言者矣。可不戒哉？

禹曰："於，帝念哉！德惟善政，政在养民，水火金木土谷惟修，正德、利用、厚生惟和，九功惟叙，九叙惟歌，戒之用休，董之用威，劝之以九歌，俾勿坏。"益言儆戒之道，禹叹而美之，谓帝当深念益之所言也。且德非徒善而已，惟当有以善其政；政非徒法而

〔一〕"曰"，<u>德星堂</u>本、<u>纂疏</u>、<u>汇纂</u>、<u>四库</u>本作"言"。

已,在乎有以养其民。下文"六府三事",即养民之政也。"水火金木土谷惟修"者,水克火,火克金,金克木,木克土,而生五谷,或相制以泄其过,或相助以补其不足,而六者无不修矣。正德者,父慈、子孝、兄友、弟恭、夫义、妇听,所以正民之德也。利用者,工作什器、商通货财之类,所以利民之用也。厚生者,衣帛、食肉、不饥不寒之类,所以厚民之生也。六者既修,民生始遂,不可以逸居而无教,故为之惇典敷教,以正其德;通工易事,以利其用;制节谨度,以厚其生,使皆当其理而无所乖,则无不和矣。九功,合六与三也。叙者言九者,各顺其理而不汩陈以乱其常也。歌,以九功之叙而咏之歌也。言九者既已修和,各由其理,民享其利,莫不歌咏而乐其生也。然始勤终怠者,人情之常。恐安养既久,怠心必生,则已成之功不能保其久而不废,故当有以激励之,如下文所云也。董,督也。威,古文作"畏"。其勤于是者,则戒喻而休美之;其怠于是者,则督责而惩戒之。然又以事之出于勉强者不能久,故复即其前日歌咏之言,协之律吕,播之声音,用之乡人,用之邦国,以劝相之,使其欢欣鼓舞,趋事赴功,不能自已,而前日之成功得以久存而不坏。此周礼所谓"九德之歌"、"九韶之舞",而<u>太史公</u>所谓"俶能思初,安能惟始,沐浴膏泽而歌咏勤苦"者也。<u>葛氏</u>曰:"<u>洪范</u>五行,水火木金土而已。谷本在木行之数,<u>禹</u>以其为民食之急,故别而附之也。"

<u>帝曰</u>:"俞!地平天成,六府三事允治,万世永赖,时乃功。"水土治曰平。言水土既平,而万物得以成遂也。六府,即水火金木土谷也。六者财用之所自出,故曰府。三事,正德、利用、厚生。三者人事之所当为,故曰事。<u>舜</u>因<u>禹</u>言养民之政,而推其功以美之也。<u>帝曰</u>:"格,汝<u>禹</u>!朕宅帝位三十有三载,耄期倦于勤,汝惟不怠,总朕师。"九十曰耄,百年曰期。<u>舜</u>至是年已九十三矣。总,率也。<u>舜</u>自言既老,血气已衰,故倦于勤劳之事,汝当勉力不怠,而总率我众也。盖命之摄位之事。<u>尧</u>命<u>舜</u>曰"陟帝位",<u>舜</u>命<u>禹</u>曰"总朕师"者,盖<u>尧</u>欲使<u>舜</u>真宅帝位,<u>舜</u>让弗嗣,后惟居摄,亦若是而已。<u>禹曰</u>:"朕德罔克,民不依。<u>皋陶</u>迈种德,德乃降,黎民怀之。帝念哉!念兹在兹,释兹在兹,名言兹在兹,允出兹在兹。惟帝念功。"迈,勇往力行之意。种,布;降,下也。

禹自言其德，不能胜任，民不依归，惟皋陶勇往力行，以布其德，德下及于民，而民怀服之。帝当思念之而不忘也。兹指皋陶也。禹遂言念之而不忘，固在于皋陶。舍之而他求，亦惟在于皋陶。名言于口，固在于皋陶；诚发于心，亦惟在于皋陶也。盖反复思之，而卒无有易于皋陶者，惟帝深念其功，而使之摄位也。

帝曰："皋陶，惟兹臣庶，罔或干予正。汝作士，明于五刑，以弼五教，期于予治，刑期于无刑，民协于中，时乃功。懋哉！" 干，犯；正，政；弼，辅也。圣人之治，以德为化民之本，而刑特以辅其所不及而已。期者，先事取必之谓。舜言惟此臣庶无或有干犯我之政者，以尔为士师之官，能明五刑，以辅五品之教，而期我以至于治。其始虽不免于用刑，而实所以期至于无刑之地。故民亦皆能协于中道，初无有过不及之差，则刑果无所施矣。凡此皆汝之功也。懋，勉也。盖不听禹之让，而称皋陶之美以劝勉之也。

皋陶曰："帝德罔愆，临下以简，御众以宽。罚弗及〔一〕嗣，赏延于世。宥过无大，刑故无小。罪疑惟轻，功疑惟重。与其杀不辜，宁失不经。好生之德，洽于民心。兹用不犯于有司。" 愆，过也。简者，不烦之谓。上烦密，则下无所容。御者急促，则众扰乱。嗣、世，皆谓子孙，然嗣亲而世疏也。延，远及也。父子罪不相及，而赏则远延于世，其善善长而恶恶短如此。过者不识而误犯也，故者知之而故犯也。过误所犯，虽大必宥；不忌故犯，虽小必刑，即上篇所谓"眚灾肆赦，怙终贼刑"者也。罪已定矣，而于法之中有疑其可重、可轻者，则从轻以罚之；功已定矣，而于法之中有疑其可轻、可重者，则从重以赏之。辜，罪；经，常也。谓法可以杀，可以无杀，杀之则恐陷于非辜，不杀之恐失于轻纵，二者皆非圣人至公至平之意。而杀不辜者，尤圣人之所不忍也。故与其杀之而害彼之生，宁姑全之而自受失刑之责。此其仁爱忠厚之至，皆所谓好生之德也。盖圣人之法有尽，而心则无穷，故其用刑行赏或有所疑，则常屈法以伸恩，而不使执法之意有以胜其好生之德。此其本心所以无所壅遏，而得行于常法之外。及其流衍洋

书集传

〔一〕"弗及"，原倒，今据诸本乙正。

溢,渐涵浸渍,有以入于民心,则天下之人,无不爱慕感悦,兴起于善,而自不犯于有司也。皋陶以舜美其功,故言此以归功于其上。盖不敢当其褒美之意,而自谓己功也。**帝曰:"俾予从欲以治,四方风动,惟乃之休。"**民不犯法而上不用刑者,舜之所欲也。汝能使我如所愿欲以治,教化四达,如风鼓动,莫不靡然,是乃汝之美也。舜又申言,以重叹美之。**帝曰:"来!禹。**洚[一]**水儆予,成允成功,惟汝贤。克勤于邦,克俭于家,不自满假,惟汝贤。汝惟不矜,天下莫与汝争能。汝惟不伐,天下莫与汝争功。予懋乃德,嘉乃丕绩。天之历数在汝躬,汝终陟元后。**洚水,洪水也,古文作"降"。孟子曰:"水逆行谓之洚水。"盖山崩水浑下流淤塞,故其逝者辄复反流,而泛滥决溢,洚洞无涯也。其灾所起,虽在尧时,然舜既摄位,害犹未息,故舜以为天警惧于己,不敢以为非己之责而自宽也。允,信也。禹奏言而能践其言,试功而能有其功,所谓"成允成功"也。禹能如此,则既贤于人矣,而又能勤于王事,俭于私养,此又禹之贤。有此二美,而又能不矜其能、不伐其功,然其功能之实,则自有不可掩者。故舜于此复申命之,必使摄位也。懋、楙古通用。楙,盛大之意。丕,大;绩,功也。懋乃德者,禹有是德而我以为盛大。嘉乃丕绩者,禹有是功而我以为嘉美也。历数者,帝王相继之次第,犹岁时气节之先后。汝有盛德大功,故知历数当归于汝,汝终当升此大君之位,不可辞也。是时舜方命禹以居摄,未即天位,故以"终陟"言也。**人心惟危,道心惟微,惟精惟一,允执厥中。**心者,人之知觉,主于中而应于外者也。指其发于形气者而言,则谓之人心。指其发于义理者而言,则谓之道心。人心易私而难公,故危。道心难明而易昧,故微。惟能精以察之而不杂形气之私,一以守之而纯乎义理之正,道心常为之主而人心听命焉,则危者安,微者著,动静云为自无过不及之差,而信能执其中矣。尧之告舜,但曰"允执其中",今舜命禹,又推其所以而详言之。盖古之圣人,将以天下与人,未尝不以其治之之法并而传之。其见于

23

〔一〕"洚",原作"降",今据德星堂本、纂疏、汇纂、四库本及下注文改。

经者如此，后之人君，其可不深思而敬守之哉？**无稽之言勿听，弗询之谋勿庸。**无稽者，不考于古。弗询者，不咨于众。言之无据，谋之自专，是皆一人之私心，必非天下之公论，皆妨政害治之大者也。言谓泛言，勿听可矣。谋谓计事，故又戒其勿用也。上文既言存心出治之本，此又告之以听言处事之要，内外相资而治道备矣。**可爱非君？可畏非民？众非元后何戴？后非众罔与守邦？钦哉！慎乃有位，敬修其可愿，四海困穷，天禄永终，惟口出好兴戎，朕言不再。**"可爱，非君乎？可畏，非民乎？众非君则何所奉戴？君非民则谁与守邦？钦哉，言不可不敬也。可愿，犹<u>孟子</u>所谓"可欲"，凡可愿欲者皆善也。人君当谨其所居之位，敬修其所可愿欲者，苟有一毫之不善生于心，害于政，则民不得其所者多矣。四海之民至于困穷，则君之天禄一绝而不复续，岂不深可畏哉？此又极言安危存亡之戒，以深警之。虽知其功德之盛必不至此，然犹欲其战战兢兢，无敢逸豫，而谨之于毫厘之间，此其所以为圣人之心也。好，善也。戎，兵也。言发于口，则有二者之分，利害之几可畏如此。吾之命汝，盖已审矣，岂复更有他说。盖欲禹受命而不复辞避也。

　　禹曰："枚卜功臣，惟吉之从。"帝曰："禹！官占惟先蔽志，昆命于元龟。朕志先定，询谋佥同，鬼神其依，龟筮协从。卜不习吉。"禹拜稽首固辞。帝曰："毋！惟汝谐。"枚卜，历卜之也。帝之所言人事已尽，禹不容复辞，但请历卜有功之臣而从其吉，冀自有以当之者，而己得遂其辞也。官占，掌卜之官。蔽，断；昆，后；龟，卜；筮，蓍；习，重也。帝言官占之法，先断其志之所向，然后令之于龟。今我志既先定，而众谋皆同，鬼神依顺，而龟筮已协从矣，又何用更枚卜乎？况占卜之法，不待重吉也。固辞，再辞也。毋者，禁止之^[一]辞，言惟汝可以谐此元后之位也。

　　正月朔旦，受命于<u>神宗</u>。率百官，若帝之初。<u>神宗</u>，<u>尧</u>庙

〔一〕"之"，原作"其"，今据<u>德星堂</u>本、<u>纂疏</u>、<u>汇纂</u>、四库本改。

也。苏氏曰：“尧之所从受天下者曰文祖，舜之所从受天下者曰神宗。受天下于人，必告于其人之所从受者。礼曰‘有虞氏禘黄帝而郊喾，祖颛顼而宗尧’，则神宗为尧明矣。”正月朔旦，禹受摄帝之命于神宗之庙，总率百官，其礼一如帝舜受终之初等事也。

帝曰：“咨！禹。惟时有苗弗率，汝徂征。”禹乃会群后，誓于师，曰：“济济有众，咸听朕命。蠢兹有苗，昏迷不恭，侮慢自贤，反道败德。君子在野，小人在位，民弃不保，天降之咎。肆予以尔众士，奉辞伐罪，尔尚一乃心力，其克有勋。”徂，往也。舜咨嗟，言今天下惟是有苗之君不循教命，汝往征之。征，正也，往正其罪也。会，征会也。誓，戒也。军旅曰誓。有会有誓，自唐虞时已然。礼言商作誓，周作会，非也。禹会诸侯之师而戒誓以征讨之意。济济，和整众盛之貌。蠢，动也，蠢蠢然无知之貌。昏，暗；迷，惑也。不恭，不敬也。言苗民昏迷不敬，侮慢于人，妄自尊大，反戾正道，败坏常德，用舍颠倒，民怨天怒，故我以尔众士奉帝之辞，罚苗之罪尔。众士庶几同心同力，乃能有功。此上禹誓众之辞也。林氏曰：“尧老而舜摄者二十有八年，舜老而禹摄者十有七年，其居摄也代总万机之政，而尧、舜之为天子，盖自若也。故国有大事犹禀命焉。禹征有苗，盖在夫居摄之后，而禀命于舜，禹不敢专也。以征有苗推之，则知舜之诛四凶，亦必禀尧之命无疑。”三旬，苗民逆命。益赞于禹，曰：“惟德动天，无远弗届。满招损，谦受益，时乃天道。帝初于历山，往于田，日号泣于旻天，于父母负罪引慝，祗载见瞽瞍，夔夔斋栗，瞽亦允若。至诚感神，矧兹有苗。”禹拜昌言，曰：“俞！班师振旅。”帝乃诞敷文德，舞干羽于两阶。七旬，有苗格。三旬，三十日也。以师临之，阅月，苗顽犹不听服也。赞，佐；届，至也。是时益盖从禹出征，以苗负固恃强，未可威服，故赞佐于禹，以为惟德可以动天，其感通之妙，无远不至。盖欲禹还兵而增修其德也。满损谦益，即易所谓“天道亏盈而益谦”者。帝，舜也。历山，在河中府河东县。仁覆闵下谓之旻。日，非一日也。言舜耕历山，往于田之时，以不获顺于父母之故，而日号呼于旻天,于其父母,盖怨慕之深也。负罪,自负其罪,不敢以为父母之罪。引慝,自引其慝,不敢以为父母之慝。祇,敬;载,事也。瞍,长老之称。言舜敬其子职之事,以见瞽瞍也。斋,庄敬也。栗,战栗也。夔夔,庄敬战栗之容也。舜之敬畏,小心而尽于事亲者如此。允,信;若,顺也。言舜以诚孝感格,虽瞽瞍顽愚,亦且信顺之,即<u>孟子</u>所谓"厎豫"也。诚感物曰诚。<u>益</u>又推极至诚之道,以为神明亦且感格,而况于<u>苗</u>民乎? 昌言,盛德之言。拜,所以敬其言也。班,还;振,整也。谓整旅以归也。或谓:出曰班师,入曰振旅。谓班师于<u>有苗</u>之国,而振旅于京师也。诞,大也。文德,文命德教也。干,楯;羽,翳也,皆舞者所执也。两阶,宾主之阶也。七旬,七十日也。格,至也。言班师七旬而<u>有苗</u>来格也。<u>舜</u>之文德,非自<u>禹</u>班师而始敷。<u>苗</u>之来格,非以舞干羽而后至。史臣以<u>禹</u>班师而归,弛其威武,专尚德教,干羽之舞雍容不迫,<u>有苗</u>之至适当其时。故作史者因即其实,以形容<u>有虞</u>之德。数千载之下,犹可以是而想其一时气象也。

皋陶谟

今文、古文皆有。

曰若稽古皋陶,曰允迪厥德,谟明弼谐。禹曰:"俞!如何?"皋陶曰:"都! 慎厥身,修思永,惇叙九族,庶明励翼,迩可远在兹。"禹拜昌言,曰:"俞!" "稽古"之下,即记皋陶之言者。谓考古皋陶之言如此也。皋陶言为君而信蹈其德,则臣之所谋者无不明,所弼者无不谐也。"俞! 如何"者,禹然其言而复问其详也。都者,皋陶美其问也。慎者,言不可不致其谨也。身修则无言行之失,思永则非浅近之谋。厚叙九族,则亲亲恩笃而家齐矣。庶明励翼,则群哲勉辅而国治矣。迩,近;兹,此也。言近而可推之远者在此道也。盖身修家齐国治而天下平矣。<u>皋陶</u>此言所以推广"允迪"、"谟明"之义,故<u>禹</u>复俞而然之也。○又按:<u>典</u>、<u>谟</u>皆称"稽古",而下文所记则异。<u>典</u>主记事,故<u>尧</u>、<u>舜</u>皆载其实;<u>谟</u>主记言,故<u>禹</u>、<u>皋</u>

陶则载其谟。“后克艰厥后，臣克艰厥臣”，禹之谟也。“允迪厥德，谟明弼谐”，皋陶之谟也。然禹谟之上增“文命敷于四海，祗承于帝”者，禹受舜天下，非尽皋陶比例，立言轻重于此可见。

皋陶曰：“都！在知人，在安民。”禹曰：“吁！咸若时，惟帝其难之。知人则哲，能官人；安民则惠，黎民怀之。能哲而惠，何忧乎驩兜？何迁乎有苗？何畏乎巧言令色孔壬？”皋陶因禹之俞而复推广其未尽之旨，叹美其言，谓在于知人、在于安民二者而已。知人，智之事。安民，仁之事也。禹曰吁者，叹而未深然之辞也。时，是也。帝谓尧也。言既在知人，又在安民，二者兼举，虽帝尧亦难能之。哲，智之明也。惠，仁之爱也。能哲而惠，犹言能知人而安民也。迁，徙；巧，好；令，善；孔，大也。好其言，善其色，而大包藏凶恶之人也。言能哲而惠，则智仁两尽，虽党恶如驩兜者不足忧，昏迷如有苗者不足迁，与夫好言善色、大包藏奸恶者不足畏。是三者举不足害吾之治，极言仁智功用如此其大也。或曰：巧言令色孔壬，共工也。禹言三凶而不及鲧者，为亲者讳也。○杨氏曰：“知人安民，此皋陶一篇之体要也。‘九德’而下，知人之事也。‘天叙有典’而下，安民之道也。非知人而能安民者，未之有也。”

皋陶曰：“都！亦行有九德。亦言其人有德，乃言曰：载采采。”禹曰：“何？”皋陶曰：“宽而栗，柔而立，愿而恭，乱而敬，扰而毅，直而温，简而廉，刚而塞，强而义，彰厥有常，吉哉！亦，总也。亦行有九德者，总言德之见于行者其凡有九也。亦言其人有德者，总言其人之有德也。载，行；采，事也。总言其人有德，必言其行某事某事为可信验也。禹曰何者，问其九德之目。宽而栗者，宽弘而庄栗也。柔而立者，柔顺而植立也。愿而恭者，谨愿而恭恪也。乱，治也。乱而敬者，有治才而敬畏也。扰，驯。扰而毅者，驯扰而果毅也。直而温者，径直而温和也。简而廉者，简易而廉隅也。刚而塞者，刚健而笃实也。强而义者，强勇而好义也。而，转语辞也。正言而反应者，所以明其德之不偏，皆指其成德之自然，非以彼济此之谓也。彰，著也。成德著之于身，而又始终有常，其吉士矣哉！日宣三德，夙夜浚明有家。日严祗敬六德，亮采有邦。翕受敷施，九德咸事，俊乂在官，百僚师师，百工惟时，抚于五辰，庶绩其凝。宣，明也。三德、六德者，九德之中有其三、有其六也。浚，治也。亮，亦明也。有家，大夫也。有邦，诸侯也。浚明、亮采，皆言家邦政事明治之义，气象则有小大之不同。三德而为大夫，六德而为诸侯，以德之多寡、职之大小概言之也。夫九德有其三，必日宣而充广之，而使之益以著。九德有其六，尤必日严而祗敬之，而使之益以谨也。翕，合也。德之多寡虽不同，人君惟能合而受之，布而用之，如此则九德之人咸事其事，大而千人之俊，小而百人之乂，皆在官，使以天下之才任天下之治。唐虞之朝下无遗才而上无废事者，良以此也。师师，相师法也，言百僚皆相师法，而百工皆及时以趋事也。百僚、百工，皆谓百官。言其人之相师则曰百僚，言其人之趋事则曰百工，其实一也。抚，顺也。五辰，四时也。木、火、金、水，旺于四时，而土则寄旺于四季也。礼运曰"播五行于四时"者是也。凝，成也。言百工趋时而众功皆成也。无教逸欲有邦，兢兢业业，一日二日万几。无旷庶官，天工人其代之。无与毋通，禁止之辞。教非必教令，谓上行而下效也。言天子当以勤俭率诸侯，不可以逸欲导之也。兢兢，戒谨也。业业，危惧也。几，微也。易曰："惟几也，故能成天下之务。"盖祸患之几，藏于细微，而非常人之所豫见，及其著也，则虽智者不能善其后。故圣人于几，则兢业以图之，所谓"图难于其易，为大于其细"者，此也。一日二日者，言其日之至浅。万几者，言其几事之至多也。盖一日二日之间，事几之来且至万焉，是可一日而纵欲乎？旷，废也。言不可用非才，而使庶官旷废厥职也。天工，天之工也。人君代天理物，庶官所治，无非天事，苟一职之或旷，则天工废矣，可不深戒哉？天叙有典，敕我五典五惇哉！天秩有礼，自我五礼有庸哉！同寅协恭和衷哉！天命有德，五服五章哉！天讨有罪，五刑五用哉！政事懋哉！懋哉！叙者，君臣、父子、兄弟、夫妇、朋友之伦叙也。秩者，尊卑、贵贱、等级、隆杀之品秩也。敕，正；惇，厚；庸，常也。有庸，马本作"五庸"。衷，"降衷"之"衷"，即所谓"典礼"也。典礼虽天所叙秩，然正之使叙伦而益厚，用之使品秩而有常，则在我而已。故君臣当同其寅畏，协其恭敬，诚一无间，融会流通，而民彝物则，各得其正，所谓"和衷"也。章，显也。五服，五等之服，自九章以至一章是也。言天命有德之人，则五等之服以彰显之。天讨有罪之人，则五等之刑以惩戒之。盖爵赏刑罚，乃人君之政事。君主之，臣用之，当勉勉而不可怠者也。○杨氏曰："典礼自天子出，故言'敕我'、'自我'。若夫爵人于朝，与众共之；刑人于市，与众弃之，天子不得而私焉。此其立言之异也。"**天聪明自我民聪明，天明畏自我民明威。达于上下，敬哉有土。**"威，古文作"畏"，二字通用。明者显其善，畏者威其恶。天之聪明，非有视听也，因民之视听以为聪明；天之明畏，非有好恶也，因民之好恶以为明畏。上下，上天下民也。敬，心无所慢也。有土，有民社也。言天人一理，通达无间，民心所存，即天理之所在，而吾心之敬，是又合天民而一之者也。有天下者可不知所以敬之哉？

皋陶曰："**朕言惠可厎行。**"禹曰："**俞！乃言厎可绩。**"皋陶曰："**予未有知，思曰赞赞襄哉！**""思曰"之"曰"当作"日"。襄，成也。皋陶谓我所言，顺于理，可致之于行。禹然其言，以为致之于行，信可有功。皋陶谦辞我未有所知，言不敢计功也，惟思日赞助于帝，以成其治而已。

益稷

今文、古文皆有，但今文合于皋陶谟。"帝曰：来！禹，汝亦昌言"，正与上篇末文势接续。古者简册以竹为之，而所编之简不可以多，故厘而二之，非有意于其间也。以下文禹称益、稷二人佐其成功，因以名篇。

帝曰："**来！禹，汝亦昌言。**"禹拜曰："**都！帝，予何言？予思日孜孜。**"皋陶曰："**吁！如何？**"禹曰："**洪水滔天，浩浩怀山襄陵，下民昏垫，予乘四载，随山刊木，暨益奏**

庶鲜食。予决九川，距四海，浚畎浍，距川，暨稷播奏庶艰食鲜食。懋迁有无化居，烝民乃粒，万邦作乂。"皋陶曰："俞！师汝昌言。"孜孜者，勉力不息之谓。帝以皋陶既陈知人、安民之谟，因呼禹使陈其言。禹拜而叹美，谓皋陶之谟至矣，我更何所言，惟思日勉勉以务事功而已。观此，则上篇禹、皋陶答问者，盖相与言于帝舜之前也。如何者，皋陶问其孜孜者何如也。禹言往者洪水泛溢，上漫于天，浩浩盛大，包山上陵，下民昏垫溺，困于水灾，如此之甚。四载，水乘舟、陆乘车、泥乘辀、山乘樏也。辀，史记作"橇"，汉书作"毳"，以板为之，其状如箕，擿行泥上。樏，史记作"桥"，汉书作"梮"，以铁为之，其形似锥，长半寸，施之履下，以上山不蹉跌也。盖禹治水之时，乘此四载，以跋履山川、践行险阻者。随，循；刊，除也。左传云："井堙木刊。"刊，除木之义也。盖水涌不泄，泛滥弥漫，地之平者无非水也，其可见者山耳。故必循山伐木，通蔽障，开道路，而后水工可兴也。奏，进也。血食曰鲜。水土未平，民未粒食，与益进众鸟兽鱼鳖之肉于民，使食以充饱也。九川，九州之川也。距，至；浚，深也。周礼：一亩之间，广尺深尺曰畎；一同之间[一]，广二寻深二仞曰浍。畎浍之间有遂、有沟、有洫，皆通田间水道，以小注大。言畎、浍而不及遂、沟、洫者，举小大以包其余也。先决九川之水，使各通于海；次浚畎浍之水，使各通于川也。播，布也，谓布种五谷也。艰，难也，水平播种之初，民尚艰食也。懋，勉也，懋勉其民，徙有于无，交易变化其所居积之货也。烝，众也。米食曰粒。盖水患悉平，民得播种之利，而山林川泽之货又有无相通，以济匮乏，然后庶民粒食，万邦兴起治功也。禹因孜孜之义，述其治水本末先后之详，而警戒之意实存其间。盖欲君臣上下相与勉力不息，以保其治于无穷而已。师，法也。皋陶以其言为可师法也。

　　禹曰："都！帝，慎乃在位。"帝曰："俞！"禹曰："安汝止，惟几惟康。其弼直，惟动丕应。徯志，以昭受上帝，天其申命用休。"禹既叹美，又特称帝以告之，所以起其听也。慎乃在位者，谨其在天子之位也。天位惟艰,一念不谨,或以贻四海之忧;一日不谨,或以致千百年之患。帝深然之。而禹又推其所以谨在位之意,如下文所云也。止者,心之所止也。人心之灵,事事物物莫不各有至善之所而不可迁者,人惟私欲之念动摇其中,始有昧于理而不得其所止者。安之云者,顺适乎道心之正,而不陷于人欲之危,动静云为各得其当,而无有止而不得其止者。惟几,所以审其事之发;惟康,所以省其事之安,即下文"庶事康哉"之义。至于左右辅弼之臣,又皆尽其绳愆纠缪之职,内外交修,无有不至。若是,则是惟无作,作则天下无不丕应。固有先意而俟我者,以是昭受于天,天岂不重命而用休美乎?

帝曰:"吁!臣哉邻哉!邻哉臣哉!"禹曰:"俞。"邻,左右辅弼也。臣以人言,邻以职言。帝深感上文"弼直"之语,故曰"吁!臣哉邻哉!邻哉臣哉",反复叹咏,以见弼直之义如此其重而不可忽。禹即俞而然之也。

帝曰:"臣作朕股肱耳目,予欲左右有民,汝翼。予欲宣力四方,汝为。予欲观古人之象日、月、星辰、山、龙、华虫,作会;宗彝、藻、火、粉米、黼、黻,絺绣;以五采彰施于五色作服,汝明。予欲闻六律、五声、八音,在治忽,以出纳五言,汝听。此言臣所以为邻之义也。君,元首也。君资臣以为助,犹元首须股肱耳目以为用也。下文"翼"、"为"、"明"、"听",即作股肱耳目之义。左右者,辅翼也,犹孟子所谓"辅之翼之,使自得之"也。宣力者,宣布其力也。言我欲左右有民,则资汝以为助;欲宣力四方,则资汝以有为也。象,像也。日月以下,物象是也。易曰:"黄帝、尧、舜垂衣裳而天下治,盖取诸乾坤。"则上衣下裳之制,创自黄帝,而成于尧舜也。日月星辰,取其照临也。山,取其镇也。龙,取其变也。华虫,雉也,取其文也。会,绘也。宗彝,虎蜼也,取其孝也。藻,水草,取其洁也。火,取其明也。粉米,白米,取其养也。黼若斧形,取其断也。黻为两己相背,取其辨也。絺,郑氏读为黹,纻也,纻以为绣也。日也、月也、星辰也、山也、龙也、华虫也,六者绘之于衣。宗彝也、藻也、火也、粉米也、黼也、黻也,六者绣之于裳,所谓十二章也。衣之六章,其序自上而下。裳之六章,其序自下而上。采者,青、黄、赤、白、黑也。色者,言施之于缯帛也。绘于衣,绣于裳，皆杂施五采以为五色也。汝明者，汝当明其小大尊卑之差等也。又按：周制以日月星辰画于旂，冕服九章，登龙于山，登火于宗彝，以龙、山、华虫、火、宗彝五者绘于衣，以藻、粉、黼、黻四者绣于裳。衮冕九章，以龙为首；鷩冕七章，以华虫为首；毳冕五章，以虎蜼为首。盖亦增损<u>有虞</u>之制而为之耳。六律，阳律也。不言六吕者，阳统阴也。有律而后有声，有声而后八音得以依据，故六律、五声、八音言之叙如此也。在，察也。忽，治之反也。声音之道与政通，故审音以知乐，审乐以知政，而治之得失可知也。五言者，诗歌之协于五声者也。自上达下谓之出，自下达上谓之纳。汝听者，言汝当审乐而察政治之得失者也。**予违，汝弼，汝无面从，退有后言。钦四邻！** 违，戾也。言我有违戾于道，尔当弼正其失，尔毋〔一〕面谀以为是，而背毁以为非，不可不敬尔邻之职也。申结上文"弼直"、"邻哉"之义而深责之禹者如此。**庶顽谗说，若不在时，侯以明之，挞以记之，书用识哉，欲并生哉！工以纳言，时而扬之，格则承之庸之，否则威之。"** 此因上文而虑庶顽谗说之不忠不直也。谗说，即舜所堲者。时，是也。在是指忠直为言。侯，射侯也。明者，欲明其果顽愚谗说与否也。盖射所以观德，顽愚谗说之人其心不正，则形乎四体，布乎动静，其容体必不能比于礼，其节奏必不能比于乐，其中必不能多，审如是，则其为顽愚谗说也必矣。周礼"王大射，则供虎侯、熊侯、豹侯；诸侯供熊侯、豹侯；卿大夫供麋侯，皆设其鹄"，又<u>梓人</u>"为侯，广与崇方，三分其广，而鹄居一焉"，应古制亦不相远也。挞，扑也。即"扑作教刑"者。盖惩之使记而不忘也。识，志也，录其过恶，以识于册，如周制乡党之官，以时书民之孝悌睦姻有学者也。圣人不忍以顽愚谗说而遽弃之，用此三者之教，启其愤，发其悱，使之迁善改过，欲其并生于天地之间也。工，掌乐之官也。格，"有耻且格"之"格"，谓改过也。承，荐也。圣人于庶顽谗说之人，既有以启发其愤悱迁善之心，而又命掌乐之官以其所纳之言时而扬之，以观其改过与否，如其改也，则进之用；如其不改，然后刑以威之，以见圣人之教无所不极其至，必不得已焉而后威之，其不忍轻于弃人也如此。此即<u>龙</u>之所典，

〔一〕"毋"，<u>德星堂本</u>、<u>纂疏</u>、<u>汇纂</u>、四库本作"无"，下同，不再出校。

而此命伯禹总之也。

禹曰："俞哉！帝，光天之下，至于海隅苍生，万邦黎献，共惟帝臣。惟帝时举，敷纳以言，明庶以功，车服以庸，谁敢不让？敢不敬应？帝不时，敷同，日奏罔功。俞哉者，苏氏曰："与春秋传'公曰诺哉'意同，口然而心不然之辞也。"隅，角也。苍生者，苍苍然而生，视远之义也。献，贤也。黎献者，黎民之贤者也。共，同；时，是也。敷纳者，下陈而上纳也。明庶者，明其众庶也。禹虽俞帝之言而有未尽然之意，谓庶顽谗说加之以威不若明之以德，使帝德光辉达于天下，海隅苍生之地莫不昭灼，德之远著如此，则万邦黎民之贤孰不感慕兴起，而皆有帝臣之愿。惟帝时举而用之尔，敷纳以言而观其蕴，明庶以功而考其成，庶能命德以厚其报，如此则谁敢不让于善？敢不精白一心敬应其上？而庶顽谗说岂足虑乎？帝不如是，则今任用之臣，远近敷同，率为诞慢，日进于无功矣。岂特庶顽谗说为可虑哉？无若丹朱傲，惟慢游是好，傲虐是作。罔昼夜额额，罔水行舟，朋淫于家，用殄厥世。予创若时，娶于涂山，辛壬癸甲，启呱呱而泣，予弗子，惟荒度土功。弼成五服，至于五千。州十有二师，外薄四海，咸建五长，各迪有功。苗顽弗即工，帝其念哉！"帝曰："迪朕德，时乃功，惟叙。皋陶方祗厥叙，方施象刑，惟明。"汉志：尧处子朱于丹渊为诸侯。丹，朱之国名也。额额，不休息之状。罔水行舟，如"覆荡舟"之类。朋淫者，朋比小人而淫乱于家也。殄，绝也。世者，世尧之天下也。丹朱不肖，尧以天下与舜而不与朱，故曰"殄世"。程子曰："夫圣莫圣于舜，而禹之戒舜，至曰无若丹朱好慢游，作傲虐，且舜之不为慢游傲虐，虽愚者亦当知之，岂以禹而不知乎？盖处崇高之位，所以儆戒者当如是也。"创，惩也。禹自言惩丹朱之恶而不敢以慢游也。涂山，国名，在今寿春县东北。禹娶涂山氏之女也。辛、壬、癸、甲，四日也。禹娶涂山甫及四日，即往治水也。启，禹之子。呱呱，泣声。荒，大也。言娶妻生子，皆有所不暇顾念，惟以大相度平治水土之功为急也。孟子言"禹八年于外，三过其门而不入"是也。五服，甸、侯、绥、要、荒也。言非特平

33

治水土，又因地域之远近以辅成五服之制也。疆理宇内，乃人君之事，非人臣之所当专者，故曰"弼成"也。五千者，每服五百里，五服之地东西南北相距五千里也。十二师者，每州立十二诸侯以为之师，使之相牧，以纠群后也。薄，迫也。九州之外迫于四海，每方各建五人以为之长而统率之也。圣人经理之制，其详内略外者如此。即，就也。谓十二师五长，内而侯牧，外而蕃夷，皆蹈行有功。惟三苗顽慢不率，不肯就工，帝当忧念之也。帝言四海之内，蹈行我之德教者，是汝功惟叙之故。其顽而弗率者，则皋陶方敬承汝之功叙，方施象刑惟明矣。曰明者，言其刑罚当罪，可以畏服乎人也。上文禹之意，欲舜弛其鞭扑之威，益广其文教之及，而帝以禹之功叙既已如此，而犹有顽不即工〔一〕如苗民者，是岂刑法之所可废哉？或者乃谓苗之凶顽，六师征之，犹且逆命，岂皋陶象刑之所能致？是未知圣人兵刑之叙与帝舜治苗之本末也。帝之此言，乃在禹未摄位之前，非徂征后事。盖威以象刑而苗犹不服，然后命禹征之，征之不服，以益之谏而又增修德教，及其来格，然后分北〔二〕之。舜之此言，虽在三谟之末，而实则禹未摄位之前也。

夔曰："戛击鸣球、搏拊琴瑟，以咏。"祖考来格，虞宾在位，群后德让。下管鼗鼓，合止柷敔，笙镛以间。鸟兽跄跄，箫韶九成，凤凰来仪。戛击，考击也。鸣球，玉磬名也。搏，至；拊，循也。乐之始作，升歌于堂上，则堂上之乐惟取其声之轻清者与人声相比，故曰"以咏"。盖戛击鸣球、搏拊琴瑟，以合咏歌之声也。格，"神之格思"之"格"。虞宾，丹朱也。尧之后为宾于虞，犹微子作宾于周也。丹朱在位与助祭群后以德相让，则人无不和可知矣。下，堂下之乐。管，犹周礼所谓阴竹之管、孤竹之管、丝竹之管也。鼗鼓，如鼓而小，有柄，持而摇之，则旁耳自击。柷敔，郭璞云："柷如漆桶，方二尺四寸，深一尺八寸，中有椎柄连底，撞之令左右击。敔，状如伏虎，背上有二十七鉏铻刻，以籈栎之。籈长一尺，以木为之。"始作也，击柷以合之；及其将终也，则栎敔以止之。盖节乐之器也。笙以

〔一〕"工"，原作"功"，今据德星堂本、纂疏、汇纂、四库本及上经文改。
〔二〕"北"，诸本皆作"背"，二字古通。

匏为之，列管于匏中，又施簧于管端。镛，大钟也。叶氏曰："钟与笙相应者曰笙，钟与歌相应者曰颂。钟颂，或谓之镛，诗'贲鼓维镛'是也。<u>大射礼</u>：'乐人宿县于阼阶东，笙磬西面，其南笙钟。西阶之西，颂磬东面，其南颂钟。'颂钟即镛钟也。上言'以咏'，此言'以间'，相对而言。盖与咏歌迭奏也。<u>乡饮酒礼</u>云'歌鹿鸣，笙南陔，间歌鱼丽，笙由庚'，或其遗制也。"跄跄，行动之貌。言乐音不独感神人，至于鸟兽无知，亦且相率而舞，跄跄然也。箫，古文作"𥲲"，舞者所执之物。说文云："乐名𥲲韶。"<u>季札</u>观周乐，见舞韶箾者，则𥲲韶盖舜乐之总名也。今文作"箫"，故先儒误以箫管释之。九成者，乐之九成也。功以九叙，故乐以九成。九成，犹<u>周礼</u>所谓九变。<u>孔子</u>曰"乐者，象成者也"，故曰"成"。凤凰，羽族之灵者，其雄为凤，其雌为凰。来仪者，来舞而有容仪也。"戛击鸣球、搏拊琴瑟，以咏"，堂上之乐也。"下管鼗鼓，合止柷敔，笙镛以间"，堂下之乐也。<u>唐孔氏</u>曰："乐之作也，依上下而递奏，间合而后曲成。"祖考，尊神，故言于堂上之乐。鸟兽，微物，故言于堂下之乐。九成致凤，尊异灵瑞，故别言之。非堂上之乐独致神格，堂下之乐偏能舞兽也。或曰：笙之形如鸟翼，镛之虡为兽形，故于"笙镛以间"言"鸟兽跄跄"。<u>风俗通</u>曰："<u>舜</u>作箫笙以象凤，盖因其形声之似以状其声乐之和，岂真有鸟兽凤凰而跄跄来仪者乎？"曰是未知声乐感通之妙也。瓠巴鼓瑟而游鱼出听，<u>伯牙</u>鼓琴而六马仰秣，声之致祥召物，见于传者多矣，况<u>舜</u>之德致和于上，<u>夔</u>之乐召和于下，其格神人、舞兽凤，岂足疑哉？今按：<u>季札</u>[一]观周乐，见舞韶箾者，曰："德至矣！尽矣！如天之无不覆，如地之无不载，虽甚盛德，蔑以加矣。"夫<u>韶</u>乐之奏，幽而感神，则祖考来格；明而感人，则群后德让；微而感物，则凤仪兽舞。原其所以能感召如此者，皆由<u>舜</u>之德如天地之无不覆焘也。其乐之传历千余载，<u>孔子</u>闻之于<u>齐</u>，尚且三月不知肉味，曰"不图为乐之至于斯"，则当时感召从可知矣。又按：此章<u>夔</u>言作乐之效，其文自为一段，不与上下文势相属。盖<u>舜</u>之在位五十余年，其与<u>禹</u>、<u>皋陶</u>、<u>夔</u>、<u>益</u>相与答问者多矣，史官取其尤彰明者以诏后世，则是其所言者自有先后，史官集而记之，非其一日之言也。诸儒之说，自<u>皋陶谟</u>至此篇末，皆谓文势相属，故其说牵合不通，今皆不取。

***

〔一〕"札"，原作"扎"，今据诸本及<u>左传</u>改。

夔曰：“於！予击石拊石，百兽率舞，庶尹允谐。”重击曰
击。轻击曰拊。石，磬也。有大磬，有编磬，有歌磬。磬有小大，故击有轻重。
八音独言石者，盖石音属角，最难谐和。记曰“磬以立辨”，夫乐以合为主，而
石声独辨者，以其难和也。石声既和，则金、丝、竹、匏、土、革、木之声无不和
者矣。诗曰“既和且平，依我磬声”，则知言石者，总乐之和而言之也。或曰：
玉振之也者，终条理之事，故举磬以终焉。上言鸟兽，此言百兽者，考工记曰：
“天下大兽五：脂者、膏者、臝者、羽者、鳞者。”羽鳞，总可谓之兽也。百兽舞，
则物无不和可知矣。尹，正也。庶尹者，众百官府之长也。允谐者，信皆和谐
也。庶尹谐，则人无不和可知矣。

帝庸作歌，曰：“敕天之命，惟时惟几。”乃歌曰：“股肱
喜哉！元首起哉！百工熙哉！”皋陶拜手稽首，扬言曰：“念
哉！率作兴事，慎乃宪，钦哉！屡省乃成，钦哉！”乃赓载歌
曰：“元首明哉！股肱良哉！庶事康哉！”又歌曰：“元首丛
脞哉！股肱惰哉！万事堕哉！”帝拜曰：“俞！往，钦哉！”
庸，用也。歌，诗歌也。敕，戒敕也。几，事之微也。惟时者，无时而不戒敕
也。惟几者，无事而不戒敕也。盖天命无常，理乱安危相为倚伏，今虽治定
功成，礼备乐和，然顷刻谨畏之不存，则怠荒之所自起；毫发几微之不察，则
祸患之所自生，不可不戒也。此舜将欲作歌而先述其所以歌之意也。股肱，
臣也。元首，君也。人臣乐于趋事赴功，则人君之治为之兴起，而百官之功
皆广也。拜手稽首者，首至手又至地也。大言而疾曰扬。率，总率也。皋陶
言人君当总率群臣以起事功，又必谨其所守之法度。盖乐于兴事者易至于
纷更，故深戒之也。屡，数也。兴事而数考其成，则有课功核实之效，而无诞
谩〔一〕欺蔽之失。两言“钦哉”者，兴事、考成二者皆所当深敬而不可忽者也。
此皋陶将欲赓歌而先述其所以歌之意也。赓，续；载，成也。续帝歌以成其义
也。皋陶言君明则臣良，而众事皆安，所以劝之也。丛脞，烦碎也。惰，懈怠

〔一〕“谩”，德星堂本、纂疏、汇纂、四库本作“慢”。

也。堕，倾圮也。言君行臣职，烦琐细碎，则臣下懈怠，不肯任事，而万事废坏，所以戒之也。舜作歌而责难于臣，皋陶赓歌而责难于君，君臣之相责难者如此，有虞之治，兹所以为不可及也欤？帝拜者，重其礼也。重其礼，然其言，而曰：汝等往治其职，不可以不敬也。林氏曰："舜、禹〔一〕、皋陶之赓歌，三百篇之权舆也，学诗者当自此始。"

〔一〕"禹"，林氏尚书全解同，德星堂本、纂疏、旁通及汇纂、四库本作"与"。

书集传卷二

夏　书

夏，禹有天下之号也，书凡四篇。禹贡作于虞时，而系之夏书者，禹之王以是功也。

禹　贡

上之所取谓之赋，下之所供谓之贡。是篇有贡、有赋，而独以贡名篇者，孟子曰："夏后氏五十而贡，贡者较数岁之中以为常。"则贡又夏后氏田赋之总名。今文、古文皆有。

禹敷土，随山刊木，奠高山大川。 敷，分也，分别土地以为九州也。奠，定也，定高山大川以别州境也。若兖之济河，青之海岱〔一〕，扬之淮海〔二〕，雍之黑水西河，荆之荆衡，徐之岱淮，豫之荆河，梁之华阳黑水是也。方洪水横流，不辨区域，禹分九州之地，随山之势相其便宜，斩木通道以治之，又定其山之高者与其川之大者，以为之纪纲。此三者，禹治水之要，故作书者首述之。○曾氏曰："禹别九州，非用其私智，天文地理区域各定，故星土之法则

〔一〕"青之海岱"四字，原脱，今据德星堂本、纂疏、汇纂、四库本补。
〔二〕"海"，原脱，今据德星堂本、纂疏、汇纂、四库本补。

有九野，而在地者必有高山大川为之限隔，风气为之不通，民生其间亦各异俗。故禹因高山大川之所限者别为九州，又定其山之高峻、水之深大者为其州之镇，秩其祭而使其国主之也。"

冀州，冀州，帝都之地，三面距河，兖河之西，雍河之东，豫河之北。周礼职方"河内曰冀州"是也。八州皆言疆界而冀不言者，以余州所至可见。晁氏曰："亦所以尊京师，示王者无外之意。"**既载壶口，**经始治之谓之载。壶口，山名，汉地志在河东郡北屈县东南，今隰州吉乡县也。○今按："既载"云者，冀州帝都之地，禹受命治水所始，在所当先，经始壶口等处，以杀河势，故曰"既载"。然禹治水施功之序，则皆自下流始，故次兖，次青，次徐，次扬，次荆，次豫，次梁，次雍。兖最下，故所先。雍最高，故独后。禹言"予决九川，距四海，浚畎浍，距川"，即其用工之本末。先决九川之水以距海，则水之大者有所归；又浚畎浍以距川，则水之小者有所泄，皆自下流，以疏杀其势。读禹贡之书，求禹功之序，当于此详之。**治梁及岐。**梁、岐，皆冀州山。梁山，吕梁山也，在今石州离石县东北。尔雅云："梁山，晋望。"即冀州吕梁也。吕不韦曰："龙门未辟，吕梁未凿，河出孟门之上。"又春秋："梁山崩。"左氏、穀梁皆以为晋山，则亦指吕梁矣。郦道元谓吕梁之石崇竦，河流激荡，震动天地。此禹既事壶口，乃即治梁也。岐山在今汾州介〔一〕休县狐岐之山，胜水所出，东北流注于汾。郦道元云："后魏于狐〔二〕岐置六壁，防离石胡胡，因为大镇。"今六壁城在胜水之侧，实古河迳之险厄。二山，河水所经，治之所以开河道也。先儒以为雍州梁岐者非是。**既修太原，至于岳阳。**修，因鲧之功而修之也。广平曰原，今河东路太原府也。岳，太岳也。周职方："冀州其山镇曰霍山"。地志谓霍太山即太岳，在河东郡彘县东，今晋州霍邑也。山南曰阳，即今岳阳县地也，尧之所都，杨子云冀州箴曰"岳阳是都"是也。盖汾水出于大原，经于太岳，东入于河。此则导汾水也。**覃怀底绩，至于衡漳。**覃怀，地名。地志河内郡有怀县，今怀州也。曾氏曰："覃怀，平地也，当在孟津之东，太行之西，涑水出乎其西，淇水出乎其

〔一〕"介"，原作"界"，今据诸本改。
〔二〕"狐"，原作"胡"，今据大全及水经注改。

东。方洪水怀山襄陵之时,而平地致功为难,故曰'底绩'。"衡漳,水名。衡,古横字。地志:漳水二,一出上党沾〔一〕县大黾谷,今平定军乐平县少山也,名为清漳;一出上党长子县鹿谷山,今潞州长子县发鸠山也,名为浊漳。郦道元谓之衡水,又谓之横水,东至邺,合清漳,东北至阜城入北河。邺,今潞州涉县也。阜城,今定远军东光县也。○又按:桑钦云:"二漳异源而下流相合,同归于海。"唐人亦言漳水能独达于海,请以为渎,而不云入河者,盖禹之导河,自洚水大陆至碣石入于海,本随西山下东北去。周定王五年,河徙砱砾〔二〕,则渐迁而东。汉初,漳犹入河。其后河徙日东,而取漳水益远。至钦时,河自大伾而下已非故道,而漳自入海矣。故钦与唐人所言者如此。**厥土惟白壤,**汉孔氏曰:"无块曰壤。"颜氏曰:"柔土曰壤。"夏氏曰:"周官大司徒:'辨十有二壤之物而知其种,以教稼穑树艺;以土均之法辨五物九等,制天下之地征。'则夫教民树艺与因地制贡,固不可不先于辨土也。然辨土之宜有二:白以辨其色,壤以辨其性也。盖草人粪壤之法,骍刚用牛,赤缇用羊,坟壤用麋,渴泽用鹿。粪治田畴各因色性而辨其所当用也。"曾氏曰:"冀州之土,岂皆白壤? 云然者,土会之法,从其多者论也。"**厥赋惟上上错,厥田惟中中**。赋,田所出谷、米、兵车之类。错,杂也,赋第一等而错出第二等也。田第五等也。赋高于田四等者,地广而人稠也。林氏曰:"冀州先赋后田者,冀王畿之地,天子所自治,并与场圃、园田、漆林之类而征之,如周官载师所载,赋非尽出于田,故以赋属于厥土之下。余州皆田之赋也,故先田而后赋。"又按:九州九等之赋,皆每州岁入总数,以九州多寡相较而为九等,非以是等田而责其出是等赋也。冀独不言贡篚者,冀天子封内之地,无所事于贡篚者。**恒、卫既从,大陆既作**。恒、卫,二水名。恒水,地志出常山郡上曲阳县恒山北谷,在今定州曲阳县西北恒山也,东入滱水。薛氏曰:"东流合滱水,至瀛州高阳县入易水。"晁氏曰:"今之恒水,西南流至真定府行唐县,东流入于滋水;又南流入于衡水,非古逐矣。"卫水,地志出常山郡

〔一〕 "沾",原作"洽",今据旁通、汇纂、四库本改。
〔二〕 "砱砾",程大昌禹贡论作"故渎",汉书"荥阳漕渠"如淳注云"今砱谿口是也",蔡传当误解此注。

灵寿县东北，即今真定府灵寿县也，东入滹沱河。薛氏曰："东北合滹沱河，过信安军，入易水。"从，从其道也。大陆，孙炎曰："钜鹿北广阿〔一〕泽，河所经也。"程氏曰："钜鹿去古河绝远，河未尝迳邢以行钜鹿之广阿。"非是。按：尔雅："高平曰陆。"大陆云者，四无山阜，旷然平地。盖禹河自澶相以北皆行西山之麓，故班、马、王横皆谓载之高地，则古河之在贝冀以及枯洚之南，率皆穿西山踵趾以行。及其已过信〔二〕洚之北，则西山势断，旷然四平，盖以此地谓之大陆，乃与下文"北至大陆"者合。故隋改赵之昭庆以为大陆县，唐又割鹿城置陆浑县，皆疑钜鹿之大陆不与河应，而亦求之向北之地。杜佑、李吉甫以为邢、赵、深三州为大陆者得之。作者，言可耕治，水患既息，而平地之广衍者亦可耕治也。恒、卫水小而地远，大陆地平而近河，故其成功于田赋之后。**岛夷皮服，**海曲曰岛。海岛之夷以皮服来贡也。**夹右碣石入于河。**碣石，地志在北平郡骊城县西南河口之地，今平州之南也。冀州北方贡赋之来，自北海入河，南向西转，而碣石在其右，转屈之间，故"夹右"也。程氏曰："冀为帝都，东西南三面距河。他州贡赋皆以达河为至，故北三方亦不必书，而其北境则汉辽东，西右北平渔阳上谷之地，其水如辽、濡、滹、易中高，不与河通，故必自北海然后能达河也。"又按：郦道元言："骊城枕海，有石如甬道数十里，当山顶有大石，如柱形，韦昭以为碣石。"其山昔在河口海滨，故以志其入贡河道。历世既久，为水所渐，沦入于海，已去岸五百余里矣。战国策以碣石在常山郡九门县者，恐名偶同。而郑氏以为九门无此山也。

济河惟兖州。兖州之域东南据济，西北距河。济河，见"导水"。苏氏曰："河济之间相去不远，兖州之境东南跨济，非止于济也。"愚谓：河昔北流，兖州之境北尽碣石河右之地，后碣石之地沦入于海，河益徙而南。济〔三〕河之间始相去不远，苏氏之说未必然也。○林氏曰："济，古文作'沛'，说文注云：'此兖州之济也。'其从水从齐者，说文注云'出常山房子县赞皇山'，则此二字音同义异，当以古文为正。"**九河既道，**九河，尔雅：一曰徒骇，二曰太

〔一〕"阿"，原作"河"，今据诸本改。按：宋本尔雅郭璞注亦作"河"。
〔二〕"信"下，旁通认为脱"都古"二字。
〔三〕"济"，原作"兖"，今据南涧书堂本、汇纂、四库本及上文改。德星堂本作"跻"，当是"济"字之误。

史，三曰马颊，四曰覆釜，五曰胡苏，六曰简洁，七曰钩盘，八曰鬲津，其一则河之经流也。先儒不知河之经流，遂分简洁为二。既道者，既顺其道也。○按：徒骇河，地志云滹沱河，寰宇记云在沧州清池南，许商云在成平〔一〕。马颊河，元和志在德州安德平原南东，寰宇记云在棣州滴河北，舆地记云即笃马河也。覆釜河，通典云在德州安德。胡苏河，寰宇记云在沧之饶安、无棣、临津三县，许商云在东光。简洁河，舆地记云在临津。钩盘河，寰宇记云在乐陵东南，从德州平昌来，舆地记云在乐陵。鬲津河，寰宇记云在乐陵东，西北流入饶安，许商云在鬲县，舆地记云在无棣。太史河不知所在。自汉以来，讲求九河者甚详。汉世近古，止得其三。唐人集累世积传之语，遂得其六。欧阳忞舆地记又得其一。或新河而载以旧名，或一地而互为两说。要之，皆似是而非，无所依据。至其显然谬误者，则班固以滹沱为徒骇，而不知滹沱不与古河相涉；乐史马颊乃以汉笃马河当之；郑氏求之不得，又以为九河，齐桓〔二〕塞其八流以自广。夫曲防齐之所禁，塞河宜非桓公之所为也，河水可塞而河道其能尽平乎？皆无稽考之言也。惟程氏以为九河之地已沦于海，引碣石为九河之证，以谓今沧州之地北与平州接境，相去五百余里，禹之九河当在其地，后为海水沦没，故其迹不存。方九河未没于海之时，从今海岸东北更五百里平地，河播为九，在此五百里中。又上文言"夹右碣石"，则九河入海之处有碣石在其西北岸。九河水道变迁，难于推考，而碣石通趾顶皆石，不应仆没。今兖冀之地，既无此石，而平州正南有山而名碣石者尚在海中，去岸五百余里，卓立可见。则是古河自今已为海处，向北斜行，始分为九，其河道已沦入于海，明矣。汉王横言昔天尝〔三〕连雨，东北风，海水溢西南出浸数百里，九河之地已为海水所渐。郦道元亦谓九河碣石苞沦于海。后世儒者知求九河于平地，而不知求碣石有无以为之证，故前后异说，竟无归宿。盖非九河之地而强凿求之，宜其支离而不能的〔四〕也。

42

〔一〕 "成平"，原作"平成"，今据旁通及前汉沟洫志及颜师古注改。纂疏、汇纂、四库本作"平城"。

〔二〕 "桓"，原避宋钦宗讳作"威"，今回改。下"桓公"同，不再出校。

〔三〕 "尝"，德星堂本、纂疏、汇纂、四库本作"常"。

〔四〕 "的"，德星堂本、汇纂、四库本作"得"。

雷夏既泽，泽者，水之钟也。雷夏，地志在济阴郡成[一]阳县西北，今濮州雷泽县西北也。山海经云："泽中有雷神，龙身而人颊，鼓其腹则雷。"然则本夏泽也，因其神名之曰雷夏也。洪水横流而入于泽，泽不能受，则亦泛滥奔溃，故水治而后雷夏为泽。**灉沮会同，**灉沮，二水名。灉水，曾氏曰："尔雅：'水自河出为灉。'许慎云：'河灉水在宋。'又曰：'汳水，受陈留浚仪阴沟，至蒙为灉水，东入于泗。'水经：'汳水出阴沟，东至蒙，为狙獾。'则灉水即汳水也。灉之下流入于睢水。"沮水，地志睢水出沛国芒县。睢水其沮水欤？晁氏曰："尔雅云：'自河出为灉，济出为濋。'求之于韵，沮有楚音。二水，河济之别也。"二说未详孰是。会者，水之合也。同者，合而一也。**桑土既蚕，是降丘宅土。**桑土，宜桑之土。既蚕者，可以蚕桑也。蚕性恶湿，故水退而后可蚕。然九州皆赖其利，而独于兖言之者，兖地宜桑，后世之濮上桑间犹可验也。地高曰丘。兖地多在卑下，水害尤甚，民皆依丘陵以居，至是始得下居平地也。**厥土黑坟，厥草惟繇，厥木惟条。**坟，土脉坟起也，如左氏所谓"祭之地，地坟"是也。繇，茂；条，长也。○林氏曰："九州之势，西北多山，东南多水，多山则草木为宜，不待书也。兖、徐、扬三州最居东南下流，其地卑湿沮洳，洪水为患，草木不得其生。至是或繇或条，或夭或乔，而或渐苞，故于三州特言之，以见水土平，草木亦得遂其性也。"**厥田惟中下，厥赋贞，作十有三载乃同。**田第六等，赋第九等。贞，正也。兖赋最薄，言君天下者以薄赋为正也。作十有三载乃同者，兖当河下流之冲，水激而湍悍，地平而土疏，被害尤剧。今水患虽平，而卑湿沮洳未必尽去，土旷人稀，生理鲜少，必作治十有三载，然后赋法同于他州。此为田赋而言，故其文属于"厥赋"之下。先儒以为禹治水所历之年，且谓此州治水最在后毕，州为第九成功，因以上文"厥赋贞"者谓赋亦第九，与州正为相当。殊无意义，其说非是。**厥贡漆丝，厥篚织文。**贡者，下献其土所有于上也。兖地宜漆宜桑，故贡漆、丝也。篚，竹器，筐属也。古者币帛之属则盛之以筐篚而贡焉，经曰"篚厥玄黄"是也。

〔一〕"成"，原作"城"，今据禹贡会笺及汉书地理志改。

织文者,织而有文,锦绮之属也。以非一色,故以织文总之。<u>林氏</u>曰:"有贡又有筐者,所贡之物入于筐也。"**浮于<u>济漯</u>,达于<u>河</u>。**舟行水曰浮。漯者,河之枝流也。<u>兖</u>之贡赋,浮<u>济漯</u>,以达于<u>河</u>也。帝都<u>冀州</u>,三面距河,达河即^{〔一〕}达帝都矣。又按:地志曰:"<u>漯水</u>出<u>东郡东武阳</u>,至<u>千乘</u>入海。"<u>程氏</u>以为此乃<u>汉河</u>,与<u>漯</u>殊异,然亦不能明言<u>漯河</u>所在,未详其地也。

　　海<u>岱</u>惟<u>青州</u>。<u>青州</u>之域,东北至海,西南距<u>岱</u>。<u>岱</u>,<u>泰山</u>也,在今<u>袭庆府奉符县</u>西北三十里。**<u>嵎夷</u>既略,**<u>嵎夷</u>,<u>薛氏</u>曰:"今<u>登州</u>之地。"略,经略,为之封畛也。即<u>尧典</u>之"<u>嵎夷</u>"^{〔二〕}。**<u>潍淄</u>其道,**<u>潍淄</u>,二水名。潍水,地志云出<u>琅琊郡箕县</u>,今<u>密州莒县</u>东北<u>潍山</u>也,北至<u>都昌</u>入海,今<u>潍州昌邑</u>也。淄水,地志云出<u>泰山郡莱芜县原山</u>,今<u>淄州淄川</u>^{〔三〕}<u>县</u>东南七十里<u>原山</u>也,东至<u>博昌县</u>入<u>济</u>,今<u>青州寿光县</u>也。其道,水循其道也。上文言"既道"者,<u>禹</u>为之道也。此言"其道"者,泛滥既去,水得其故道。<u>林氏</u>曰:"<u>河济</u>下流<u>兖</u>受之,<u>淮</u>下流<u>徐</u>受之,<u>江汉</u>下流<u>扬</u>受之,<u>青</u>虽近海,然不当众流之冲,但<u>潍淄</u>二水顺其故道,则其功毕矣。比之他州,用力最省者也。"**厥土白坟,海滨广斥。**滨,涯也。海涯之地广漠而斥卤。<u>许慎</u>曰:"东方谓之斥,西方谓之卤。"斥卤,醎地,可煮为盐者也。**厥田惟上下,厥赋中上。**田第三,赋第四也。**厥贡盐绨,海物惟错。<u>岱</u>畎丝、枲、铅、松、怪石。莱夷作牧,厥篚檿丝。**盐,斥地所出。绨,细葛也。错,杂也。海物非一种,故曰错。<u>林氏</u>曰:"既总谓之海物,则固非一物矣。此与<u>扬州</u>'齿革、羽毛惟木'文势正同。错盖别为一物,如'锡贡磬错'之'错'。"理或然也。畎,谷也,<u>岱</u>山之谷也。枲,麻也。怪石,怪异之石也。<u>林氏</u>曰:"怪石之贡,诚为可疑。意其必须以为器用之饰,而有不可阙者,非特贡其怪异之石以为玩好也。"<u>莱夷</u>,<u>颜师古</u>曰:"<u>莱山</u>之夷。"<u>齐</u>有<u>莱侯</u>、<u>莱人</u>,即今<u>莱州</u>之地。作牧者,言可牧放,夷

44

〔一〕"即",<u>德星堂</u>本、<u>纂疏</u>、<u>汇纂</u>、四库本作"则"。

〔二〕此六字,疑在上"登州之地"下。

〔三〕"川",原作"州",今据<u>德星堂</u>本、<u>纂疏</u>、<u>汇纂</u>、四库本改。

人以畜牧为生也。屪,山桑也。山桑之丝其韧中琴瑟之弦。苏氏曰:"惟东莱为有此丝,以之为缯,其坚韧异常。莱人谓之山茧。"**浮于汶,达于济**。汶水出泰山郡莱芜县原山,今袭庆府莱芜县也,西南入济,在今郓州中都县也。盖淄水出莱芜原山之阴,东北而入海。汶水出莱芜原山之阳,西南而入济。不言达河者,因于兖也。

    海岱及淮,惟徐州。徐州之域,东至海,南至淮,北至岱,而西不言济者,岱之阳济东为徐,岱之北济东为青,言济不足以辨,故略之也。尔雅"济东曰徐州"者,商无青,并青于徐也。周礼"正东曰青州"者,周无徐,并徐于青也。林氏曰:"一州之境必有四至,七州皆止二至,盖以邻州互见。至此州独载其三边者,止言海岱,则嫌于青;止言淮海,则嫌于扬。故必曰'海岱及淮',而后徐州之疆境始别也。"**淮沂其乂**,淮沂,二水名。淮,见"导水"。曾氏曰:"淮之源出于豫之境,至扬徐之间始大,其泛溢为患尤在于徐,故淮之治于徐言之也。"沂水,地志云出泰山郡盖县艾山,今沂州沂水县也,南至于下邳西南而入于泗。曾氏曰:"徐州水以沂名者非一,郦道元谓水出尼丘山,西北径鲁之雩门,亦谓之沂水。水出太山武阳之冠石山,亦谓之沂水。而沂水之大,则出于泰山也。"又按:徐之水有泗、有汶、有汴、有漷,而独以淮沂言者,周职方氏"青州其川淮泗,其浸沂沭",周无徐州,兼之于青,周之青即禹之徐,则徐之川莫大于淮,淮乂,则自泗而下,凡为川者可知矣;徐之浸莫大于沂,沂乂,则自沭而下,凡为浸者可知矣。**蒙羽其艺**。蒙羽,二山名。蒙山,地志在泰山郡蒙阴县西南,今沂州费县也。羽山,地志在东海郡祝其县南,今海州朐山县也。艺者,言可种艺也。**大野既豬**,大野,泽名,地志在山阳郡钜野县北,今济州钜野县也。钜即大也。水蓄而复流者谓之豬。按:水经济水至乘氏县分为二,南为菏,北为济。郦道元谓:"一水东南流,一水东北流,入钜野泽。"则大野为济之所绝,其所聚也大矣。何承天曰:"钜野广大,南导洙泗,北连清济。"徐之有济,于是乎见。又郓州中都西南亦有大野陂,或皆大野之地也。

东原底平,东原,汉之东平国,今之郓州也。晁氏曰:"东平自古多水患,数徙其城。咸平中,又徙城于东南,则其下湿可知。底平者,水患已去,而底于平也。后人以其地之平,故谓之东平"。又按:东原在徐之西北,而谓之东者,以在<u>济</u>东故也。<u>东平国</u>在<u>景帝</u>亦谓<u>济东国</u>云,益知<u>大野</u>、<u>东原</u>所以志<u>济</u>也。**厥**
土赤埴坟,草木渐包。土黏曰埴。埴,腻也,黏泥如脂之腻也。周有抟
埴之工。老氏言"埏埴以为器"。惟土性黏腻细密,故可抟可埏也。渐,进长
也,如<u>易</u>所谓"木渐",言其日进于茂而不已也。包,丛生也,如<u>诗</u>之所谓"如竹
包矣",言其丛生而积也。**厥田惟上中,厥赋中中。**田第二等,赋第五
等也。**厥贡惟土五色,羽畎夏翟,峄阳孤桐,泗滨浮磬。淮**
夷蠙珠暨鱼,厥篚玄纤缟。<u>徐州</u>之土虽赤,而五色之土亦间有之,故
制以为贡。<u>周书</u>作雒曰:"诸侯受命于<u>周</u>,乃建大社于国中,其壝东青土,南赤
土,西白土,北骊土,中央釁以黄土。将建诸侯,凿取其方面之土,苞以黄土,苴
以白茅,以为土封。故曰:受削土于<u>周室</u>。"此贡土五色,意亦为是用也。<u>羽</u>
<u>畎</u>,<u>羽山</u>之谷也。夏翟,雉具五色,其羽中旌旐者也。<u>染人</u>之职"秋染夏",<u>郑</u>
氏曰:"染夏者,染五色也。"<u>林氏</u>曰:"古之车服器用以雉为饰者多,不但旌旐
也。"<u>曾氏</u>曰:"山雉具五色,出于<u>羽山</u>之<u>畎</u>,则其名山以'羽'者以此欤?"峄,山
名,地志云<u>东海郡</u>下邳县西有<u>葛峄山</u>,古文以为<u>峄山</u>。<u>下邳</u>,今<u>淮阳军下邳县</u>
也。阳者,山南也。孤桐,特生之桐,其材中琴瑟也。<u>诗</u>曰:"梧桐生矣,于彼朝
阳。"盖草木之生,以向日者为贵也。<u>泗</u>,水名,出<u>鲁国卞县桃墟</u>西北<u>陪尾山</u>,
源有泉四,四泉俱导,因以为名,西南过<u>彭城</u>,又东南过<u>下邳</u>,入<u>淮</u>。<u>卞县</u>,今<u>袭</u>
<u>庆府泗水县</u>也。滨,水旁也。浮磬,石露水滨,若浮于水然。或曰非也,<u>泗滨</u>非
必水中,<u>泗水</u>之旁近。浮者,石浮生土中,不根着者也。今<u>下邳</u>有石磬山,或以
为古取磬之地。<u>曾氏</u>曰:"不谓之石者,成磬而后贡也。"<u>淮夷</u>,<u>淮</u>之夷也。蠙,
蚌之别名也。暨,及也。珠为服饰,鱼用祭祀。今<u>濠泗楚</u>皆贡<u>淮</u>白鱼,亦古之
遗制欤?夏翟之出于<u>羽畎</u>,孤桐之生于<u>峄阳</u>,浮磬之出于<u>泗滨</u>,珠鱼之出于<u>淮</u>
<u>夷</u>,各有所产之地,非它处所有,故详其地而使贡之。玄,赤黑色币也。<u>武成</u>
曰:"篚厥〔一〕玄黄。"纤、缟,皆缯也。<u>礼</u>曰:"又〔二〕期而大祥,素缟麻衣;中月而
禫,禫而纤。"<u>记</u>曰:"<u>有虞氏</u>缟衣而养老。"则知纤、缟皆缯之名也。<u>曾氏</u>曰:

〔一〕"篚厥",原倒,今据<u>德星堂</u>本、<u>纂疏</u>、<u>汇纂</u>、四库本及<u>尚书武成</u>乙正。
〔二〕"又",原作"及",今据<u>旁通</u>及<u>礼记</u>间传改。

"玄，赤而有黑色，以之为衮，所以祭也；以之为端，所以斋也；以之为冠，以为
首服也。黑经白纬曰纤。纤也、缟也，皆去凶即吉之所服也。"**浮于<u>淮泗</u>，
达于<u>河</u>。** 许慎曰："<u>汳水</u>受陈留浚仪阴沟，至蒙为<u>灉水</u>，东入于<u>泗</u>。"则<u>淮泗</u>
之可以达于<u>河</u>者，以<u>灉</u>至于<u>泗</u>也。许慎又曰："<u>泗</u>受<u>泲水</u>，东入<u>淮</u>。"盖<u>泗水</u>至
<u>大野</u>而合<u>泲</u>。然则<u>泗</u>之上源，自<u>泲</u>亦可以通<u>河</u>也。

  <u>淮海</u>惟<u>扬州</u>，<u>扬州</u>之域，北至<u>淮</u>，东南至于海。**<u>彭蠡</u>既豬，**<u>彭蠡</u>，
地志在<u>豫章郡彭泽县</u>西〔一〕，合<u>江西</u>、<u>江东</u>诸水，跨<u>豫章</u>、<u>饶州</u>、<u>南康军</u>三州之
地，所谓<u>鄱阳湖</u>者是也。详见"导水"。**<u>阳鸟</u>攸居，**阳鸟，随阳之鸟，谓雁
也。今惟<u>彭蠡</u>洲渚之间千百为群。记阳鸟所居，犹<u>夏小正</u>记"雁北乡也"，言泽
水既豬，州渚既平，而禽鸟亦得其居止而遂其性也。**<u>三江</u>既入，**<u>庾</u>〔二〕<u>仲初扬
都赋</u>注："<u>松江</u>下七十里分流，东北入海者为<u>娄江</u>，东南流者为<u>东江</u>，并<u>松江</u>为
<u>三江</u>。"其地今亦名<u>三江口</u>，<u>吴越春秋</u>所谓"<u>范蠡</u>乘舟出<u>三江</u>之口"者是也。○
又按：<u>苏氏</u>谓："<u>岷山</u>之江为<u>中江</u>，<u>嶓冢</u>之江为<u>北江</u>，<u>豫章</u>之江为<u>南江</u>，即'导
水'所谓'东为<u>北江</u>，东为<u>中江</u>'者。即有<u>中</u>、<u>北</u>二江，则<u>豫章</u>之江为<u>南江</u>可
知。"今按：此为<u>三江</u>，若可依据，然江汉会于<u>汉阳</u>，合流数百里至<u>湖口</u>，而后与
<u>豫章</u>江会，又合流千余里而后入海，不复可指为三矣。<u>苏氏</u>知其说不通，遂有
味别之说。<u>禹</u>之治水，本为民去害，岂如<u>陆羽</u>辈辩味烹茶为口腹计耶？亦可见
其说之穷矣。以其说易以惑人，故并及之。或曰：<u>江汉</u>之水，<u>扬州</u>巨浸，何以不
书？曰<u>禹贡</u>书法，费疏凿者虽小必记，无施劳者虽大亦略。<u>江汉荆州</u>而下安于
故道，无俟浚治，故在不书。况朝宗于海，<u>荆州</u>固备言之，是亦可以互见矣。此
正<u>禹贡</u>之书法也。**<u>震泽</u>底定，**<u>震泽</u>，<u>太湖</u>也。<u>周职方</u>"<u>扬州</u>薮曰<u>具区</u>"，地
志在<u>吴县</u>之西南五十里，今<u>苏州吴县</u>也。<u>曾氏</u>曰："震，如'三川震'之'震'，若
今湖翻是也。<u>具区</u>之水多震而难定，故谓之<u>震泽</u>。底定者，言底于定而不震荡
也。"**筱簜既敷，厥草惟夭，厥木惟乔，厥土惟涂泥。** 筱，箭竹。

────────────

〔一〕 "西"，原作"东"，今据<u>旁通</u>及<u>后汉书地理志</u>改。
〔二〕 "庾"，原作"唐"，今据<u>汇纂</u>、<u>四库本</u>及<u>钱大昕十驾斋养新附余录</u>卷十六改。下"扬
  都"原讹作"吴都"，亦据<u>钱氏</u>改。

47

筱,大竹。郭璞曰:"竹阔节曰筱。"敷,布也。水去竹已布生也。少长曰夭。乔,高也。涂泥,水泉湿也。下地多水,其土淖。**厥田惟下下,厥赋下上上错。**田第九等,赋第七等,杂出第六等也。言下上上错者,以本设赋,九等分为三品,下上与中下异品,故变文言"下上上错"也。**厥贡惟金三品、瑶琨、筿筱、齿革、羽毛,惟木。岛夷卉服,厥篚织贝,厥包橘柚锡贡。**三品,金、银、铜也。瑶、琨,玉石名。诗曰:"何以舟之?惟玉及瑶。"琨,说文云:"石之美似玉者,取之可以为礼器。"筿之材中于矢之笴,筱之材中于乐之管。筱亦可为符节。周官掌节有英筱。象有齿,犀兕有革,鸟有羽,兽有毛。木,楩、梓、豫、章之属。齿革可以成车甲,羽毛可以为旌旄,木可以备栋宇器械之用也。岛夷,东南海岛之夷。卉,草也,葛越、木绵之属。织贝,锦名,织为贝文,诗曰"贝锦"是也。今南夷木绵之精好者,亦谓之吉贝。海岛之夷以卉服来贡,而织贝之精者则入篚焉。包,裹也。小曰橘,大曰柚。锡者,必待锡命而后贡,非岁贡之常也。张氏曰:"必锡命乃贡者,供祭祀、燕宾客则诏之。口腹之欲,则难于出令也。"**沿于江海,达于淮泗。**顺流而下曰沿。沿江入海,自海而入淮泗,不言达于河者,因于徐也。禹时,江淮未通,故沿于海。至吴始开邗沟,隋人广之,而江淮舟船始通也。孟子言"排淮泗而注之江",记者之误也。

　　荆及衡阳惟荆州。荆州之域,北距南条荆山,南尽衡山之阳。荆衡各见"导山"。唐孔氏曰:"荆州以衡山之阳为至者。"盖南方惟衡山为大,以衡阳言之,见其地不止此山,而犹包其南也。**江汉朝宗于海,**江汉见"导水"。春见曰朝,夏见曰宗。朝宗,诸侯见天子之名也。江汉合流于荆,去海尚远,然水道已安而无有壅塞横决之患,虽未至海,而其势已奔趋于海,犹诸侯之朝宗于王也。**九江孔殷。**九江,即今之洞庭也。水经言九江在长沙下巂西北,楚地记曰"巴陵潇湘之渊在九江之间",今岳州巴陵县即楚之巴陵、汉之下巂也,洞庭正在其西北,则洞庭之为九江审矣。今沅水、渐水、元水、辰水、叙水、酉水、澧水、资水、湘水皆合于洞庭,意以是名九江也。孔,甚;殷,正也。九江水道甚得其正也。○按:汉志九江在庐江郡之寻阳县。寻阳记九江之名,一曰乌江,二曰蜯江,三曰乌白江,四曰嘉靡江,五曰畎江,六曰源江,七曰廪江,八曰提江,九曰箘江。今详汉九江郡之寻阳乃禹贡扬州之境,而唐孔氏又以为九江之名起于近代,未足为据。且九江派别取之耶,亦必首尾短长大略均布,然后可目之为九。然其一水之间,当有一洲。九江之间,沙水相间,乃为十有七道,而今寻阳之地,将无所容。况沙洲出没,其势不常,果可以为地理之定名乎?设使派别为九,则当曰"九江既道",不应曰"孔殷"。于导江当曰"播九江",不应曰"过九江"。反复参考,则九江非寻阳明其。本朝胡氏以洞庭为九江者得之。曾氏亦谓导江曰"过九江,至于东陵"。东陵,今之巴陵。今巴陵之上即洞庭也。因九水所合,遂名九江。故下文"导水"曰"过九江"。经之例,大水合小水谓之过,则洞庭之为九江,益以明矣。**沱潜既道**,尔雅曰:"水自江出为沱,自汉出为潜。"凡水之出于江汉者,皆有此名。此则荆州,江汉之出者也。今按:南郡枝江县有沱水,然其流入江,而非出于江也。华容县有夏水,首出于江,尾入于沔,亦谓之沱。若潜水则未有见也。**云土梦作乂**。云梦,泽名。周官职方:荆州其泽薮曰云梦,方八九百里,跨江南北。华容、枝江、江夏、安陆皆其地也。左传"楚子济江入于云中",又"楚子以郑伯田于江南之梦",合而言之,则为一;别而言之,则二泽也。云土者,云之地土见而已。梦作乂者,梦之地已可耕治也。盖云梦之泽地势有高卑,故水落有先后,人工有早晚也。**厥土惟涂泥,厥田惟下中,厥赋上下**。荆州之土,与扬州同,故田比扬只加一等,而赋为第三等者,地阔而[一]人工修也。**厥贡羽毛、齿革,惟金三品,杶干栝柏,砺砥砮丹,惟箘簵楛,三邦底贡。厥名包匦菁茅,厥篚玄纁、玑组。九江纳锡大龟**。荆之贡,与扬州大抵多同,然荆先言羽毛者,汉孔氏所谓善者为先也。按:职方氏"扬州其利金锡"、"荆州其利丹银、齿革",则荆扬所产不无优劣矣。杶、栝、柏,三木名也。杶木似樗而可为弓干。栝木,柏叶松身。砺、砥,皆磨石。砥以细密为名,砺以麤粝之称。砮者,中矢镞之用,"肃慎氏贡石砮"者是

〔一〕"而",原脱,今据德星堂本、纂疏、汇纂、四库本补。

也。丹，丹砂也。箘、簵，竹名；楛，木名，皆可以为矢。董安于之治晋阳也，公宫之垣皆以荻蒿苫楚廧之，其高丈余。赵襄子发而试之，其坚则箘簵不能过也。则箘、簵盖竹之坚者，其材中矢之笴。楛，"肃慎氏贡楛矢"者是也。三邦，未详其地。厎，致也。致贡箘簵楛之有名者也。匦，匣也。菁茅有刺而三脊，所以供祭祀缩酒之用。既包而又匣之，所以示敬也。齐桓公责楚"贡包茅不入，王祭不供，无以缩酒"，又管子云"江淮之间，一茅而三脊，名曰菁茅"。菁、茅，一物也。孔氏谓菁以为菹者，非是。今辰州麻阳县苞茅山出苞茅，有刺而三脊。纁，周礼染人"夏纁玄"，纁，绛色币也。玑，珠不圆者。组，绶类。大龟，尺有二寸，所谓"国之守龟"，非可常得，故不为常贡。若偶得之，则使之纳锡于上，谓之纳。锡者，下与上之辞，重其事也。**浮于江、沱、潜、汉，逾于洛，至于南河。**江、沱、潜、汉，其水道之出入不可详，而大势则自江、沱而入潜、汉也。逾，越也。汉与洛不通，故舍舟而陆，以达于洛。自洛而至于南河也。程氏曰："不径浮江、汉，兼用沱、潜者，随其贡物所出之便，或由经流，或循枝派，期于便事而已。"

　　荆河惟豫州。豫州之域西南至南条荆山，北距大河。**伊、洛、瀍、涧既入于河，**伊水，山海经曰："熊耳之山，伊水出焉，东北至洛阳县南，北入于洛。"郭璞云："熊耳在上洛县南。"今商州上洛县也。地志言伊水出弘农卢氏之熊耳者，非是。洛水，地志云出弘农郡上洛县冢领山，水经谓之讙举山，今商州洛南县冢领山也，至巩县入河，今河南府巩县也。瀍水，地志云出河南郡谷城县蓍亭[一]北，今河南府河南县西北有古穀城县，其北山实瀍水所出也，至偃师县入洛，今河南府偃师县也。涧水，地志云出弘农郡新安县东南，入于洛。新安，在今河南府新安、渑池之间，今渑池县东二十三里新安城是也。城东北有白石山，即涧水所出。郦道元云："世谓之广阳山。"然则涧水出今之渑池，至新安入洛也。伊、瀍、涧水入于洛，而洛水入于河。此言伊、洛、瀍、涧入于河，若四水不相合而各入河者，犹汉入江，江入海，而荆州言"江汉朝宗于海"意同。盖四水并流，小大相敌故也。详见下文。**荥波既豬，**荥波，二水

〔一〕"蓍"，误作"替"，今据钱泰吉甘泉乡人稿卷六跋书经集传校本改。汇纂作"潜"。

名。济水,自今孟州温县入河潜行,绝河南溢为荥,在今郑州荥泽县西五里敖仓东南。敖仓者,古之敖山也。按:今济水但入河,不复过河之南。荥渎水,受河水有石门,谓之荥口石门也。郑康成谓荥今塞为平地,荥阳民犹谓其处为荥泽。郦道元曰:禹塞淫水于荥阳,下引河东南以通淮泗济水,分河东南流。汉明帝使王景即荥水故渎东注浚仪,谓之浚仪渠,汉志谓"荥阳县有狼荡渠,首受济"者是也。南曰狼荡,北曰浚仪,其实一也。波水,周职方"豫州其川荥雒,其浸波溠"。尔雅云"水自洛出为波",山海经曰"娄涿之山,波水出其阴,北流注于穀",二说不同,未详孰是。孔氏以荥波为一水者,非也。**导菏泽,被孟豬**,菏泽,地志在济阴郡定陶县东,今兴仁府济阴县南三里,其地有菏山,故名其泽为菏泽也。盖济水所经,水经谓"南济东过冤句县南,又东过定陶县南,又东北菏水东出焉"是也。被,及也。孟豬,尔雅作孟诸,地志在梁国睢阳县东北,今南京虞城县西北孟诸泽是也。曾氏曰:"被,覆也。菏水衍溢,道其余波入于孟豬,不常入也,故曰被。"**厥土惟壤,下土坟垆**。土不言色者,其色杂也。垆,疏也。顾氏曰:"玄而疏者谓之垆。"其土有高下之不同,故别言之。**厥田惟中上,厥赋错上中**。田第四等,赋第二等,杂出第一等也。**厥贡漆、枲、絺纻,厥篚纤纩,锡贡磬错**。林氏曰:"周宜载师'漆林之征二十有五',周以为征而此乃贡者,盖豫州在周为畿内,故载师掌其征而不制贡。禹时,豫在畿外,故有贡也。"推此义,则冀不言贡者可知。颜师古曰:"织纻以为布及练。"然经但言贡枲与纻,成布与未成布不可详也。纩,细绵也。磬错,治磬之错也,非所常用之物,故非常贡,必待锡〔一〕命而后纳也,与扬州"橘柚"同。然扬州先言"橘柚"而此先言"锡贡"者,"橘柚"言"包",则于"厥篚"之文无嫌,故言"锡贡"在后。"磬错"则与"厥篚"之文嫌于相属,故言"锡贡"在先。盖立言之法也。**浮于洛,达于河**。豫州去帝都最近,豫之东境径自入河,豫之西境则浮于洛而后至河也。

华阳、黑水惟梁州。梁州之境,东距华山之南,西据黑水。华山即

〔一〕"锡",原作"错",今据诸本改。

太华，见"导山"。黑水见"导水"。**岷、嶓既艺**，岷、嶓，二山名。岷山，地志在蜀郡湔氐道西徼外，在今茂州汶山县，江水所出也。晁氏曰："蜀以山近江源者通为岷山，连峰接岫，重迭险阻，不详远近。青城、天彭诸山之所环绕，皆古之岷山，青城乃其第一峰也。"嶓冢山，地志云在陇西郡氐道县，漾水所出。又云在西县。今兴元府西县三泉县也。盖嶓冢一山跨于两县。云川原既涤，水去不滞，而无泛溢之患，其山已可种艺也。**沱潜既道，**此江汉别流之在梁州者。沱水，地志蜀郡郫县江沱在东西入大江。郫县，今成都府郫县也。又地志云蜀郡汶江县江沱在西南东入江，汶江县，今永康军道江县也。潜水，地志云巴郡宕渠县潜水西南入江，宕渠，今渠州流江县也。郦道元谓：宕渠县有大穴，潜水入焉，通罡〔一〕山下，西南潜出，南入于江。又地志汉中郡安阳县灊谷水出西南，入汉。灊音潜。安阳县，今洋州真符县也。○又按：梁州乃江汉之原，此不志者，岷之艺，导江也；嶓之艺，导漾也，道沱则江悉矣，道潜则汉悉矣。上志岷嶓，下志沱潜，江汉原流，于是而见。**蔡、蒙旅平，**蔡、蒙，二山名。蔡山，舆地记在今雅州严道县。蒙山，地志蜀郡青衣县，今雅州名山县也。郦道元谓：山上合下开，沫水迳其间；涸崖水脉漂疾，历代为患，蜀郡太守李冰发卒凿平涸崖。则此二山，在禹为用功多也〔二〕。祭山曰旅。旅平者，治功毕而旅祭也。**和夷厎绩。**和夷，地名。严道以西，有和川、有夷道，或其地也。又按：晁氏曰："和夷，二水名。和水，今雅州荥经县北和川水，自蛮界罗嵒州东西来，迳蒙山，所谓'青衣水而入岷江'者也。夷水出巴郡鱼复县，东南过傁山县南，又东过夷道县北，东入于江。"今详二说，皆未可必，但经言"厎绩"者三，覃怀、原隰既皆地名，则此恐为地名，或地名因水，亦不可知也。**厥土青黎，**黎，黑也。**厥田惟下上，厥赋下中三错。**田第七等，赋第八等，杂出第七、第九等也。按：赋杂出他等者，或以为岁有丰凶，或以为户有增减，皆非也。意者地力有上下，年分不同，如周官田一易、再易之类，故赋之等第亦

〔一〕"罡"下，原有墨丁，今据纂疏、汇纂、四库本删。德星堂本、南涧书堂本作"四正"，当是"罡"字之讹。

〔二〕"也"，德星堂本作"矣"。

有上下年分。冀之正赋第一等而间岁第二等也,扬之正赋第七等而间岁第六等也,豫之正赋第二等而间岁第一等也,梁之正赋第八等而间岁出第七、第九等也。当时必有条目详具,今不存矣。书之所载,特凡例也。若谓岁之丰凶、户之增减,则九州皆然,何独于冀、扬、豫、梁四州言哉? **厥贡璆铁银镂砮磬,熊罴狐狸织皮。**璆,玉磬。铁,柔铁也。镂,刚铁可以刻镂者也。磬,石磬也。言铁而先于银者,铁之利多于银也。后世蜀之卓氏、程氏以铁冶富拟封君,则梁之利尤在于铁也。织皮者,梁州之地,山林为多,兽之所走。熊、罴、狐、狸四兽之皮制之可以为裘,其毳毛织之可以为罽也。○林氏曰:"徐州贡浮磬,此州既贡玉磬,又贡石磬,豫州又贡磬错。以此观之,则知当时乐器磬最为重,岂非以其声角,而在清浊小大之间,最难得其和者哉?"**西倾因桓,是来浮于潜,逾于沔,入于渭,乱于河。**西倾,山名,地志在陇西郡临洮县西,今洮州临潭县西南。桓,水名,水经曰:"西倾之南,桓水出焉。"苏氏曰:"汉始出为漾,东南流为沔,至汉中东行为汉。"沔,郦道元曰:"自西倾而至葭萌,浮于西汉。西汉即潜水也。自西汉遡流而届于晋寿界,阻〔一〕漾枝津,南历冈北〔二〕,迤逦接汉,沔〔三〕历汉川,至于褒水,逾褒而暨于衙岭之南溪,灌于斜川,届于武功而北,入于渭。汉武帝时,人有上书欲通褒斜道及漕,事下张汤,问之云:'褒水通沔,斜水通渭,皆可以漕。从南阳上沔入褒,褒绝水至斜间百余里,以车转从斜下渭,如此则汉中谷可致。'"经言沔、渭而不言褒、斜者,因大以见小也。褒、斜之间,绝水百余里,故曰逾。然于经文则当曰"逾于渭",今曰"逾于沔",此又未可晓也。绝河而渡曰乱。

黑水、西河惟雍州。雍州之域,西据黑水,东距西河。谓之西河者,主冀都而言也。**弱水既西,**柳宗元曰:"西海之山有水焉,散涣无力,不能负芥,投之则委靡垫没,及底而后止,故名曰弱。"既西者,导之西流也。地志云在张掖郡删丹县。薛氏曰:"弱水出吐谷浑,界穷石山,自删丹西至合黎

〔一〕"阻",据戴震校水经注当作"沮"。
〔二〕"冈北",据戴震校水经注当作"冈穴"。
〔三〕"沔",据戴震校水经注当作"沿"。

山，与张掖县河合。"又按：通鉴魏太武击柔然，"至栗水，西行至菟园水，分军收〔一〕讨"，又"循弱水西行，至涿邪山"，则弱水在菟园水之西、涿邪山之东矣。北史载太武至菟园水，分军搜讨，东至瀚海，西接张掖水，北度燕然山，与通鉴小异，岂瀚海、张掖水于弱水为近乎？程氏据西域传以弱水为在条支，援引其悉。然长安西行一万二千二百里，又百余方至条支，其去雍州如此之远，禹岂应穷荒而道其流也哉？其说非是。**泾属渭、沮，**泾、渭、沮，三水名。泾水，地志出安定郡泾阳县西，今原州百泉县岍头山也，东南至冯翊阳陵县入渭，今永兴军高陵县也。渭水，地志出陇西郡首阳县西南，今渭州渭源县鸟鼠山西北南谷山也，东至京兆舡司空县入河，今华州华阴县也。沮水，地志作芮，扶风汧县弦蒲薮，芮水出其西北，东入泾，今陇州汧源县弦蒲薮有沮水焉。周职方"雍州其川泾沮"，诗曰"沮鞠之即"，皆谓是也。属，连属也。泾水连属渭、沮二水也。**漆、沮既从，**漆、沮，二水名。漆水，寰宇记自耀州同官县东北界来，经华原县合沮水；沮水，地志出北地郡直路县东，今坊州宜君县西北境也。寰宇记沮水自坊州升平县北子午岭出，俗号子午水，下合榆谷、慈马等川，遂为沮水；至耀州华原县，合漆水，至同州朝邑县东南入渭。二水相敌，故并言之。既从者，从于渭也。又按：地志谓漆水出扶风县，晁氏曰："此幽之漆也。水经漆水出扶风杜阳县。"程氏曰："杜阳，今岐山普润县之地，亦汉漆县之境。其水入渭在沣水之上，与经序渭水节次不合，非禹贡之漆水也。"**沣水攸同。**沣水，地志作酆，出扶风鄠县终南山，今永兴军鄠县山也，东至咸阳县入渭。同者，同于渭也。渭水自鸟鼠而东，沣水南注之，泾水北注之，漆、沮东北注之。曰属、曰从、曰同，皆主渭而言也。**荆、岐既旅，终南、惇物，至于鸟鼠。**荆、岐，二山名。荆山，即北条之荆，地志在冯翊怀德县南，今耀州富平县掘陵原也。岐山，地志在扶风美阳县西北，今凤翔府岐山县东北十里也。终南、惇物、鸟鼠，亦皆山名。终南，地志古文以太一山为终南山，在扶风武功县，今永兴军万年县南五十里也。惇物，地志古文以垂山为惇物，在扶风武功县，今永兴军武功县也。鸟鼠，地志在陇西郡首阳县西南，今渭州渭源县西也，俗

〔一〕"收"，通鉴作"搜"。

呼为青雀山。举三山而不言所治者,蒙上"既旅"之文也。**原隰底绩,至于豬野。**广平曰原,下湿曰隰。诗曰"度其隰原",即指此也。郑氏曰:"其地在豳。"今邠州也。豬野,地志云武威县东北有休屠泽,古文〔一〕以为豬野,今凉州姑臧县也。治水成功,自高而下,故先言山,次原隰,次陂泽也。**三危既宅,三苗丕叙。**三危,即舜窜三苗之地。或以为燉煌。未详其地。三苗之窜在洪水未平之前,及是三危已既可居,三苗于是大有功叙。今按:舜窜三苗,以其恶之尤甚者迁之,而立其次者于旧都。今既窜者已丕叙,而居于旧都者尚桀骜不服。盖三苗旧都山川险阻,气习使然。今湖南傜洞时犹窃发,俘而询之,多为猫姓,岂其遗种欤?**厥土惟黄壤,**黄者,土之正色。林氏曰:"物得其常性者最贵,雍州之土黄壤,故其田非他州所及。"**厥田惟上上,厥赋中下,**田第一等,而赋第六等者,地狭而人功少也。**厥贡惟球琳琅玕。**球琳,美玉也。琅玕,石之似珠者。尔雅曰:"西北之美者,有昆仑虚之球、琳、琅、玕。"今南海有青琅玕,珊瑚属也。**浮于积石,至于龙门、西河,会于渭汭。**积石,地志在金城郡河关县西南羌中,今鄯州龙支县界也。龙门山,地志在冯翊夏阳县,今河中府龙门县也。西河,冀之西河也。雍之贡道有二:其东北境则自积石至于西河,其西南境则会于渭汭。言渭汭不言河者,蒙梁州之文也。他州贡赋亦当不止一道,发此例以互见耳。○按:邢恕奏:"乞下熙河路打造船五百只于黄河,顺流放下,至会州西小河内藏放。"熙河路漕使李复奏:"窃知邢恕欲用此船载兵,顺流而下,去取兴州契。勘会州之西小河咸水其阔不及一丈,深止于一二尺,岂能藏船?黄河过会州入韦精山,石峡险窄,自上垂流直下高数十丈,船岂可过?至西安州之东,大河分为六七道散流,谓〔二〕之南山逆流,数十里方再合,逆溜水浅滩碛,不胜舟载。此声若出,必为夏国侮笑。"事遂寝。邢恕之策,如李复之言,可谓谬矣。然此言贡赋之路,亦曰"浮于积石,至于龙门、西河",则古来此处河道固通舟楫矣。而

〔一〕"文",原作"今",今据旁通、汇纂及汉书地理志改。
〔二〕"谓",原作"渭",今据李复潏水集卷一乞罢造船及晦庵集卷七十一改。

复之言乃如此,何也? 姑录之以备参考云。**织皮昆仑、析支、渠搜,西**
戎即叙。昆仑,即河源所出,在临羌。析支,在河关西千余里。渠搜,水经
曰:"河自朔方东转,经渠搜县故城北。"盖近朔方之地也。三〔一〕国皆贡皮衣,
故以"织皮"冠之。皆西方戎落,故以西戎总之。即,就也。雍州水土既平,而
余功及于西戎,故附于末。○苏氏曰:"青、徐、扬三州,皆莱夷、淮夷、岛夷所
篚。此三国亦篚织皮,但古语有颠倒详略尔。其文当在'厥贡惟球琳琅玕'之
下,'浮于积石'之上,简编脱误,不可不正。"愚谓:梁州亦篚织皮,恐苏氏之说
为然。

导岍及岐,至于荆山,逾于河;壶口、雷首,至于太岳;
厎柱、析城,至于王屋;太行、恒山,至于碣石,入于海。此下
随山也。岍、岐、荆,三山,皆雍州山。岍山,地志扶风岍县西吴山,古文以为岍
山,今陇州吴山县吴岳山也,周礼"雍州山镇曰岳山"。又按:寰宇记陇州汧源
有岍山,汧〔二〕水所出,禹贡所谓岍山也。晁氏以为今之陇山、天井、金门、秦岭
山者,皆古之岍也。岐、荆,见雍州。壶口、雷首、太岳、厎柱、析城、王屋、太行、
恒山皆冀州山。壶口、太岳、碣石见冀州。雷首,地志在河东郡蒲坂县南,今河
中府河东县也。厎柱石,在大河中流,其形如柱,今陕州陕县三门山是也。析
城,地志在河东郡濩泽县西,今泽州阳城县也。晁氏曰:"山峰四面如城。"王
屋,地志在河东郡垣县东北,今绛州垣曲县也。晁氏曰:"山状如屋。"太行山,
地志在河内郡山阳县西北,今怀州河内也。恒山,地志在常山郡上曲阳县西
北,今定州曲阳也。逾者,禹自荆山而过于河也。孔氏以为荆山之脉逾河而为
壶口、雷首者,非是。盖禹之治水,随山刊木,其所表识诸山之名,必其高大可
以辨疆域,广博可以奠民居,故谨而书之,以见其施功之次第。初非有意推其
脉络之所自来,若今之葬法所言也。若必实以山脉言之,则尤见其说之谬妄。
盖河北诸山,根本脊脉皆自代北寰、武、岚、宪诸州乘高而来,其脊以西之水则
西流以入龙门、西河之上流,其脊以东之水则东流而为桑乾,幽、冀以入于海。

〔一〕"三",原作"二",今据德星堂本、南涧书堂本、汇纂、四库本改。
〔二〕"汧",原作"岍",今据德星堂本、南涧书堂本、汇纂、四库本改。

其西一支为壶口、太岳,次一支包汾、晋之源而南出,以为析城、王屋,而又西折以为雷首,又次一支乃为太行,又次一支乃为恒山,其间各隔沁、潞诸川,不相连属。岂自岍、岐跨河而为是诸山哉?山之经理者已附于逐州之下,于此又条列而详记之,而山之经纬皆可见矣。王、郑有三条四列之名,皆为未当。今据"导"字分之以为南北二条,而江、河以为之纪,于二之中又分为二焉。此北条,大河北境之山也。**西倾、朱圉、鸟鼠,至于太华;熊耳、外方、桐柏,至于陪尾。**西倾、朱圉、鸟鼠、太华,雍州山也。熊耳、外方、桐柏、陪尾,豫州山也。西倾,见梁州。朱圉,地志在天水郡冀县南,今秦州大潭县也,俗呼为白岩山。鸟鼠,见雍州。太华,地志在京兆华阴县南,今华州华阴县二十里也。熊耳,在商州上洛县,详见豫州。外方,地志颍川郡崈高县有崈高山,古文以为外方今西京登封县也。桐柏,地志在南阳郡平氏县东南,今唐州桐柏县也。陪尾,地志江夏郡安陆县东北有横尾山,古文以为陪尾,今安州安陆也。西倾不言导者,蒙"导岍"之文也。此北条,大河南境之山也。

导嶓冢,至于荆山;内方,至于大别。嶓冢,即梁州之嶓也,山形如冢,故谓之嶓冢,详见梁州。荆山,南条荆山,地志在南郡临沮县北,今襄阳府南漳〔一〕县也。内方、大别,亦山名。内方,地志章山,古文以为内方山,在江夏郡竟陵县东北,今荆门军长林县也。左传吴与楚战,楚济汉而陈,自小别至于大别,盖近汉之山,今汉阳军汉阳县北大别山是也。地志、水经云在安丰者,非是。此南条,江汉北境之山也。**岷山之阳,至于衡山,过九江,至于敷浅原。**岷山,见梁州。衡山,南岳也,地志在长沙国湘南县,今潭州衡山县也。九江,见荆州。敷浅原,地志云豫章郡历陵县南有傅易〔二〕山,古文以为敷浅原,今江州德安县博阳山也。晁氏以为在鄱阳者,非是。今按:晁氏以鄱阳有博阳山,又有历陵山,为应地志历陵县之名,然鄱阳汉旧县地,不应又为历陵县,山名偶同,不足据也。江州德安虽为近之,然所谓敷浅原者,其山甚小而卑,亦未见其为在所表见者。惟庐阜在大江、彭蠡之交最高且大,宜

57

〔一〕"漳",原作"章",今据汇纂、四库本改。
〔二〕"易",原误"易",今据德星堂本、汇纂改。汉志作"阳"。

所当纪志者，而皆无考据。恐山川之名古今或异，而传者未必得其真也，姑俟知者。过，经过也，与导岍"逾于河"之义同。孔氏以为衡山之脉连延而为敷浅原者，亦非是。盖岷山之脉，其北一支为衡山，而尽于洞庭之西。其南一支，度桂岭，北经袁筠之地，至德安。所谓敷浅原者，二支之间，湘水间断，衡山在湘水西南，敷浅原在湘水东北，其非衡山之脉连延过九江而为敷浅原者明甚。且其山川冈脊源流具在眼前，而古今异说如此，况残山断港，历数千百年者，尚何自取信哉？岷山不言导者，蒙"导嶓冢"之文也。此南条，江汉南境之山也。

导弱水，至于**合黎**，余波入于**流沙**。此下浚川也。弱水，见雍州。合黎，山名。隋地志在张掖县西北，亦名羌谷。流沙，杜佑云在沙州西八十里，其沙随风流行，故曰流沙。水之疏导者已附于逐州之下，于此又派别而详记之，而水之经纬皆可见矣。浚川之功，自随山始，故导水次于导山也。又按：山水皆原于西北，故禹叙山叙水皆自西北而东南，导山则先岍岐，导水则先弱水也。

导黑水，至于**三危**，入于**南海**。黑水，地志出犍为郡南广县汾关山，水经出张掖鸡山，南至燉煌，过三危山，南流入于南海。唐樊绰云："西夷之水，南流入于南海者凡四：曰区江、曰西珥河、曰丽水、曰漭渃江，皆入于南海。其曰丽水者，即古之黑水也，三危山临峙其上。"按：梁雍二州西边皆以黑水为界，是黑水自雍之西北而直出梁之西南也。中国山势冈脊大抵皆自西北而来，积石、西倾、岷山冈脊以东之水既入于河、汉、岷江，其冈脊以西之水即为黑水而入于南海。地志、水经樊氏之说虽未详其实，要是其地也。程氏曰："樊绰以丽水为黑水者，恐其狭小不足为界；其所称西珥河者，却与汉志叶榆泽相贯，广处可二十里，既足以界别二州，其流又正趋南海。又汉滇池即叶榆之地，武帝初开滇嶲时，其地古有黑水旧祠，夷人不知载籍，必不能附会，而绰及道元皆谓此泽以榆叶所积得名，则其水之黑似榆叶积渍所成，且其地乃在蜀之正西又东北，距宕昌不远，宕昌即三苗种裔，与三苗之叙于三危者又为相应，其证验莫此之明也。"

导河，积石至于**龙门**，南至于**华阴**，东至于**底柱**，又东至于**孟津**，东过洛汭，至于**大伾**；北过**浲水**，至于**大陆**；又北

播为九河,同为逆河,入于海。积石、龙门,见雍州。华阴,华山之北也。底柱,见导山。孟,地名。津,渡处也。杜预云在河内郡河阳县南,今孟州河阳县也,武王师渡孟津者即此,今亦名富平津。洛汭,洛水交流之内,在今河南府巩县之东。洛之入河实在东南,河则自西而东过之,故曰"东过洛汭"。大伾,孔氏曰:"山再成曰伾。"张楫以为在成皋,郑玄以为在修武武德,臣瓒以为修武武德无此山,成皋山又不再〔一〕成,今通利军黎阳县临河有山,盖大伾也。按:黎阳山在大河垂欲趋北之地,故禹记之。若成皋之山既非从东折北之地,又无险碍如龙门、底柱之须疏凿,西去洛汭既已太近,东距漳水、大陆又为绝远,当以黎阳者为是。漳水,地志在信都县,今冀州信都县枯漳渠也。程氏曰:"周时河徙砱砾,至汉又改向顿丘东南流,与禹河迹大相背戾。"地志魏郡邺县有故大河在东北,直达于海,疑即禹之故河。孟康以为王莽河,非也。古漳渎,自唐贝州经城北入南宫,贯穿信都,大抵北向而入故河于信都之北。为合"北过漳水"之文,当以信都者为是。大陆,见冀州。九河,见兖州。逆河,意以海水逆潮而得名。九河既沦于海,则逆河在其下流,固不复有矣。河上播而为九,下同为一,其分播合同,皆水势之自然,禹特顺而导之耳。今按:汉西域传张骞所穷河源云:"河有两源:一出葱岭,一出于阗。于阗在南山下,其河北流与葱岭河合,东注蒲昌海。蒲昌海,一名盐泽,去玉门阳关三百余里。其水停居,冬夏不增减,潜行地中,南出积石。"又唐长庆中,刘〔二〕元鼎使吐蕃,自陇西成纪县西南出塞二千余里,得河源于莫贺延积尾,曰闷磨黎山,其山中高四下,所谓昆仑也。东北流与积石河相连,河源澄莹,冬春可涉。下稍合流,色赤。益远,他水并注,遂浊。吐蕃亦自言昆仑在其国西南。二说恐刘氏为是。河自积石三千里而后至于龙门,经但一书积石,不言方向荒远,在所略也。龙门而下,因其所迳〔三〕,记其自北而南,则曰"南至华阴";记其自南而东,则曰"东至底柱";又详记其东向所经之地,则曰孟津、曰洛汭、曰大伾;又记其自

59

〔一〕"再",原作"一",今据德星堂本、纂疏、汇纂、四库本改。
〔二〕"刘",原作"薛",今据汇纂、禹贡锥指及旧唐书卷一百九十六改。禹贡锥指认为系承欧阳忞舆地广记之讹。按:应是承通鉴纲目之讹。下"刘氏"同,不再出校。
〔三〕"迳",德星堂本、纂疏、汇纂、四库本作"经"。

东而北,则曰"北过洚水";又详记其北向所经之地,则曰大陆、曰九河;又记其入海之处,则曰逆河。自洛汭而上,河行于山,其地皆可考。自大伾而下,垠岸高于平地,故决齧流移,水陆变迁,而洚水、大陆、九河、逆河皆难指实。然上求大伾,下得碣石,因其方向,辨其故迹,则犹可考也。其详悉见上文。○又按:李复云:"同州韩城北有安国岭,东西四十余里,东临大河,濒河有禹庙,在山断河出处。禹凿龙门,起于唐张仁愿所筑东受降城之东,自北而南,至此山尽,两岸石壁峭立,大河盘束于山峡间千数百里,至此山开岸阔,豁然奔放,怒气喷风,声如万雷。"今按:旧说禹凿龙门,而不详其所以凿,诵说相传,但谓因旧修辟去其龃龉,以决水势而已。今详此说,则谓受降以东至于龙门,皆是禹新开凿。若果如此,则禹未凿时,河之故道不知却在何处。而李氏之学极博,不知此说又何所本也。

嶓冢导漾,东流为汉,又东为沧浪之水,过三澨,至于大别,南入于江。东汇泽为彭蠡,东为北江,入于海。漾,水名,水经曰:"漾水出陇西郡氐道县嶓冢山,东至武都。"常璩曰:"汉水有两源,此东源也,即禹贡所谓'嶓冢导漾';其西源出陇西嶓冢山会泉,始源曰沔,迳葭萌入汉。东源在今西县之西,西源在今三泉县之东也。"郦道元谓东西两川俱出嶓冢而同为汉水者是也。水源发于嶓冢为漾,至武都为汉,又东流为沧浪之水,郦道元云"武当县北四十里,汉水中有洲曰沧浪洲,水曰沧浪水"是也。盖水之经历,随地得名。谓之为者,明非他水也。三澨,水名,今郢州长寿县磨石山发源,东南流者名澨水,至复州景陵县界来,又名汉水,疑即三澨之一。然据左传漳澨、薳澨[一],则为水际,未可晓也。大别见"导山"。入江在今汉阳军汉阳县。汇,回也。彭蠡,见扬州。北江,未详。入海在今通州静海县。○今按:彭蠡,古今记载皆谓今之番阳,然其泽在江之南,去汉水入江之处已七百余里,所蓄之水则合饶、信、徽、抚、吉、赣、南安、建昌、临江、袁、筠、隆兴、南康数州之流,非自汉入而为汇者。又其入江之处,西则庐阜,东则湖口,皆石山峙立,水道狭甚,不应汉水入江之后七百余里乃横截而南入于番阳,又

〔一〕"薳",原作"蓬",今据德星堂本、汇纂、四库本及左传昭公二十三年改。

横截而北流为<u>北江</u>。且<u>番阳</u>合数州之流豬而为泽，泛溢壅遏，初无仰于<u>江</u>、<u>汉</u>之汇而后成也。不惟无所仰于<u>江</u>、<u>汉</u>，而众流之积日遏月高，势亦不复容<u>江</u>、<u>汉</u>之来入矣。今<u>湖口</u>横渡之处，其北则<u>江</u>、<u>汉</u>之浊流，其南则<u>番阳</u>之清涨，不见所谓汉水汇泽而为<u>彭蠡</u>者。<u>番阳</u>之水既出<u>湖口</u>，则依南岸与<u>大江</u>相持，以东又不见所谓横截而为<u>北江</u>者，又以经文考之，则今之<u>彭蠡</u>既在<u>大江</u>之南，于经则宜曰"南汇<u>彭蠡</u>"，不应曰"东汇"，于导<u>江</u>则宜曰"南会于汇"，不应曰"北会于汇"，汇既在南，于经则宜曰"北为<u>北江</u>"，不应曰"东为<u>北江</u>"。以今地望参校，绝为反戾。今<u>庐江</u>之北有所谓<u>巢湖</u>者，湖大而源浅，每岁四五月间，<u>蜀</u>岭雪消，<u>大江</u>泛溢之时，水淤入湖，至七八月<u>大江</u>水落，湖水方泄，随<u>江</u>以东，为合"东汇"、"北会"之文。然<u>番阳</u>之湖方五六百里，不应舍此而录彼，记其小而遗其大也。盖尝以事理情势考之，洪水之患，惟<u>河</u>为甚。意当时<u>龙门</u>、<u>九河</u>等处，事急民困，势重役烦，禹亲莅而身督之。若<u>江</u>、<u>淮</u>则地偏水急，不待疏凿，固已通行。或分遣官属，往视亦可，况<u>洞庭</u>、<u>彭蠡</u>之间，乃<u>三苗</u>所居，水泽山林，深昧不测，彼方负其险阻，顽不即工，则官属之往者，亦未必遽敢深入，是以但知<u>彭蠡</u>之为泽，而不知其非汉水所汇。但意如<u>巢湖</u>、<u>江</u>水之淤，而不知<u>彭蠡</u>之源为甚众也。以此致误，谓之为汇，谓之<u>北江</u>，无足怪者。然则<u>番阳</u>之为<u>彭蠡</u>，信矣。

<u>岷山</u>导<u>江</u>，东别为<u>沱</u>，又东至于<u>澧</u>，过<u>九江</u>，至于<u>东陵</u>。东迤北，会于汇，东为<u>中江</u>，入于海。<u>沱</u>，<u>江</u>之别流于<u>梁</u>者也。<u>澧</u>，水名，<u>水经</u>出<u>武陵充县</u>西，至<u>长沙下隽县</u>西北入<u>江</u>。郑氏云："经言过[一]言会者，水也。言至者，或山或泽也。<u>澧</u>宜山泽之名。"按：下文<u>九江</u>，<u>澧水</u>既与其一，则非水明矣。<u>九江</u>见<u>荆州</u>。<u>东陵</u>，<u>巴陵</u>也，今<u>岳州巴陵县</u>也。<u>地志</u>在<u>庐江</u>西北者，非是。会、汇、<u>中江</u>，见上章。

导<u>沇水</u>，东流为<u>济</u>，入于<u>河</u>，溢为<u>荥</u>，东出于<u>陶丘</u>北，又东至于<u>菏</u>，又东北会于<u>汶</u>，又北，东入于海。<u>沇水</u>，<u>济水</u>也，发源为<u>沇</u>，既东为<u>济</u>。<u>地志</u>云<u>济水</u>出<u>河东郡垣县</u>[二]<u>王屋山</u>东南。今<u>绛州垣曲县</u>山

〔一〕"过"，原作"道"，今据<u>汇纂</u>、四库本及<u>尚书正义</u>卷五改。
〔二〕"垣"下，<u>德星堂本</u>、<u>纂疏</u>、四库本有"曲"字，误。此后人以后世地名改前代地名。

也。始发源王屋山顶崖下,曰沇水。既见而伏,东出于今孟州济源县。二源:东源周回七百步,其深不测。西源周回六百八十五步,其深一丈,合流至温县,是为济水,历虢公台,西南入于河。溢,满也。复出河之南,溢而为荥,荥即荥波之荥,见豫州。又东出于陶丘北。陶丘,地名。再成曰陶。在今广济军西。又东至于菏,菏即菏泽,亦见豫州。谓之至者,济阴县自有菏派济流至其地尔。汶,北汶也,见青州。又东北至于东平府寿张县安民亭,合汶水,至今青州博兴县入海。唐李贤谓济自郑以东贯滑、曹、郓、济、齐、青以入于海。本[一]朝乐史谓今东平、济南、淄川、北海界中有水流入海,谓之清河。郦道元谓济水当王莽之世川渎枯竭,其后水流迳通津渠,势改寻梁脉水,不与昔同。然则荥泽济河虽枯,而济水未尝绝流也。程氏曰:“荥水之为济,本无他义,济之入河,适会河满溢出南岸,溢出者非济水,因济而溢,故禹还以元名命之。”按:程氏言“溢”之一字,固为有理。然出于河南者既非济水,则禹不应以河枝流而冒称为济。盖溢者指荥而言,非指河也。且河浊而荥清,则荥之水非河之溢明矣。况经所书单立导沇条例,若断若续而实有源流,或见或伏而脉络可考,先儒皆以济水性下劲疾,故能入河穴地流注显伏。南丰曾氏齐州[二]二堂记云:“泰山之北与齐之东南诸谷之水,西北汇于黑水之湾,又西北汇于柏崖之湾,而至于渴马之崖。盖水之来也众,其北折而西也悍疾尤甚。及至于崖下,则泊然而止。而自崖以北至于历城之西,盖五十里而有泉涌出,高或致数尺,其旁之人名之曰趵突之泉。齐人皆谓尝有弃糠于黑水之湾者而见之于此。盖泉自渴马之崖潜流地中,而至此复出也,其注而北则谓之泺水,达于清河,以入于海。舟之通于济者,皆于是乎达也。齐多甘泉,其显名者十数,而色味皆同,以余验之,盖皆泺水之旁出者也。”然则水之伏流地中固多有之,奚独于荥泽疑哉?吴兴沈氏亦言古说济水伏流地中,今历下凡发地皆是流水,世谓济水经过其下,东阿亦济所经,取其井水煮胶,谓之阿胶。用搅浊水则清,人服之,下膈疏痰。盖其水性趋下,清而重故也。济水伏流绝河,乃其物性之常事,理之著者。程氏非之,顾弗深考耳。

〔一〕“本”,德星堂本、纂疏作“宋”,此元人改。

〔二〕“州”,原脱,今据德星堂本、纂疏、汇纂、四库本及元丰类稿卷十九补。

导淮自桐柏,东会于泗、沂,东入于海。水经云:"淮水出南阳平氏县胎簪山。"禹只自桐柏导之耳。桐柏,见"导山"。泗、沂,见徐州。沂入于泗,泗入于淮,此言会者,以二水相敌故也。入海在今淮浦。

导渭,自鸟鼠同穴,东会于沣,又东会于泾,又东过漆、沮,入于河。同穴,山名,地志云鸟鼠山者,同穴之枝山也。余并见雍州。孔氏曰:"鸟鼠共为雌雄,同穴而处。"其说怪诞不经,不足信也。郦道元云:"渭水出南谷山,在鸟鼠山西北。"禹只自鸟鼠同穴导之耳。

导洛,自熊耳,东北会于涧、瀍,又东会于伊,又东北入于河。熊耳,卢氏之熊耳也。余并见豫州。洛水出冢岭山,禹只自熊耳导之耳。○按:经言"嶓冢导漾"、"岷山导江"者,漾之源出于嶓,江之源出于岷,故先言山而后言水也。言"导河积石"、"导淮自桐柏"、"导渭自鸟鼠同穴"、"导洛自熊耳",皆非出于其山,特自其山以导之耳,故先言水而后言山也。河不言自者,河源多伏流积石,其见处故言积石,而不言自也。沇水不言山者,沇水伏流,其出非一,故不志其原也。弱水、黑水不言山者,九州之外盖略之也。小水合大水谓之入,大水合小水谓之过,二水势均相入谓之会。天下之水莫大于河,故于河不言会,此禹贡立言之法也。

九州攸同,四隩既宅,九山刊旅,九川涤源,九泽既陂,四海会同。隩,隈也。李氏曰:"涯内近水为隩。"陂,障也。会同,与"灉沮会同"同义。四海之隩,水涯之地,已可奠居。九州之山,樵木通道,已可祭告。九州之川,浚涤泉源,而无壅遏。九州之泽,已有陂障,而无决溃[一]。四海之水,无不会同,而各有所归。此盖总结上文,言九州四海水土无不平治也。

六府孔修,庶土交正,厎慎财赋,咸则三壤,成赋中邦。孔,大也。水火金木土谷皆大修治也。土者,财之自生。谓之庶土,则非特谷土也。庶土有等,当以肥瘠高下,名物交相正焉,以任土事。厎,致也。因庶土所出之财而致谨其财赋之入,如周大司徒"以土宜之法辨十有二土之名物,以任

〔一〕"溃",德星堂本作"渎"。

土事”之类。咸，皆也。则，品节之也。九州谷土，又皆品节之以上中下三等，如周大司徒“辨十有二壤之名物，以教[一]稼穑”之类。中邦，中国也。盖土赋或及于四夷，而田赋则止于中国而已，故曰“成赋中邦”。

锡土姓，锡土姓者，言锡之土以立国，锡之姓以立宗，左传所谓“天子建德，因生以赐姓，胙之土而命之氏”者也。**祗台德先，不距朕行。**台，我。距，违也。禹平水土，定土赋，建诸侯，治已定，功已成矣。当此之时，惟敬德以先天下，则天下自不能违越我之所行也。**五百里甸服：百里赋纳总，二百里纳铚，三百里纳秸服，四百里粟，五百里米。**甸服，畿内之地也。甸，田；服，事也。以皆田赋之事，故谓之甸服。五百里者，王城之外四面皆五百里也。禾本全曰总。刈禾曰铚，半藁也。半藁去皮曰秸。谓之服者，三百里内去王城为近，非惟纳总、铚、秸，而又使之服输将之事也。独于秸言之者，总前二者而言也。粟，谷也。内百里为最近，故并禾本总赋之。外百里次之，只刈禾半藁纳也。外百里又次之，去藁麤皮纳也。外百里为远，去其穗而纳谷。外百里为尤远，去其谷而纳米。盖量其地之远近而为纳赋之轻重精麤也。此分甸服五百里而为五等者也。**五百里侯服：百里采，二百里男邦，三百里诸侯。**侯服者，侯国之服。甸服外四面又各五百里也。采者，卿大夫邑地。男邦，男爵，小国也。诸侯，诸侯之爵，大国、次国也。先小国而后大国者，大可以御外侮，小得以安内附也。此分侯服五百里而为三等也。**五百里绥服：三百里揆文教，二百里奋武卫。**绥，安也。谓之绥者，渐远王畿而取抚安之义。侯服外四面又各五百里也。揆，度也。绥服内取王城千里，外取荒服千里，介于内外之间，故以内三百里揆文教，外二百里奋武卫。文以治内，武以治外，圣人所以严华夏之辨者如此。此分绥服五百里而为二等也。**五百里要服：三百里夷，二百里蔡。**要服去王畿已远，皆夷狄之地，其文法略于中国。谓之要者，取要约之义，特羁縻之而已。绥服外四面又各五百里也。蔡，放也，左传云“蔡蔡叔”是也。流放罪

〔一〕“教”，原作“致”，今据旁通及周礼卷三大司徒改。

人于此也。此分要服五百里而为二等也。**五百里荒服：三百里蛮，二**
百里流。荒服，去王畿益远，而经略之者视要服为尤略也。以其荒野，故谓
之荒服，要服外四面又各五百里也。流，流放罪人之地。蔡与流，皆所以处罪
人，而罪有轻重，故地有远近之别也。此分荒服五百里而为二等也。〇今按：
每服五百里，五服则二千五百里，南北东西相距五千里，故益稷篇言"弼成五
服，至于五千"，然尧都冀州，冀之北境并云中、涿、易，亦恐无二千五百里。藉
使有之，亦皆沙漠不毛之地，而东南财赋所出则反弃于要荒，以地势考之，殊未
可晓。但意古今土地盛衰不同，当舜之时，冀北之地未必荒落如后世耳。亦犹
闽浙之间，旧为蛮夷渊薮，而今富庶繁衍，遂为上国。土地兴废，不可以一时概
也。周制九畿，曰侯、甸、男、采、卫、蛮、夷、镇、藩，每畿亦五百里，而王畿又不
在其中，并之则一方五千里，四方相距为万里，盖倍禹服之数也。汉地志亦言
东西九千里，南北一万三千里，先儒皆疑禹服之狭而周汉地广，或以周服里数
皆以方言，或以古今尺有长短，或以为禹直方计，而后世以人迹屈曲取之。要
之，皆非之论。盖禹声教所及则地尽四海，而其疆理则止以五服之制。至荒服
之外，又别为区画，如所谓"咸建五长"是已。若周汉，则尽其地之所至而疆画
之也。

东渐于海，西被于流沙朔南暨，声教讫于四海。禹锡
玄圭，告厥成功。渐，渍；被，覆；暨，及也。地有远近，故言有浅深也。声
谓风[一]声，教谓教化。林氏曰："振举于此，而远者闻焉，故谓之声。轨范于
此，而远者效焉，故谓之教。上言五服之制，此言声教所及，盖法制有限而教化
无穷也。"锡，与"师锡"之"锡"同。水土既平，禹以玄圭为赞而告成功于舜也。
水色黑，故圭以玄云。

甘　誓

甘，地名，有扈氏国之南郊也，在扶风鄠县。誓，与"禹征苗之誓"同义，

〔一〕"风声"，德星堂本作"政声"。

言其讨叛伐罪之意。严其坐作进退之节，所以一众志而起其怠也。誓师于<u>甘</u>，故以<u>甘誓</u>名篇。书有六体，誓其一也。今文、古文皆有。〇按：<u>有扈</u>，夏同姓之国。<u>史记</u>曰："<u>启</u>立，<u>有扈</u>不服，遂灭之。"<u>唐孔氏</u>因谓<u>尧</u><u>舜</u>受禅，<u>启</u>独继父，以是不服，亦臆度之耳。<u>左传昭公元年赵孟</u>曰："<u>虞</u>有<u>三苗</u>，<u>夏</u>有<u>观扈</u>，<u>商</u>有<u>姺邳</u>，<u>周</u>有<u>徐奄</u>。"则<u>有扈</u>亦<u>三苗</u>、<u>徐</u>、<u>奄</u>之类也。

大战于<u>甘</u>，乃召六卿。六卿，六乡之卿也。按：<u>周礼</u>乡大夫每乡卿一人，六乡六卿，平居无事，则各掌其乡之政教禁令，而属于大司徒；有事出征，则各率其乡之一万二千五百人，而属于大司马，所谓"军将皆卿"者是也。意<u>夏</u>制亦如此。古者四方有变，专责之方伯。方伯不能讨，然后天子亲征之。天子之兵，有征无战。今<u>启</u>既亲率六军以出，而又书"大战于<u>甘</u>"，则<u>有扈</u>之怙强稔恶，敢与天子抗衡，岂特<u>孟子</u>所谓"六师移之"者？书曰"大战"，盖所以深着<u>有扈</u>不臣之罪，而为天下后世诸侯之戒也。**王曰："嗟！六事之人，予誓告汝。**重其事，故嗟叹而告之。六事者，非但六卿，有事于六军者皆是也。**有扈氏威侮五行，怠弃三正，天用剿绝其命，今予惟恭行天之罚。**威，暴殄之也。侮，轻忽之也。<u>鲧</u>汩五行而殛死，况于威侮之者乎？三正，子丑寅之正也。<u>夏</u>正建寅。怠弃者，不用正朔也。<u>有扈氏</u>暴殄天物，轻忽不敬，废弃正朔，虐下背上，获罪于天，天用剿绝其命，今我伐之，惟敬行天之罚而已。今按：此章则三正迭建，其来久矣。<u>舜</u>"协时月，正日"，亦所以一正朔也。子丑之建，<u>唐虞</u>之前当已有之。**左不攻于左，汝不恭命；右不攻于右，汝不恭命；御非其马之正，汝不恭命。**左，车左。右，车右也。攻，治也。古者车战之法，甲士三人，一居左以主射，一居右以主击刺，御者居中以主马之驰驱也。<u>左传宣公十二年楚许伯</u>御<u>乐伯</u>，<u>摄叔</u>为右，以致<u>晋</u>师。<u>乐伯</u>曰："吾闻致师者，左射以菆。"是车左主射也。<u>摄叔</u>曰："吾闻致师者，右人垒，折馘、执俘而还。"是车右主击刺也。"御非其马之正"，犹<u>王良</u>所谓"诡遇[一]"也。盖左右不治其事，与御非其马之正，皆足以致败，

〔一〕"遇"，原作"御"，今据<u>德星堂本</u>、<u>纂疏</u>、<u>汇纂</u>、<u>四库本</u>及<u>孟子</u>卷六<u>滕文公下</u>改。

故各指其人以责其事，而欲各尽其职而不敢忽也。**用命赏于祖，不用命**
戮于社，予则孥戮汝。"戮，杀也。礼曰："天子巡狩，以迁庙主行。"左
传："军行，祓社衅鼓。"然则天子亲征，必载其迁庙之主与其社主以行，以示赏
戮之不敢专也。祖左，阳也，故赏于祖。社右，阴也，故戮于社。孥，子也。孥
戮，与上"戮"字同义。言若不用命，不但戮及汝身，将并汝妻子而戮之。战，
危事也，不重其法，则无以整肃其众，而使赴功也。或曰："戮，辱也。孥戮，犹
秋官司厉'孥男子以为罪隶'之'孥'。古人以辱为戮，谓戮辱之以为孥耳。古
者罚弗及嗣，孥戮之刑，非三代之所宜有也。"按：此说固为有理，然以上句考
之，不应一戮而二义。盖罚弗及嗣者，常刑也。予则孥戮者，非常刑也。常刑
则爱克厥威，非常刑则威克厥爱。盘庚迁都，尚有"劓殄灭之，无遗育"之语，
则启之誓师，岂为过哉？

五子之歌

五子，太康之弟也。歌，与"帝舜作歌"之"歌"同义。今文无，古文有。

太康尸位，以逸豫灭厥德，黎民咸贰，乃盘游无度，畋
于有洛之表，十旬弗反。太康，启之子。尸，如祭祀之尸，谓居其位而
不为其事，如古人所谓尸禄、尸官者也。豫，乐也。夏谚曰："吾王不游，吾何
以休？吾王不豫，吾何以助？一游一豫，为诸侯度。"夏之先王，非不游豫，盖
有其节，皆所以为民，非若太康以逸豫而灭其德也。民咸贰心而太康犹不知
悔，乃安于游畋之无度。言其远则至于洛水之南，言其久则十旬而弗反，是则
太康自弃其国矣。**有穷后羿，因民弗忍，距于河。**穷，国名。羿，穷
国君之名也。或曰：羿，善射者之名。贾逵〔一〕说文："羿，帝喾射官。"故其后
善射者皆谓之羿。有穷之君亦善射，故以羿目之也。羿因民不堪命，距太康于
河北，使不得返，遂废之。

〔一〕"贾逵"二字，系蔡传抄全解而误衍。

厥弟五人御，其母以从，徯于洛之汭。五子咸怨，述大禹之戒以作歌。御，侍也。怨，如孟子所谓"小弁之怨，亲亲也"。小弁之诗，父子之怨；五子之歌，兄弟之怨；"亲之过大而不怨，是愈疏也"。五子知宗庙社稷危亡之不可救，母子兄弟离散之不可保，忧愁郁悒，慷慨感厉，情不自已，发为诗歌，推其亡国败家之由，皆原于荒弃皇祖之训。虽其五章之间，非尽述皇祖之戒，然其先后终始，互相发明。史臣以其作歌之意序于五章之首，后世序诗者每篇皆有小序，以言其作诗之义，其原盖诸此。

其一曰：皇祖有训，民可近不可下。民惟邦本，本固邦宁。此禹之训也。皇，大也。君之与民，以势而言，则尊卑之分如霄壤之不侔；以情而言，则相须以安，犹身体之相资以生也。故势疏则离，情亲则合。以其亲，故谓之近；以其疏，故谓之下。言其可亲而不可疏之也。且民者国之本，本固而后国安。本既不固，则虽强如秦，富如隋，终亦灭亡而已矣。其一、其二，或长幼之序，或作歌之序，不可知也。予视天下愚夫愚妇，一能胜予，一人三失。怨岂在明，不见是图。予临兆民，懔乎若朽索之驭六马。为人上者，奈何不敬？予，五子自称也。君失人心则为独夫，独夫则[一]愚夫愚妇一能胜我矣。三失者，言所失众也。民心怨背，岂待其彰著而后知之？当于事几未形之时而图之也。朽，腐也。朽索易绝，六马易惊，朽索固非可以驭马也，以喻其危惧可畏之甚。为人上者，奈何而不敬乎？前既引禹之训，言此则以己之不足恃，民之可畏者，申结其义也。

其二曰：训有之：内作色荒，外作禽荒，甘酒嗜音，峻宇雕墙，有一于此，未或不亡。此亦禹之训也。色荒，惑嬖宠也。禽荒，耽游畋也。荒者，迷乱之谓。甘[二]、嗜，皆无厌也。峻，高大也。宇，栋宇也。雕，绘饰也。言六者有其一，皆足以致灭亡也。禹之训昭明如此，而太康独不念之乎？此章首尾意义已明，故不复申结之也。

———————————

〔一〕"则"，汇纂、四库本作"即"。
〔二〕"甘"，原作"酣"，今据德星堂本、纂疏、汇纂、四库本及上经文改。

其三曰：惟彼陶唐，有此冀方。今失厥道，乱其纪纲，乃底灭亡。尧初为唐侯，后为天子，都陶，故曰陶唐。尧授舜，舜授禹，皆都冀州。言冀方者，举中以包外也。大者为纲，小者为纪。底，致也。尧、舜、禹相授一道，以有天下。今太康失其道而紊乱其纪纲，以致灭亡也。○又按：左氏所引"惟彼陶唐"之下有"帅彼天常"一语，"厥道"作"其行"，"乃底灭亡"作"乃灭而亡"。

其四曰：明明我祖，万邦之君。有典有则，贻厥子孙。关石和钧，王府则有。荒坠厥绪，覆宗绝祀。明明，明而又明也。我祖，禹也。典，犹周之六典；则，犹周之八则，所以治天下之典章法度也。贻，遗。关，通。和，平也。百二十斤为石，三十斤为钧。钧与石，五权之最重者也。关通以见彼此通同，无折阅之意；和平以见人情两平，无乖争之意。言禹以明明之德，君临天下，典则法度所以贻后世者如此。至于钧石之设，所以一天下之轻重而立民信者，王府亦有之。其为子孙后世虑，可谓详且远矣。奈何太康荒坠其绪，覆其宗而绝其祀乎？○又按：法度之制始于权，权与物钧而生衡，衡运生规，规圆生矩，矩方生绳，绳直生准。是权衡者，又法度之所自出也，故以钧石言之。

其五曰：呜呼曷归？予怀之悲。万姓仇予，予将畴依？郁陶乎予心，颜厚有忸怩。弗慎厥德，虽悔可追。曷，何也。呜呼曷归，叹息无地之可归也。予将畴依，彷徨无人之可依也。为君至此，亦可哀矣。"仇予"之"予"，指太康也。指太康而谓之"予"者，不忍斥言，忠厚之至也。郁陶，哀思也。颜厚，愧之见于色也。忸怩，愧之发于心也。可追，言不可追也。

胤　征

胤，国名。孟子曰："征者，上伐下也。"此以征名，实即誓也。仲康丁有夏中衰之运，羿执国政，社稷安危在其掌握，而仲康能命胤侯以掌六师，胤侯能承仲康以讨有罪，是虽未能行羿不道之诛，明羲和党恶之罪，然当^{〔一〕}国命中绝之际,而能举师伐罪,犹为礼乐征伐之自天子出也。夫子所以录其书者以是欤?今文无,古文有。○或曰:苏氏以为羲和贰于羿,忠于夏者,故羿假仲康之命命胤侯征之。今按:篇首言"仲康肇位四海,胤侯命掌六师",又曰"胤侯承王命徂征",详其文意,盖史臣善仲康能命将遣师,胤侯能承命致讨,未见贬仲康不能制命而罪胤侯之为专征也。若果为篡羿之书,而^{〔二〕}乱臣贼子所为,孔子亦取之为后世法乎?

惟仲康肇位四海,胤侯命掌六师。羲和废厥职,酒荒于厥邑。胤后承王命徂征。仲康,太康之弟。胤侯,胤国之侯。命掌六师,命为大司马也。仲康始即位,即命胤侯以掌六师,次年方有征羲和之命。必本始而言者,盖史臣善仲康肇位之时,已能收其兵权,故羲和之征,犹能自天子出也。林氏曰:"羿废太康而立仲康,然其篡也乃在相之世。仲康不为羿所篡,至其子相,然后见篡。是则仲康犹有以制之也。羿之立仲康也,方将执其礼乐征伐之权以号令天下,而仲康即位之始,即能命胤侯掌六师,以收其兵权。如汉文帝入自代邸即皇帝位,夜拜宋昌为卫将军,镇抚南北军之类。羲和之罪,虽曰沉乱于酒,然党恶于羿,同恶相济,故胤侯承王命往征之,以剪羿羽翼。故终仲康之世,羿不得以逞。使仲康尽失其权,则羿之篡夏,岂待相而后敢耶?"羲氏和氏,夏合为一官。曰胤后者,诸侯入为王朝公卿,如禹、稷、伯夷谓之后也。

告于众曰:"嗟予有众,圣有谟训,明征定保。先王克谨天戒,臣人克有常宪,百官修辅厥后,惟明明。征,验;保,安也。圣人谟训,明有征验,可以定安邦国也。下文即谟训之语。天戒,日蚀之类。谨者,恐惧修省以消变异也。常宪者,奉法修职以供乃事也。君能谨天戒于上,臣能有常宪于下,百官之众各修其职以辅其君,故君内无失德,外无失政,此其所以为明明后也。又按:日蚀者,君弱臣强之象,后羿专政之戒也。羲和掌日月之官,党羿而不言,是可赦乎?

〔一〕"然当"下至"伐罪"十四字,原脱,今据诸本补。
〔二〕"而",诸本皆作"则"。

“每岁孟春，遒人以木铎徇于路。官师相规，工执艺事以谏。其或不恭，邦有常刑。遒人，宣令之官。木铎，金口木舌，施政教时振以警众也。周礼小宰之职：“正岁帅治官之属，徇以木铎，曰：不用法者，国有常刑。”亦此意也。官以职言，师以道言。规，正也。相规云者，胥教诲也。工，百工也。百工技艺之事，至理存焉。理无往而不在，故言无微而可略也。孟子曰：“责难于君谓之恭。”官师百工不能规谏，是谓不恭。不恭之罪，犹有常刑，而况于“畔官离次，俶扰天纪”者乎？

“惟时羲和，颠覆厥德，沉乱于酒，畔官离次，俶扰天纪，遐弃厥司。乃季秋月朔辰，弗集于房，瞽奏鼓，啬夫驰，庶人走，羲和尸厥官，罔闻知，昏迷于天象，以干先王之诛。政典曰：‘先时者杀无赦，不及时者杀无赦。’次，位也。官以职言，次以位言。畔官，则乱其所治之职。离次，则舍其所居之位。俶，始；扰，乱也。天纪，则[一]洪范所谓岁、月、日、星辰、历数是也。盖自尧舜命羲和历象日月星辰之后，为羲和者世守其职，未尝紊乱。至是，始乱其天纪焉。遐，远也。远弃其所司之事也。辰，日月会次之名。房，所次之宿也。集，汉书作“辑”，集、辑通用。言日月会次不相和辑，而掩蚀于房宿也。按：唐志，日蚀在仲康即位之五年。瞽，乐官，以其无目而审于音也。奏，进也。古者日蚀则伐鼓用币以救之。春秋传曰：“惟正阳之月则然，余则否。”今季秋而行此礼，夏礼与周异也。啬夫，小臣也，汉有上林啬夫。庶人，庶人之在官者。周礼庭氏“救日之弓矢”。啬夫、庶人，盖供救日之百役者。曰驰、曰走者，以见日蚀之变，天子恐惧于上，啬夫、庶人奔走于下，以助救日，如此其急。羲和为历象之官，尸居其位，若无闻知，则其昏迷天象，以干先王之诛，岂特不恭之刑而已哉？政典，先王政治之典籍也。先时、后时，皆违制失时，当诛而不赦者也。今日蚀之变如此，而羲和罔闻知，是固干[二]先王后时之诛矣。

“今予以尔有众，奉将天罚。尔众士同力王室，尚弼予

〔一〕“则”，德星堂本、南涧书堂本作“即”。
〔二〕“干”，原作“于”，今据诸本改。

钦承天子威命。将，行也。我以尔众士奉行天罚，尔其同力王室，庶几辅我以敬承天子之威命也。盖天子讨而不伐，诸侯伐而不讨。仲康之命胤侯，得天子讨伐〔一〕之权；胤侯之征羲和，得诸侯敌忾之义，其辞直，其义明，非若五霸搂诸侯以伐诸侯，其辞曲，其义迂也。

"火炎昆冈，玉石俱焚。天吏逸德，烈于猛火。歼厥渠魁，胁从罔治。旧染污俗，咸与惟新。昆，出玉山名。冈，山脊也。逸，过；渠，大也。言火炎昆冈，不辨玉石之美恶而焚之。苟为天吏，而有过逸之德，不择人之善恶而戮之，其害有甚于猛火不辨玉石也。今我但诛首恶之魁而已，胁从之党则罔治之，旧染污习之人亦皆赦而新之。其诛恶宥善，是犹王者之师也。今按：胤征始称羲和之罪，止以其"畔官离次，俶扰天纪"，至是有"胁从"、"旧染"之语，则知羲和之罪当不止于废时乱日，是必聚不逞之人，崇饮私邑，以为乱党，助羿为恶者也。胤后徂征，隐其畔逆而不言者，盖正名其罪，则必锄根除源。而仲康之势有未足以制后羿者，故止责其旷职之罪，而实诛其不臣之心也。

"呜呼！威克厥爱，允济。爱克厥威，允罔功。其尔众士，懋戒哉！"威者，严明之谓。爱者，姑息之谓。记曰"军旅主威"。盖军法不可以不严。严明胜，则信其事之必济。姑息胜，则信其功之无成。誓师之末而复嗟叹，以是深警之，欲其勉力戒惧而用命也。

〔一〕"伐"，诸本作"罪"。

书集传卷三

契始封商,汤因以为有天下之号。书凡十七篇。

汤　誓

汤,号也,或曰谥。汤,名履,姓子氏。夏桀暴虐,汤往征之。亳众惮于征役,故汤谕以吊伐之意。盖师兴之时,而誓于亳都者也。今文、古文皆有。

王曰:"格尔众庶,悉听朕言。非台小子,敢行称乱,有夏多罪,天命殛之。王曰者,史臣追述之称也。格,至;台,我;称,举也。以人事言之,则臣伐君可谓乱矣。以天命言之,则所谓天吏,非称乱也。今尔有众,汝曰:'我后不恤我众,舍我穑事,而割正夏。'予惟闻汝众言。夏氏有罪,予畏上帝,不敢不正。穑,刈获也。割,断也。亳邑之民安于汤之德政,桀之虐焰所不及,故不知夏氏之罪,而惮伐桀之劳,反谓汤不恤亳邑之众,舍我刈获之事,而断正有夏。汤言我亦闻汝众论如此,然夏桀暴虐,天命殛之,我畏上帝,不敢不往正其罪也。今汝其曰:'夏罪其如台?'夏王率遏众力,率割夏邑,有众率怠弗协,

73

曰:'时日曷丧,予及汝皆亡。'夏德若兹,今朕必往。遏,绝也。割,"剿割夏邑"之"割"。时,是也。汤又举商众言,桀虽暴虐,其如我何?汤又应之曰:夏王率为重役以穷民力,严刑以残民生,民厌夏德,亦率皆怠于奉上,不和于国,疾视其君,指日而曰:是日何时而亡乎?若亡,则吾宁与之俱亡。盖苦桀之虐而欲其亡之甚也。桀之恶德如此,今我之所以必往也。桀尝自言,吾有天下,如天之有日,日亡,吾乃亡耳,故民因以日目之。尔尚辅予一人,致天之罚。予其大赉汝,尔无不信,朕不食言。尔不从誓言,予则孥戮汝,罔有攸赦。"赉,与也。食言,言已出而反吞之也。禹之征苗,止曰"尔尚一乃心力,其克有勋",至启则曰"用命,赏于祖;不用命,戮于社,予则孥戮汝",此又益以"朕不食言"、"罔有攸赦",亦可以观世变矣。

仲虺之诰

仲虺,臣名,奚仲之后,为汤左相。诰,告也,周礼士师"以五戒〔一〕先后刑罚,一曰誓,用之于军旅;二曰诰,用之于会同",以喻众也。此但告汤,而亦谓之诰者,唐孔氏谓仲虺亦必对众而言,盖非特释汤之惭,而且以晓其臣民众庶也。古文有,今文无。

成汤放桀于南巢,惟有惭德,曰:"予恐来世以台为口实。"武功成,故曰成汤。南巢,地名,庐江六县有居巢城,桀奔于此,因以放之也。汤之伐桀,虽顺天应人,然承尧、舜、禹授受之后,于心终有所不安,故愧其德之不古若,而又恐天下后世借以为口实也。○陈氏曰:"尧、舜以天下让,后世好名之士犹有不知而慕之者。汤、武征伐而得天下,后世嗜利之人安得不以为口实哉?此汤之所以恐也欤?"

仲虺乃作诰曰:"呜呼!惟天生民有欲,无主乃乱。惟

〔一〕"士师以五戒",原作"出师以立",今据纂疏、汇纂、四库本及周礼注疏改。德星堂本"立"下有"戒"字。

天生聪明时乂。**有夏昏德，民坠涂炭。天乃锡王勇智，表正万邦，缵禹旧服，兹率厥典，奉若天命。**仲虺恐汤忧愧不已，乃作诰以解释其意。叹息言民生有耳目口鼻爱恶之欲，无主则争且乱矣。天生聪明，所以为之主而治其争乱者也。坠，陷也。涂，泥；炭，火也。桀为民主而反行昏乱，陷民于涂炭，既失其所以为主矣。然民不可以无主也，故天锡汤以勇智之德，勇足以有为，智足以有谋，非勇智则不能成天下之大业也。表正者，表正于此而影直于彼也。天锡汤以勇智者，所以使其表正万邦，而继禹旧所服行也。此但率循其典常，以奉顺乎天而已。天者，典常之理所自出，而典常者，禹之所服行者也。汤革夏而缵旧服，武革商而政由旧，孔子所谓“百世可知”者，正以是也。林氏曰：“齐宣[一]王问孟子曰：‘汤放桀，武王伐纣，有诸？’孟子曰：‘贼仁者谓之贼，贼义者谓之残。残贼之人，谓之一夫。闻诛一夫纣矣，未闻弑君也。’夫立之君者，惧民之残贼而无以主之。为之主而自残贼焉，则君之实丧矣，非一夫而何？孟子之言，则仲虺之意也。”

"**夏王有罪，矫诬上天，以布命于下。帝用不臧，式商受命，用爽厥师。**矫，与"矫制"之"矫"同。诬，罔；臧，善；式，用；爽，明；师，众也。天以形体言，帝以主宰言。桀知民心不从，矫诈诬罔，托天以惑其众。天用不善其所为，用使有商受命，用使昭明其众庶也。○王氏曰："夏有昏德，则众从而昏。商有明德，则众从而明。"○吴氏曰："'用爽厥师'续下文'简贤附势'，意不相贯，疑有脱误。"**简贤附势，寔繁有徒。肇我邦于有夏，若苗之有莠，若粟之有秕。小大战战，罔不惧于非辜，矧予之德，言足听闻。**简，略；繁，多；肇，始也。战战，恐惧貌。言简贤附势之人，同恶相济，寔多徒众。肇我邦于有夏，为桀所恶，欲见剪除，如苗之有莠，如粟之有秕，锄治簸扬，有必不相容之势。商众小大震恐，无不惧陷于非罪，况汤之德言则足人之听闻，尤桀所忌疾者乎？以苗、粟喻桀，以莠、秕喻汤，特言其不容于桀而迹之危如此。史记言桀囚汤于夏台，汤之危屡矣。

〔一〕"齐宣"，原作"梁惠"，今据德星堂本、纂疏、汇纂、四库本及尚书全解、孟子梁惠王章改。

无道而恶有道,势之必至也。**惟王不迩声色,不殖货利,德懋懋官,功懋懋赏。用人惟己,改过不吝。克宽克仁,彰信兆民。**迩,近;殖,聚也。不近声色,不聚货利,若未足以尽<u>汤</u>之德。然此本原之地,非纯乎天德而无一毫人欲之私者不能也。本原澄彻,然后用人处己而莫不各得其当。懋,茂也,繁多之意,与"时乃功,懋哉"之义同。言人之懋于德者,则懋之以官;人之懋于功者,则懋之以赏。用人惟己,而人之有善者无不容。改过不吝,而己之不善者无不改。不忌能于人,不吝过于己,合并为公,私意不立,非圣人其孰能之?<u>汤</u>之用人处己者如此,而于临民之际,是以能宽能仁。谓之能者,宽而不失于纵,仁而不失于柔。易曰:"宽以居之,仁以行之,君德也。"君德昭著而孚信于天下矣。<u>汤</u>之德,足人听闻者如此。**乃葛伯仇饷,初征自葛。东征,西夷怨;南征,北狄怨,曰:'奚独后予?'攸徂之民,室家相庆,曰:'徯予后,后来其苏。'民之戴商,厥惟旧哉!**<u>葛</u>,国名。伯,爵也。饷,馈也。仇饷,与饷者为仇也。<u>葛伯</u>不祀,<u>汤</u>使问之,曰:"无以供粢盛。"汤使<u>亳</u>众往耕,老弱馈饷。<u>葛伯</u>杀其童子,<u>汤</u>遂征之,<u>汤</u>征自<u>葛</u>始也。奚,何;徯,待也。苏,复生也。<u>西夷</u>、<u>北狄</u>,言远者如此,则近者可知也。<u>汤</u>师之未加者,则怨望其来,曰:何独后予?其所往伐者,则妻孥相庆,曰:待我后久矣。后来,我其复生乎?他国之民皆以<u>汤</u>为我君而望其来者如此,天下之爱戴归往于<u>商</u>者非一日矣。<u>商</u>业之兴,盖不在于鸣条之役也。○<u>吕氏</u>曰:"<u>夏商</u>之际,君臣易位,天下之大变,然观其征伐之时,<u>唐虞</u>都俞揖逊气象依然若存。盖<u>尧</u>、<u>舜</u>、<u>禹</u>、<u>汤</u>以道相传,世虽降而道不降也。"**佑贤辅德,显忠遂良,兼弱攻昧,取乱侮亡,推亡固存,邦乃其昌。**前既释<u>汤</u>之惭,此下因以劝勉之也。诸侯之贤德者佑之辅之,忠良者显之遂之,所以善善也。侮,<u>说文</u>曰"伤也"。诸侯之弱者兼之,昧者攻之,乱者取之,亡者伤之,所以恶恶也。言善则由大以及小,言恶则由小以及大。推亡者,兼、攻、取、侮也。固存者,佑、辅、显、遂也。推彼之所以亡,固我之所以存,邦国乃其昌矣。**德日新,万邦惟怀;志自满,九族乃离。王懋昭大德,建中于民,以义制事,以礼制心,垂**

裕后昆。予闻曰：'能自得师者王，谓人莫己若者亡。好问则裕，自用则小。'德日新者，日新其德而不自已也。志自满者反是。<u>汤</u>之<u>盘铭</u>曰："苟〔一〕日新，日日新，又日新。"其广日新之义欤？德日新，则万邦虽广而无不怀；志自满，则九族虽亲而亦离。万邦，举远以见近也；九族，举亲以见疏也。王其勉明大德，立中道于天下。中者，天下之所同有也。然非君建之，则民不能以自中。而礼义者，所以建中者也。义者，心之裁制。礼者，理之节文。以义制事，则事得其宜。以礼制心，则心得其正。内外合德，而中道立矣。如此，则非特有以建中于民，而垂诸后世者亦绰乎有余裕矣。然是道也，必学焉而后至。故又举古人之言，以为隆师好问，则德尊而业广，自贤自用者反是。谓之自得师者，真知己之不足，人之有余，委心听顺而无拂逆之谓也。<u>孟子</u>曰："<u>汤</u>之于<u>伊尹</u>，学焉而后臣之，故不劳而王。"其<u>汤</u>之所以自得者欤？<u>仲虺</u>言怀诸侯之道，推而至于修德检身，又推而至于能自得师。夫自天子至于庶人，未有舍师而能成者。虽生知之圣，亦必有师焉。后世之不如古，非特世道之降，抑亦师道之不明也。<u>仲虺</u>之论，遡流而源，要其极而归诸"能自得师"之一语，其可为帝王之大法也欤？**呜呼！慎厥终，惟其始。殖有礼，覆昏暴，钦崇天道，永保天命。"**上文既劝勉之，于是叹息言谨其终之道，惟于其始图之。始之不谨，而能谨终者，未之有也。<u>伊尹</u>亦言"谨终于始"，事虽不同，而理则一也。钦崇者，敬畏尊奉之意。有礼者封殖之，昏暴者覆亡之，天之道也。钦崇乎天道，则永保其天命矣。按：<u>仲虺</u>之诰，其大意有三：先言天立君之意，桀逆天命，而天之命<u>汤</u>者不可辞；次言<u>汤</u>德足以得民，而民之归<u>汤</u>者非一日；末言为君艰难之道，人心离合之机，天道福善祸淫之可畏，以明今之受<u>夏</u>，非以利己，乃有无穷之恤，以深慰<u>汤</u>而释其惭。<u>仲虺</u>之忠爱，可谓至矣。然<u>汤</u>之所惭，恐来世以为口实者，<u>仲虺</u>终不敢谓无也。君臣之分，其可畏如此哉。

〔一〕"苟"，原作"德"，今据纂疏、汇纂、四库本改。

汤　诰

汤伐夏，归亳，诸侯率职来朝，汤作诰，以与天下更始。今文无，古文有。

王归自克夏，至于亳，诞告万方。诞，大也。亳，汤所都，在宋州谷熟县。王曰："嗟尔万方有众，明听予一人诰。惟皇上帝降衷于下民，若有恒性，克绥厥猷惟后。皇，大；衷，中；若，顺也。天之降命，而具仁义礼智信之理，无所偏倚，所谓衷也。人之禀命，而得仁义礼智信之理，与心俱生，所谓性也。猷，道也。由其理之自然而有仁义礼智信之行，所谓道也。以降衷而言，则无有偏倚，顺其自然，固有常性矣。以禀受而言，则不无清浊纯杂之异，故必待君师之职，而后能使之安于其道也。故曰"克绥厥猷惟后"。夫"天生民有欲"，以情言也；"上帝降衷于下民"，以性言也，仲虺即情以言人之欲，成汤原性以明人之善，圣贤之论互相发明，然其意则皆言君道之系于天下者如此之重。夏王灭德作威，以敷虐于尔万方百姓。尔万方百姓罹其凶害，弗忍荼毒，并告无辜于上下神祇。天道福善祸淫，降灾于夏，以彰厥罪。言桀无有仁爱，但为杀戮，天下被其凶害，如荼之苦，如毒之螫，不可堪忍，称冤于天地鬼神，以冀其拯己。屈原传〔一〕曰："人穷则反本，故劳苦倦极，未尝不呼天也。"天之道，善者福之，淫者祸之。桀既淫虐，故天降灾以明其罪。意当时必有灾异之事，如周语所谓"伊洛竭而夏亡"之类。肆台小子，将天命明威，不敢赦。敢用玄牡，敢昭告于上天神后，请罪有夏，聿求元圣，与之戮力，以与尔有众请命。肆，故也。故我小子，奉将天命明威，不敢赦桀之罪也。玄牡，夏尚黑，未变其礼也。神后，后土也。聿，遂也。元圣，伊尹也。上天孚佑下民，罪人黜伏。天命弗僭，贲若草

〔一〕"传"字，原脱，今据旁通及史记屈原贾生列传补。此下引文为太史公语。

木，兆民允殖。孚、允，皆信也。僭，差也。贲，文之著也。殖，生也。上天信佑下民，故<u>夏桀</u>窜亡而屈服，天命无所僭差，灿^[一]然若草木之敷荣，兆民信乎其生殖矣。俾予一人，辑宁尔邦家。兹朕未知获戾于上下，栗栗危惧，若将陨于深渊。辑，和；戾，罪；陨，坠也。天使我辑宁尔邦家，其付予之重，恐不足以当之。未知己得罪于天地与否，惊恐忧畏，若将坠于深渊。盖责愈重则忧愈大也。凡我造邦，无从匪彝，无即慆淫，各守尔典，以承天休。<u>夏</u>命已黜，<u>汤</u>命惟^[二]新，侯邦虽旧，悉与更始，故曰"造邦"。彝，法；即，就；慆，慢也。匪^[三]彝，指法度言。慆淫，指逸乐言。典，常也。各守其典常之道，以承天之休命也。尔有善，朕弗敢蔽；罪当朕躬，弗敢自赦，惟简在上帝之心。其尔万方有罪，在予一人。予一人有罪，无以尔万方。简，阅也。人有善，不敢以不达；己有罪，不敢以自恕，简阅一听于天。然天以天下付之我，则民之有罪实君所为。君之有罪，非民所致。非特圣人厚于责己而薄于责人，是乃理之所在，君道当然也。呜呼！尚克时忱，乃亦有终。"忱，信也。叹息言庶几能于是而忱信焉，乃亦有终也。<u>吴氏</u>曰："此兼人己而言。"

伊 训

训，导也。<u>太甲</u>嗣位，<u>伊尹</u>作书训导之，史录为篇。今文无，古文有。

惟元祀十有二月乙丑，<u>伊尹</u>祠于先王。奉嗣王祗见厥祖，侯甸群后咸在，百官总己以听冢宰。<u>伊尹</u>乃明言烈祖之成德，以训于王。<u>夏</u>曰岁，<u>商</u>曰祀，<u>周</u>曰年，一也。元祀者，<u>太甲</u>

79

〔一〕"灿"，<u>德星堂本</u>、<u>书传会选</u>作"贲"。
〔二〕"惟"，<u>德星堂本</u>、<u>纂疏</u>、<u>汇纂</u>、四库本作"维"，古通。
〔三〕"匪"，原作"非"，今据<u>南涧书堂本</u>、<u>纂疏</u>、<u>汇纂</u>、四库本及上经文改。

即位之元年。十二月者，商以建丑为正，故以十二月为正也。乙丑，日也。不系以朔者，非朔日也。三代虽正朔不同，然皆以寅月起数。盖朝觐会同、班历授时，则以正朔行事。至于纪月之数，则皆以寅为首也。伊，姓；尹，字也。伊尹，名挚。祠者，告祭于庙也。先王，汤也。冢，长也。礼有冢子、冢妇之名。周人亦谓之冢宰。古者王宅忧，祠祭则冢宰摄而告庙，又摄而临群臣。太甲服仲壬之丧，伊尹祠于先王，奉太甲以即位改元之事祗见厥祖，则摄而告庙也；侯服、甸服之群后咸在，百官总己之职以听冢宰，则摄而临群臣也。烈，功也。商颂曰："衎我烈祖。"太甲即位改元，伊尹于祠告先王之际，明言汤之成德，以训太甲。此史官叙事之始辞也。○或曰：孔氏言"汤崩逾月，太甲即位"，则十二月者，汤崩之年建子之月也，岂改正朔而不改月数乎？曰：此孔氏惑于序书〔一〕之文也。太甲继仲壬之后，服仲壬之丧，而孔氏曰"汤崩，奠殡而告"，固已误矣。至于改正朔而不改月数，则于经史尤可考。周建子矣，而诗言"四月维夏，六月徂暑"，则寅月起数，周未尝改也。秦建亥矣，而史记"始皇三十一年十二月，更名腊曰嘉平"，夫腊必建丑月也，秦以亥正，则腊为三月。云"十二月"者，则寅月起数，秦未尝改也。至三十七年，书"十月癸丑，始皇出游。十一月，行至云梦"，继书"七月丙寅，始皇崩。九月葬郦山"，先书十月、十一月，而继书七月、九月者，知其以十月为正朔，而寅月起数，未尝改也。且秦史制书谓改年始朝贺，皆自十月朔。夫秦继周者也，若改月数，则周之十月为建酉月矣，安在其为建亥乎？汉初史氏所书旧例也，汉仍秦正，亦书曰"元年冬十月"，则正朔改而月数不改，亦已明矣。且经曰"元祀十有二月乙丑"，则以十二月为正朔，而改元何疑乎？惟其以正朔行事也，故后乎此者"复政厥辟"，亦以十二月朔。"奉嗣王"，"归于亳"，盖祠告、复政皆重事也，故皆以正朔行之。孔氏不得其说，而意"汤崩逾月，太甲即位，奠殡而告"，是以崩年改元矣。苏氏曰："崩年改元，乱世事也，不容在伊尹而有之，不可以不辨。"又按：孔氏以为汤崩，吴氏曰："殡有朝夕之奠，何为而致祠？主丧者不离于殡侧，何待于祗见？"盖太甲之为嗣王，嗣仲壬而王也。太甲，太丁之子。仲壬，其叔父也。嗣叔父而王而为之服三年之

书集传

80

〔一〕"序书"，据上下文意当作"书序"。

丧，为之后者为之子也。太甲既即位于仲壬之枢前，方居忧于仲壬之殡侧〔一〕，伊尹乃至商之祖庙，遍祠商之先王，而以立太甲告之。不言太甲祠，而言伊尹，丧三年不祭也。奉太甲遍见商之先王，而独言"祗见厥祖"者，虽遍见先王，而尤致意于汤也。亦犹周公金縢之册，虽遍告三王，而独眷眷于文王也。汤既已祔于庙，则是此书初不废外丙、仲壬之事，但此书本为伊尹称汤以训太甲，故不及外丙、仲壬之事尔。余见书序。

曰："呜呼！古有夏先后方懋厥德，罔有天灾。山川鬼神，亦莫不宁；暨鸟兽鱼鳖咸若。于其子孙弗率，皇天降灾，假手于我有命，造攻自鸣条，朕哉自亳。诗曰："殷监不远，在夏后之世。"商之所宜监者，莫近于夏，故首以夏事告之也。率，循；假，借也。有命，有天命者，谓汤也。桀不率循先王之道，故天降灾，借手于我成汤以诛之。夏之先后，方其懋德，则天之眷命如此。及其子孙弗率，而覆亡之祸又如此。太甲不知率循成汤之德，则夏桀覆亡之祸亦可监矣。哉，始也。鸣条，夏所宅也；亳，汤所宅也。言造可攻之衅者由桀积恶于鸣条，而汤德之修则始于亳都也。惟我商王，布昭圣武，代虐以宽，兆民允怀。布昭，敷著也。圣武，犹易所谓"神武而不杀者"。汤之德威敷著于天下，代桀之虐以吾之宽，故天下之民信而怀之也。今王嗣厥德，罔不在初。立爱惟亲，立敬惟长，始于家邦，终于四海。初，即位之初。言始不可以不谨也。谨始之道，孝悌而已。孝悌者，人心之所同，非必人人教诏之。立，植也。立爱敬于此，而形爱敬于彼，亲吾亲以及人之亲，长吾长以及人之长，始于家，达于国，终而措之天下矣。孔子曰："立爱自亲始，教民睦也；立敬自长始，教民顺也。"呜呼！先王肇修人纪，从谏弗咈，先民时若。居上克明，为下克忠，与人不求备，检身若不及，以至于有万邦。兹惟艰哉！人纪，三纲五常，孝敬之实也。上文欲太甲立其爱敬，故此言成汤之所修人纪者，如下文所云也。纲常之理未尝泯没，桀废弃之，

〔一〕"侧"，原作"则"，今据德星堂本、纂疏、汇纂、四库本改。

而汤始修复之也。咈，逆也。先民，犹前辈旧德也。从谏不逆，先民是顺，非诚于乐善者不能也。居上克明，言能尽临下之道；为下克忠，言能尽事上之忠〔一〕。吕氏曰："汤之克忠最为难。"看汤放桀，以臣易君，岂可为忠，不知汤之心最忠者也。天命未去，人心未离，事桀之心，曷尝斯须替哉？与人之善，不求其备；检身之诚，有若不及。其处上下人己之间又如此。是以德日以盛，业日以广，天命归之，人心戴之，由七十里而至于有万邦。积累之勤，兹亦难矣。伊尹前既言夏失天下之易，此又言汤得天下之难，太甲可不思所以继之哉？**敷求哲人，俾辅于尔后嗣。**敷，广也。广求贤哲，使辅尔后嗣也。**制官刑，儆于有位。曰：'敢有恒舞于宫，酣歌于室，时谓巫风。敢有殉于货色，恒于游畋，时谓淫风。敢有侮圣言，逆忠直，远耆德，比顽童，时谓乱风。惟兹三风十愆，卿士有一于身，家必丧；邦君有一于身，国必亡。臣下不匡，其刑墨。具训于蒙士。'**官刑，官府之刑也。巫风者，常歌常舞，若巫觋然也。淫，过也，过而无度也。比，昵也。倒置悖理曰乱，好人之所恶，恶人之所好也。风，风化也。三风，愆之纲也。十愆，风之目也。卿士、诸侯十有其一，已丧其家，亡其国矣。墨，墨刑也。臣下而不能匡正其君，则以墨刑加之。具，详悉也。童蒙始学之士，则详悉以是训之，欲其入官而知所以正谏也。异〔二〕时太甲欲败度，纵败礼，伊尹先见其微，故拳拳于此。刘侍讲曰："墨，即叔向所谓夏书'昏墨贼杀，皋陶之刑'，贪以败官为墨。"**呜呼！嗣王祗厥身，念哉！圣谟洋洋，嘉言孔彰。惟上帝不常，作善，降之百祥；作不善，降之百殃。尔惟德罔小，万邦惟庆；尔惟不德罔大，坠厥宗。"**叹息言太甲当以三风十愆之训敬之于身，念而勿忘也。谟谓其谋，言谓其训。洋，大；孔，甚也。言其谋训大明，不可忽也。不常者，去就无定也。为善则降之百祥，为恶则降之百殃，各以类应也。勿以小善而不为，万

〔一〕"忠"，德星堂本、纂疏、汇纂、四库本作"心"。
〔二〕"异"，汇纂、四库本作"当"，义逊。

书集传

82

邦之庆积于小；勿以小恶而为之，厥宗之坠不在大。盖善必积而后成，恶虽小而可惧。此总结上文，而又以天命人事祸福申戒之也。

太甲上

书集传卷三　商书　太甲上

商史录伊尹告戒节次及太甲往复之辞，故三篇相属成文，其间或附史臣之语以贯篇意，若史家纪传之所载也。唐孔氏曰："伊训、肆命、徂后、太甲、咸有一德皆是告戒太甲，不可皆名伊训，故随事立称也。"林氏曰："此篇亦训体。"今文无，古文有。

惟嗣王不惠于阿衡。惠，顺也。阿，倚；衡，平也。阿衡，商之官名，言天下之所倚平也。亦曰保衡。或曰伊尹之号。史氏录伊尹之书，先此以发之。**伊尹作书曰："先王顾諟天之明命，以承上下神祇，社稷宗庙罔不祇肃。天监厥德，用集大命，抚绥万方。惟尹躬克左右厥辟宅师，肆嗣王丕承基绪。**顾，常目在之也。諟，古是字。明命者，上天显然之理而命之我者。在天为明命，在人为明德。伊尹言成汤常目在是天之明命，以奉天地神祇，社稷宗庙无不敬肃。故天视其德，用集大命，以有天下，抚安万邦。我又身能左右成汤，以居民众，故嗣王得以大承其基业也。**惟尹躬先见于西邑夏，自周有终，相亦惟终。其后嗣王，罔克有终，相亦罔终。嗣王戒哉！祇尔厥辟，辟不辟，忝厥祖。"**夏都安邑，在亳之西，故曰西邑夏。周，忠信也。国语曰："忠信为周。"施氏曰："作伪心劳日拙，则缺露而不周。忠信则无伪，故能周而无缺。"夏之先王以忠信有终，故其辅相者亦能有终。其后夏桀不能有终，故其辅相者亦不能有终。嗣王其以夏桀为戒哉！当敬尔所以为君之道，君而不君，则忝辱成汤矣。太甲之意，必谓伊尹足以任天下之重，我虽纵欲，未必遽至危亡，故伊尹以"相亦罔终"之言深折其私，而破其所恃也。

王惟庸，罔念闻。庸，常也。太甲惟若寻常，于伊尹之言无所念听。此史氏之言。**伊尹乃言曰：“先王昧爽丕显，坐以待旦，旁求俊彦，启迪后人，无越厥命以自覆。**昧，晦；爽，明也。昧爽云者，欲明未明之时也。丕，大也。显，亦明也。先王于昧爽之时，洗濯澡雪，大明其德，坐以待旦而行之也。旁求者，求之非一方也。彦，美士也。言汤孜孜为善，不遑宁处如此，而又旁求俊彦之士，以开导子孙。太甲毋颠越其命，以自取覆亡也。**慎乃俭德，惟怀永图。**太甲欲败度，纵败礼，盖奢侈失之，而无长远之虑者。伊尹言当谨其俭约之德，惟怀永久之谋。“以约失之者鲜矣”，此太甲受病之处，故伊尹特言之。**若虞机张，往省括于度则释。钦厥止，率乃祖攸行，惟朕以怿，万世有辞。”**虞，虞人也。机，弩牙也。括，矢括也。度，法度，射者之所准望者也。释，发也。言若虞人之射弩，机既张，必往察其括之合于法度，然后发之，则发无不中矣。钦者，肃恭收敛。止，见虞书。率，循也。钦厥止者，所以立本；率乃祖者，所以致用，所谓“省括于度则释”也。王能如是，则动无过举，近可以慰悦尹心，远可以有誉于后世矣。安汝止者，圣君之事，生而知者也。钦厥止者，贤君之事，学而知者也。

　　王未克变。不能变其旧习也。此亦史氏之言。**伊尹曰：“兹乃不义，习与性成。予弗狎于弗顺，营于桐宫，密迩先王其训，无俾世迷。”**狎，习也。弗顺者，不顺义理之人也。桐，成汤墓陵之地。伊尹指太甲所为乃不义之事，习恶而性成者也。我不可使其狎习不顺义理之人，于是营宫于桐，使亲近成汤之墓，朝夕哀思，兴起其善。以是训之，无使终身迷惑而不悟。**王徂桐宫居忧，克终允德。**徂，往；允，信也。有诸己之谓信，实有其德于身也。凡人之不善，必有从臾[一]以导其为非者。太甲桐宫之居，伊尹既使其密迩先王陵墓，以兴发其善心；又绝其比昵之党，而革其污染，此其所以“克终允德”也。次篇伊尹言“嗣王克终厥德”，又曰“允德协于下”，故史氏言“克终允德”结此篇，以发次篇之意。

————

〔一〕“从臾”，大全注云：序书作“怂恿”。今案：从臾即从恿。

太甲中

惟三祀十有二月朔，伊尹以冕服奉嗣王归于亳。太甲终丧明年之正朔也。冕，冠也。唐孔氏曰："周礼天子六冕，备物尽文惟衮冕耳。"此盖衮冕之服，义或然也。奉，迎也。丧既除，以衮冕吉服奉迎以归也。

作书曰："民非后，罔克胥匡以生；后非民，罔以辟四方。皇天眷佑有商，俾嗣王克终厥德，实万世无疆之休。"民非君则不能相正以生，君非民则谁与为君者。言民固不可无君，而君尤不可失民也。太甲改过之初，伊尹首发此义，其喜惧之意深矣。夫太甲不义，有若性成，一旦翻然改悟，是岂人力所至？盖天命眷商，阴诱其衷，故嗣王能终其德也。向也汤绪几坠，今其自是有永，岂不为万世无疆之休乎？

王拜手稽首，曰："予小子，不明于德，自厎不类，欲败度，纵败礼，以速戾于厥躬。天作孽，犹可违；自作孽，不可逭。既往背师保之训，弗克于厥初，尚赖匡救之德。图惟厥终。"拜手，首至手也。稽首，首至地也。太甲致敬于师保，其礼如此。不类，犹不肖也。多欲则兴作而乱法度，纵肆则放荡而蠛礼仪。度，就事言之也。礼，就身言之也。速，召之急也。戾，罪；孽，灾；逭，逃也。既往，已往也。已往既不信伊尹之言，不能谨之于始，庶几正救之力，以图惟其终也。当太甲不惠阿衡之时，伊尹之言惟恐太甲不听。及太甲改过之后，太甲之心惟恐伊尹不言。夫太甲固困而知之者，然昔之迷，今之复；昔之晦，今之明，如日月昏蚀，一复其旧，而光[一]采炫耀，万景俱新，汤武不可及已，岂居成王之下乎？

伊尹拜手稽首，曰："修厥身，允德协于下，惟明后。伊尹致敬，以复太甲也。修身则无败度败礼之事，允德则有诚身诚意之实。德诚

〔一〕"光"，德星堂本作"文"，义逊。

于上,协和于下,惟明后然也。**先王子惠困穷,民服厥命,罔有不悦。**
并其有邦厥邻,乃曰:'徯我后,后来无罚。'此言汤德所以协下者,
困穷之民若己子而惠爱之。惠之若子,则心之爱者诚矣,未有诚而不动者也。
故民服其命,无有不得其欢心。当时诸侯并汤而有国者,其邻国之民乃以汤为
我君,曰:待我君。我君来,其无罚乎?言除其邪虐,汤之得民心也如此。即仲
虺"后来其苏"之事。**王懋乃德,视乃厥[一]祖,无时豫怠。**汤之盘铭
曰:"苟日新,日日新,又日新。"汤之所以懋其德者如此。太甲亦当勉于其德,视
烈祖之所为,不可顷刻而逸豫怠惰也。**奉先思孝,接下思恭,视远惟**
明,听德惟聪。朕承王之休,无斁。"思孝则不敢违其祖,思恭则不
敢忽其臣。惟亦思也。思明则所视者远而不蔽于浅近,思聪则所听者德而不
惑于憸邪,此懋德之所从事者,太甲能是,则我承王之美而无所厌斁也。

太甲下

伊尹申诰于王,曰:"呜呼!惟天无亲,克敬惟亲。民
罔常怀,怀于有仁。鬼神无常享,享于克诚。天位艰哉!"
申诰,重告[二]也。天之所亲,民之所怀,鬼神之所享,皆不常也。惟克敬、有
仁、克诚,而后天亲之,民怀之,鬼神享之也。曰敬、曰仁、曰诚者,各因所主而
言。天谓之敬者,天者理之所在,动静语默不可有一毫之慢。民谓之仁者,民
非元后何戴?鳏寡孤独,皆人君所当恤。鬼神谓之诚者,不诚无物,诚立于此,
而后神格于彼。三者所当尽如此,人君居天之位,其可易而为之哉?分而言之
则三,合而言之,一德而已。太甲迁善未几,而伊尹以是告之,其才固有大过人
者欤?**德惟治,否德乱。与治同道,罔不兴;与乱同事,罔不**
亡。终始慎厥与,惟明明后。德者,合敬仁诚之称也。有是德则治,

〔一〕"厥",德星堂本、纂疏、汇纂、四库本作"烈"。
〔二〕"告",德星堂本、纂疏、汇纂、四库本均作"诰"。

86

无是德则乱。治固古人有行之者矣，乱亦古人有行之者也。与古之治者同道，则无不兴；与古之乱者同事，则无不亡。治而谓之道者，盖治因时制宜，或损或益，事未必同，而道则同也。乱而谓之事者，亡国丧家，不过货色、游畋、作威、杀戮等事，事同，道无不同也。治乱之分，顾所与如何耳。始而与治，固可以兴；终而与乱，则亡亦至矣。谨其所与，终始如一，惟明明之君为然也。上篇言"惟明后"，此篇言"惟明明后"，盖明其所已明而进乎前者矣。**先王惟时懋敬厥德，克配上帝。今王嗣有令绪，尚监兹哉！** 敬，即"克敬惟亲"之"敬"，举其一以包其二也。成<u>汤</u>勉敬其德，德与天合，故克配上帝。今王嗣有令绪，庶几其监视此也。**若升高必自下，若陟遐必自迩。** 此告以进德之序也。<u>中庸</u>论君子之道，亦谓"譬如行远必自迩，譬如登高必自卑"，进德修业之喻，未有如此之切者。<u>吕氏</u>曰："自此乃伊尹画一以告<u>太甲</u>也。"**无轻民事，惟难。无安厥位，惟危。** 无、毋通。毋轻民事而思其难，毋安君位而思其危。**慎终于始。** 人情孰不欲善终者，特安于纵欲，以为今日姑若是，而他日固改之也。然始而不善，而能善其终者寡矣。桐宫之事往已，今其即政临民，亦事之一初也。**有言逆于汝心，必求诸道。有言逊于汝志，必求诸非道。** 鲠直之言，人所难受。巽顺之言，人所易从。于其所难受者，必求诸道，不可遽以逆于心而拒之。于其所易从者，必求诸非道，不可遽以逊于志而听之。以上五事，盖欲<u>太甲</u>矫乎情之偏也。**呜呼！弗虑胡获？弗为胡成？一人元良，万邦以贞。** 胡，何也。弗虑何得，欲其谨思之也。弗为何成，欲其笃行之也。元，大；良，善；贞，正也。一人者，万邦之仪表。一人元良，则万邦以正矣。**君罔以辩言乱旧政，臣罔以宠利居成功，邦其永孚于休。"** 弗思弗为，安于纵弛，先王之法废矣。能思能为，作其聪明，先王之法乱矣。乱之为害甚于废也，成功非宠利之所可居者，至是<u>太甲</u>德已进，伊尹有退休之志矣。此咸有一德之所以继作也。君臣各尽其道，邦国永信其休美也。○<u>吴氏</u>曰："上篇称'嗣王不〔一〕惠于

〔一〕"不"，原作"下"，今据诸本改。

阿衡’，必其言有与伊尹背违者。‘辩言乱政’，或太甲所失在此。‘罔以宠利居成功’，己之所自处者已素定矣。下语既非泛论，则上语必有为而发也。”

咸有一德

伊尹致仕而去，恐太甲德不纯一及任用非人，故作此篇，亦训体也。史氏取其篇中“咸有一德”四字以为篇目。今文无，古文有。

伊尹既复政厥辟，将告归，乃陈戒于德。伊尹已还政太甲，将告老而归私邑，以一德陈戒其君。此史氏本序。

曰：“呜呼！天难谌，命靡常，常厥德，保厥位。厥德靡常，九有以亡。谌，信也。天之难信，以其命之不常也。然天命虽不常，而常于有德者。君德有常，则天命亦常，而保厥位矣。君德不常，则天命亦不常，而九有以亡矣。九有，九州也。**夏王弗克庸德，慢神虐民，皇天弗保，监于万方，启迪有命，眷求一德，俾作神主。惟尹躬暨汤，咸有一德，克享天心，受天明命，以有九有之师，爰革夏正。**上文言天命无常，惟有德则可常。于是引桀之所以失天命、汤之所以得天命者证之。一德，纯一之德，不杂不息之义，即上文所谓“常德”也。神主，百神之主。享，当也。汤之君臣，皆有一德，故能上当天心，受天明命，而有天下。于是改夏建寅之正，而为建丑正也。**非天私我有商，惟天佑于一德。非商求于下民，惟民归于一德。**上言一德，故得天得民。此言天佑民归，皆以一德之故，盖反复言之。**德惟一，动罔不吉。德二三，动罔不凶。惟吉凶不僭，在人。惟天降灾祥，在德。**二三则杂矣。德之纯，则无往而不吉。德而杂，则无往而不凶。僭，差也。惟吉凶不差在人者，惟天之降灾祥在德故也。**今嗣王新服厥命，惟新厥德，终始惟一，时乃日新。**太甲新服天子之命，德亦当新。然新德之要,在于有常而已。终始有常而无间断,是乃所以日新也。**任官惟贤才,左右惟其人。臣为上为德,为下为民,其难其慎,惟和惟一。**贤者,有德之称。才者,能也。左右者,辅弼大臣,非贤才之称可尽,故曰"惟其人"。夫人臣之职,为上为德,左右厥辟也;为下为民,所以宅师也。不曰君而曰德者,兼君道而言也。臣职所系,其重如此,是必其难、其慎。难者难于任用,慎者慎于听察,所以防小人也。惟和惟一,和者可否相济,一者终始如一,所以任君子也。**德无常师,主善为师。善无常主,协于克一。**上文言用人,因推取人为善之要。无常者,不可执一之谓。师,法;协,合也。德者,善之总称。善者,德之实行。一者,其本原统会者也。德兼众善,不主于善,则无以得一本万殊之理。善原于一,不协于一,则无以达万殊一本之妙。谓之克一者,能一之谓也。博而求之于不一之善,约而会之于至一之理,此圣学始终条理之序,与夫子所谓一贯者几矣。<u>太甲</u>至是而得与闻焉,亦异乎常人之改过者欤? <u>张氏</u>曰:"<u>虞书</u>精一数语之外,惟此为精密。"**俾万姓咸曰:'大哉王言。'又曰:'一哉王心。'克绥先王之禄,永底烝民之生。**人君惟其心之一,故其发诸言也大。万姓见其言之大,故能知其心之一。感应之理,自然而然,以见人心之不可欺,而诚之不可掩也。禄者,先王所守之天禄也。烝,众也。天禄安,民生厚,一德之效验也。**呜呼!七世之庙可以观德,万夫之长可以观政。**天子七庙,三昭三穆与太祖之庙七。七庙亲尽则迁,必有德之主则不祧毁,故曰"七世之庙可以观德"。天子居万民之上,必政教有以深服乎人,而后万民悦服,故曰"万夫之长可以观政"。<u>伊尹</u>叹息言德政修否,见于后世,服乎当时,有不可掩者如此。**后非民罔使,民非后罔事。无自广以狭人,匹夫匹妇不获自尽,民主罔与成厥功。"**罔使、罔事,即上篇"民非后,罔克胥匡以生;后非民,罔以辟四方"之意,申言君民之相须者如此,欲<u>太甲</u>不敢忽也。无、毋同。<u>伊尹</u>又言君民之使事,虽有贵贱不同,至于取人为善,则初无贵贱之间。盖天以一理赋之于人,散为万善。人君合天下之万善,而后理之一者可全也。

苟自大而狭人，匹夫匹妇有一不得自尽于上，则一善不备，而民主亦无与成厥功矣。伊尹于篇终致其警戒之意，而言外之旨则又推广其所谓一者如此。盖道体之纯全，圣功之极致也。尝因是言之，以为精粹无杂者，一也；终始无间者，一也；该括万善者，一也：一者，通古今，达上下，万化之原，万事之干，语其理则无二，语其运则无息，语其体则并包而无所遗也。咸有一德之书而三者之义悉备，前乎伏羲、尧、舜、禹、汤，后乎文、武、周公、孔子，同一揆也。

盘庚上

盘庚，阳甲之弟。自祖乙都耿，圮于河水，盘庚欲迁于殷，而大家世族安土重迁，胥动浮言；小民虽荡析离居，亦惑于利害，不适有居。盘庚喻以迁都之利，不迁之害。上、中二〔一〕篇未迁时言，下篇既迁后言。王氏曰："上篇告群臣，中篇告庶民，下篇告百官族姓。"左传谓〔二〕"盘庚之诰"，实诰体也。三篇今文、古文皆有，但今文三篇合为一。

盘庚迁于殷，民不适有居，率吁众戚，出矢言。殷在河南偃师。适，往。吁，呼。矢，誓也。史臣言盘庚欲迁于殷，民不肯往适有居，盘庚率呼众忧之人，出誓言以喻之，如下文所云也。周氏曰："商人称殷，自盘庚始。自此以前，惟称商。自盘庚迁都之后，于是殷商兼称，或只称殷也。"**曰："我王来，既爰宅于兹，重我民，无尽刘。不能胥匡以生，卜稽，曰：'其如台。'**曰，盘庚之言也。刘，杀也。盘庚言我先王祖乙来都于耿，固重我民之生，非欲尽致之死也。民适不幸荡析离居，不能相救以生，稽之于卜，亦曰：此地无若我何。言耿不可居，决当迁也。**先王有服，恪谨天命。兹犹不常宁，不常厥邑，于今五邦。今不承于古，罔知天之断命，矧曰其克从先王之烈？**服，事也。先王有事，恪谨天

90

命，不敢违越。先王犹不敢常安，不常其邑，于今五迁厥邦矣。今不承先王而迁，且不知上天之断绝我命，况谓其能从先王之大烈乎？详此言，则先王迁徙亦必有稽卜之事，仲丁、河亶甲篇逸，不可考矣。五邦，汉孔氏谓汤迁亳，仲丁迁嚣，河亶甲居相，祖乙居耿，并盘庚迁殷为五邦，然以下文"今不承于古"文势考之，则盘庚之前当自有五迁。史记言祖乙迁邢，或祖乙两迁也。**若颠木之有由蘖，天其永我命于兹新邑，绍复先王之大业，厎绥四方。**"颠，仆也。由，古文作"甹〔一〕"，木生条也。颠木譬耿，由蘖譬殷也。言今自耿迁殷，若已仆之木而复生也，天其将永我国家之命于殷，以继复先王之大业，而致安四方乎？**盘庚敩于民，由乃在位，以常旧服，正法度，曰："无或敢伏小人之攸箴。"王命众悉至于庭。**敩，教；服，事；箴，规也。耿地焉卤垫隘而有沃饶之利，故小民苦于荡析离居，而巨室则总于货宝，惟不利于小民而利于巨室，故巨室不悦而胥动浮言，小民眩于利害，亦相与咨怨，间有能审利害之实而欲迁者，则又往往为在位者之所排击阻难，不能自达于上。盘庚知其然，故其教民必自在位始，而其所以教在位者，亦非作为一切之法以整齐之。惟举先王〔二〕旧常迁都之事，以正其法度而已。然所以正法度者，亦非有他焉，惟曰使在位之臣无或敢伏小人之所箴规焉耳。盖小民患焉卤垫隘，有欲迁而以言箴规其上者，汝毋得遏绝而使不得自达也。众者，臣民咸在也。史氏将述下文盘庚之训语，故先发此。

王若曰："格！汝众。予告汝训，汝猷黜乃心，无傲从康。若曰者，非尽当时之言，大意若此也。汝猷黜乃心者，谋去汝之私心也。无与毋同。毋得傲上之命，从己之安。盖傲上则不肯迁，从康则不能迁，二者所当黜之私心也。此虽盘庚对众之辞，实为群臣而发，以敩民由在位故也。**古我先王，亦惟图任旧人共政。王播告之修，不匿厥指，王用丕钦；罔有逸言，民用丕变。今汝聒聒，起信险肤，予弗**

〔一〕 "甹"，原作"甹"，今据说文马部改。
〔二〕 "王"，原作"正"，今据诸本改。

知乃所讼。逸，过也。**盘庚**言先王亦惟谋任旧人共政，王播告之修，则奉承于内，而能不隐匿其指意，故王用大敬之；宣化于外，又无过言以惑众听，故民用大变。今尔在内则伏小人之攸箴，在外则不和吉言于百姓，谗谗多言，凡起信于民者皆险陂肤浅之说，我不晓汝所言果何谓也。详此所谓旧人者，世臣旧家之人，非谓老成人也。盖沮迁都者，皆世臣旧家之人。下文"人惟求旧"一章可见。**非予自荒兹德，惟汝含德，不惕予一人。予若观火，予亦拙谋作，乃逸**。荒，废也。逸，过失也。**盘庚**言非我轻易迁徙，自荒废此德。惟汝不宣布德意，不畏惧于我。我视汝情明若观火，我亦拙谋不能制命，而成汝过失也。**若网在纲，有条而不紊。若农服田，力穑乃亦有秋**。紊，乱也。纲举则目张，喻下从上、小从大，申前无傲之戒。勤于田亩，则有秋成之望，喻今虽迁徙劳苦，而有永建乃家之利，申前从康之戒。**汝克黜乃心，施实德于民，至于婚友，丕乃敢大言汝有积德**。苏氏曰："商之世家大族造言以害迁者，欲以苟悦小民为德也，故告之曰：是何德之有？汝曷不去汝私心，施实德于民，与汝婚姻僚友乎？劳而有功，此实德也。汝能劳而有功，则汝乃敢大言曰我有积德。"曰"积德"云者，亦指世家大族而言，申前"汝猷黜乃心"之戒。**乃不畏戎毒于远迩，惰农自安，不昏作劳，不服田亩，越其罔有黍稷**。戎，大；昏，强也。汝不畏沉溺大害于远近，而惮劳不迁，如怠惰之农不强力为劳苦之事，不事田亩，安有黍稷之可望乎？此章再以农喻，申言从康之害。**汝不和吉言于百姓，惟汝自生毒，乃败祸奸宄，以自灾于厥身。乃既先恶于民，乃奉其恫，汝悔身何及？相时憸民，犹胥顾于箴言。其发有逸口，矧予制乃短长之命，汝曷弗告朕而胥动以浮言，恐沉于众？若火之燎于原，不可向迩，其犹可扑灭。则惟汝众自作弗靖，非予有咎**。吉，好也。先恶，为[一]恶之先也。奉，

〔一〕"为"，纂疏、汇纂、四库本作"谓"。

承;恫,痛;相,视也。恲民,小民也。逸口,过言也。逸口尚可畏,况我制尔生杀之命,可不畏乎？恐谓恐动之以祸患。沉谓沉陷于罪恶。不可向迩,其犹可扑灭者,言其势焰虽盛,而殄灭之不难也。靖,安;咎,过也。则惟尔众自为不安,非我有过也。此章反复辩论,申言傲上之害。

"**迟任有言曰:'人惟求旧,器非求旧,惟新。'**迟任,古之贤人。<u>苏氏</u>曰:"人旧则习,器旧则敝,当常使旧人用新器也。"今按:<u>盘庚</u>所引,其意在"人惟求旧"一句,而所谓"求旧"者,非谓老人,但谓求人于世臣旧家云尔,详下文意可见。若以旧人为老人,又何"侮老成人"之有？**古我先王暨乃祖乃父,胥及逸勤,予敢动用非罚？世选尔劳,予不掩尔善。兹予大享于先王,尔祖其从与享之,作福作灾,予亦不敢动用非德？**胥,相也。敢,不敢也。非罚,非所当罚也。世,非一世也。劳,劳于王家也。掩,蔽也。言先王及乃祖乃父相与其劳逸,我岂敢动用非罚以加汝乎？世简尔劳,不蔽尔善,兹我大享于先王,尔祖亦以功而配食于庙。先王与尔祖父临之在上,质之在旁,作福作灾,皆简在先王与尔祖父之心,我亦岂敢动用非德以加汝乎？

"**予告汝于难,若射之有志。汝无侮老成人,无弱孤有幼。各长于厥居,勉出乃力,听予一人之作猷。**难,言谋迁徙之难也。盖迁都固非易事,而又当时臣民傲上从康,不肯迁徙。然我志决迁,若射者之必于中,有不容但已者。弱,少之也。意当时老成孤幼皆有言当迁者,故戒其老成者不可侮,孤幼者不可少之也。尔臣各谋长远其居,勉出汝力,以听我一人迁徙之谋也。**无有远迩,用罪伐厥死,用德彰厥善。邦之臧,惟汝众;邦之不臧,惟予一人有佚罚。**用罪,犹言为恶。用德,犹言为善也。伐,犹诛也。言无有远近亲疏,凡伐死彰善,惟视汝为恶为善如何尔。邦之善,惟汝众用德之故。邦之不善,惟我一人失,罚其所当罚也。

"**凡尔众,其惟致告,自今至于后日,各恭尔事,齐乃位,度乃口,罚及尔身,弗可悔。**"致告者,使各相告戒也。自今以往,各敬汝事,整齐汝位,法度汝言。不然,罚及汝身,不可悔也。

盘庚中

盘庚作，惟涉河以民迁。乃话民之弗率，诞告用亶。其有众咸造，勿亵在王庭。盘庚乃登进厥民。作，起而将迁之辞。殷在河南，故涉河。诞，大；亶，诚也。咸造，皆至也。勿亵，戒其毋得亵慢也。此史氏之言。苏氏曰："民之弗率，不以政令齐之，而以话言晓之，盘庚之仁也。"

曰："明听朕言，无荒失朕命。荒，废也。呜呼！古我前后，罔不惟民之承，保后胥慼，鲜以不浮于天时。承，敬也。苏氏曰："古者谓过为[一]浮，浮之言胜也。后既无不惟民之敬，故民亦保后，相与忧其忧。虽有天时之灾，鲜不以人力胜之也。"林氏曰："忧民之忧者，民亦忧其忧。罔不惟民之承，忧民之忧也。保后胥慼，民亦忧其忧也。"殷降大虐，先王不怀。厥攸作，视民利用迁。汝曷弗念我古后之闻？承汝俾汝，惟喜康共。非汝有咎，比于罚。先王以天降大虐，不敢安居。其所兴作，视民利当迁而已。尔民何不念我以所闻先王之事？凡我所以敬汝使汝者，惟喜与汝同安尔，非为汝有罪，比于罚而谪迁汝也。予若吁怀兹新邑，亦惟汝故，以丕从厥志。我所以招呼怀来于此新邑者，亦惟以尔民荡析离居之故，欲谂汝、俾汝康共，以大从尔志也。或曰盘庚迁都，民咨胥怨，而此以为丕从厥志，何也？苏氏曰："古之所谓从众者，非从其口之所不乐，而从其心之所不言而同然者。夫趋利而避害，舍危而就安，民心同然也。殷亳之迁，实斯民所利，特其一时为浮言摇动，怨咨不乐，使其即安危利害之实，而反求其心，则固其所大欲者矣。"

"今予将试以汝迁，安定厥邦。汝不忧朕心之攸困，乃

〔一〕"为"，原脱，今据德星堂本、纂疏、汇纂、四库本补。东坡书传作"曰"。

咸大不宣乃心，钦念以忧，动予一人。尔惟自鞠自苦，若乘舟，汝弗济，臭厥载。尔忱不属，惟胥以沉。不其或稽，自怒曷瘳？ _{上文言先王惟民之承，而民亦保后胥戚，今我亦惟汝故，安定厥邦，而汝乃不忧我心之所困，乃皆不宣布腹心，钦念以诚，感动于我。尔徒为此纷纷，自取穷苦，譬乘舟不以时济，必败坏其所资。今汝从上之诚，间断不属，安能有济？惟相与以及沉溺而已。诗曰"其何能淑，载胥及溺"，正此意也。}

利害若此，尔民而罔或稽察焉，是虽怨疾忿怒，何损于困苦乎？ **汝不谋长，以思乃灾，汝诞劝忧。今其有今罔后，汝何生在上？** _{汝不为长久之谋，以思其不迁之灾，是汝大以忧而自劝也。孟子曰"安其危而利其菑，乐其所以亡"，劝忧之谓也。有今，犹言有今日也。罔后，犹言无后日也。上，天也。今其有今罔后，是天断弃汝命，汝有何生理于天乎？下文言"迓续乃命于天"，盖相首尾之辞。}

今予命汝一，无起秽以自臭，恐人倚乃身，迁乃心。 _{尔民当一心以听上，无起秽恶以自臭败。恐浮言之人，倚汝之身，迁汝之心，使汝邪僻而无中正之见也。}

予迓续乃命于天，予岂汝威？用奉畜汝众。 _{我之所以迁都者，正以迎续汝命于天，予岂以威胁汝哉？用以奉养汝众而已。}

予念我先神后之劳尔先，予丕克羞尔，用怀尔然。 _{神后，先王也。羞，养也，即上文畜养之意。言我思念我先神后之劳尔先人，我大克羞养尔者，用怀念尔故也。}

失于政，陈于兹，高后丕乃崇降罪疾，曰：'曷虐朕民？' _{陈，久；崇，大也。耻圮而不迁，以病我民，是失政而久于此也。高后，汤也。汤必大降罪疾于我，曰何为而虐害我民。盖人君不能为民图安，是亦虐之也。}

汝万民乃不生生，暨予一人猷同心，先后丕降与汝罪疾，曰：'曷不暨朕幼孙有比？'故有爽德，自上其罚汝，汝罔能迪。 _{乐生兴事，则其生也厚，是谓生生。先后，泛言商之先王也。幼孙，盘庚自称之辞。比，同事也。爽，失也。言汝民不能乐生兴事，与我同心以迁，我先后大降罪疾于汝，曰汝何不与朕幼小之孙同迁乎？故汝有失德，自上其罚汝，汝无道以自免也。}

"古我先后，既劳乃祖乃父，汝共作我畜民。汝有戕，则在乃心。我先后绥乃祖乃父，乃祖乃父乃断弃汝，不救乃死。既劳乃祖乃父者，申言"劳尔先"也。汝共作我畜民者，汝皆为我所畜之民也。戕，害也。绥，怀来之意。谓汝有戕害在汝之心，我先后固已知之，怀来汝祖汝父，汝祖汝父亦断弃汝，不救汝死也。**兹予有乱政同位，具乃贝玉，乃祖先父丕乃告我高后，曰：'作丕刑于朕孙。'迪高后，丕乃崇降弗祥。** 乱，治也。具，多取而兼有之谓。言若我治政之臣，所与共天位者，不以民生为念，而务富贝玉者，其祖父亦告我成汤，作丕刑于其子孙，启成汤丕乃崇降弗祥而不赦也。此章先儒皆以为责臣之辞，然详其文势，曰"兹予有乱政同位"，则亦对民庶责臣之辞，非直为群臣言也。按上四章言君有罪，民有罪，臣有罪，我高后与尔民臣祖父一以义断之，无所赦也。王氏曰："先王设教因俗之善而导之，反俗之恶而禁之，方盘庚时，商俗衰，士大夫弃义即利，故盘庚以具贝玉为戒。此反其俗之恶而禁之者也。自成周以上，莫不事死如事生，事亡如事存，故其俗皆严鬼神。以经考知商俗为甚，故盘庚特称先后与臣民之祖父崇降罪疾为告。此因其俗之善而导之者也。"**呜呼！今予告汝不易，永敬大恤，无胥绝远。汝分猷念以相从，各设中于乃心。** 告汝不易，即上篇"告汝于难"之意。大恤，大忧也。今我告汝以迁都之难，汝当永敬我之所大忧念者，君民一心，然后可以有济。苟相绝远而诚不属，则殆矣。分猷者，分君之所图而共图之。分念者，分君之所念而共念之。相从，相与也。中者，极至之理。各以极至之理存于心，则知迁徙之议为不可易，而不为浮言横议之所动摇也。**乃有不吉不迪，颠越不恭，暂遇奸宄，我乃劓殄灭之，无遗育，无俾易种于兹新邑。** 乃有不善、不道之人，颠陨逾越，不恭上命者，及暂时所遇，为奸为宄，劫掠行道者，我小则加以劓，大则殄灭之，无有遗育，毋使移其种于此新邑也。迁徙道路艰〔一〕关，恐奸人乘隙生变，故严明号令，以告敕之。

〔一〕"艰"，四库本、纂疏、大全皆作"间"。

往哉！生生。今予将试以汝迁，永建乃家。"往哉，往新邑
也。方迁徙之时，人怀旧土之念，而未见新居之乐，故再以生生勉之，振起其怠
惰，而作其趋事也。试，用也。今我将用汝迁，永立乃家，为子孙无穷之业也。

盘庚下

盘庚既迁，奠厥攸居，乃正厥位，绥爰有众。 盘庚既迁新
邑，定其所居，正君臣上下之位，慰劳臣民迁徙之劳，以安有众之情也。此史氏
之言。

曰："无戏怠，懋建大命。 曰，盘庚之言也。大命，非常之命也。
迁国之初，臣民上下正当勤劳尽瘁，趋事赴功，以为国家无穷之计。故盘庚以
"无戏怠"戒之，以"建大命"勉之。**今予其敷心腹肾肠，历告尔百姓**
于朕志。罔罪尔众，尔无共怒，协比谗言予[一]一人。 历，尽
也。百姓，畿内民庶，百官族姓亦在其中。

"古我先王，将多于前功，适于山，用降我凶德，嘉绩于
朕邦。 古我先王，汤也。适于山，往于亳也。契始居亳，其后屡迁。成汤欲
多于前人之功，故复往居亳。按：立政三亳，郑氏曰东成皋，南辕辕，西降谷。
以亳依山，故曰"适于山"也。降，下也。依山地高水下而无河圮之患，故曰用
下我凶德。嘉绩，美功也。**今我民用荡析离居，罔有定极，尔谓朕**
曷震动万民以迁？ 今耿为河水圮坏，沉溺垫隘，民用荡析离居，无有定
止，将陷于凶德而莫之救，尔谓我何故震动万民以迁也。**肆上帝将复我**
高祖之德，乱越我家。朕及笃敬，恭承民命，用永地于新
邑。 乃上天将复我成汤之德，而治及我国家。我与一二笃敬之臣敬承民命，
用长居于此新邑也。

___

〔一〕"予"，原作"于"，今据诸本改。

"肆予冲人，非废厥谋，吊由灵各；非敢违卜，用宏兹贲。冲，童；吊，至；由，用；灵，善也。宏、贲，皆大也。言我非废尔众谋，乃至用尔众谋之善者。指当时臣民有审利害之实，以为当迁者言也。尔众亦非敢固违我卜，亦惟欲宏大此大业尔。言尔众亦非有他意也。盖盘庚于既迁之后，申彼此之情，释疑惧之意，明吾前日之用谋，略彼既往之傲惰，委曲忠厚之意，蔼然于言辞之表，大事以定，大业以兴，成汤之泽于是而益永。盘庚其贤矣哉！

"呜呼！邦伯、师长、百执事之人，尚皆隐哉。隐，痛也。

盘庚复叹息言：尔诸侯公卿百执事之人，庶几皆有所隐痛于心哉？予其懋简相尔，念敬我众。相，尔雅曰〔一〕"导也"。我懋勉简择导汝，以念敬我之民众也。朕不肩好货，敢恭生生，鞠人、谋人之保居叙钦。肩，任；敢，勇也。鞠人、谋人，未详。或曰：鞠，养也。我不任好赇之人，惟勇于敬民，以其生生为念，使鞠人、谋人之保居者，吾则叙而用之，钦而礼之也。今我既羞告尔，于朕志若否，罔有弗钦。羞者，进也。若者，如我之意，即"敢恭生生"之谓。否者，非我之意，即"不肩好货"之谓。二者尔当深念，无有不敬我所言也。无总于货宝，生生自庸。无、毋同。总，聚也。庸，民功也。此则直戒其所不可为，勉其所当为也。式敷民德，永肩一心。式，敬也。敬布为民之德，永任一心，欲其久而不替也。盘庚篇终戒勉之意，一节严于一节，而终以无穷期之，盘庚其贤矣哉！苏氏曰："民不悦而犹为之，先王未之有也。祖乙圮于耿，盘庚不得不迁，然使先王处之，则动民而民不惧，劳民而民不怨。盘庚，德之衰也，其所以信于民者未至，故纷纷如此。然民怨诽逆命，而盘庚终不怒，引咎自责，益开〔二〕众言，反复告谕，以口舌代斧钺，忠厚之至。此殷之所以不亡而复兴也。后之君子厉民以自用者，皆以盘庚借口，予不可以不论。"

〔一〕"曰"，原脱，今据德星堂本、纂疏、汇纂、四库本补。
〔二〕"益开"，原作"盖闻"，今据诸本及东坡书传改。

说命上

说命记高宗命傅说之言,"命之曰"以下是也,犹蔡仲之命、微子之命。后世命官制词,其原盖出于此。上篇记得说命相之辞,中篇记说为相进戒之辞,下篇记说论学之辞。总谓之命者,高宗命说,实三篇之纲领,故总称之。今文无,古文有。

王宅忧亮阴三祀,既免丧,其惟弗言。群臣咸谏于王,曰:"呜呼!知之曰明哲,明哲实作则。天子惟君万邦,百官承式。王言,惟作命;不言,臣下罔攸禀令。"亮,一作谅。阴,古作闇。按:丧服四制"高宗谅闇〔一〕三年",郑氏注云:"谅,古作梁,楣谓之梁。闇,读如‘鹑鹌’之‘鹌’,闇谓庐也。"即"倚庐"之"庐"。仪礼"剪屏柱楣",郑氏谓"柱楣,所谓梁闇"是也。宅忧亮阴,言居丧〔二〕于梁闇也。先儒以亮阴为信默不言,则于"谅阴三年不言"为语复而不可解矣。君薨,百官总己听于冢宰,居忧亮阴不言,礼之常也。高宗丧父小乙,惟既免丧而犹弗言,群臣以其过于礼也,故咸谏之。叹息言有先知之德者谓之明哲,明哲实为法于天下。今天子君临万邦,百官皆奉承法令,王言则为命,不言则臣下无所禀令矣。

王庸作书以诰曰:"以台正于四方,台恐德弗类,兹故弗言。恭默思道,梦帝赉予良弼,其代予言。"庸,用也。高宗用作书告喻群臣以不言之意,言以我表正四方,任大责重,恐德不类于前人,故不敢轻易发言。而恭敬渊默,以思治道,梦帝与我贤辅,其将代我言矣。盖高宗恭默思道之心纯一不二,与天无间,故梦寐之间,帝赉良弼。其念虑所孚,精神所格,非偶然而得者也。**乃审厥象,俾以形旁求于天下。说筑傅**

〔一〕"闇",德星堂本、纂疏、汇纂、四库本及礼记丧服四制作"阴"。

〔二〕"居丧",德星堂本、纂疏、汇纂、四库本作"宅忧"。

岩之野，惟肖。审，详也。详所梦之人，绘其形象，旁求于天下。旁求者，求之非一方也。筑，居也。今言所居，犹谓之卜筑。傅岩在虞虢之间。肖，似也，与所梦之形相似。爰立作相，王置诸其左右。于是立以为相。按：史记高宗得说，与之语，果圣人，乃举以为相。书不言，省文也。未接语而遽命相，亦无此理。置诸左右，盖以冢宰兼师保也。荀卿曰："学莫便乎近其人。"置诸左右者，近其人以学也。史臣将记高宗命说之辞，先叙事始如此。命之曰："朝夕纳诲，以辅台德。此下命说之辞。朝夕纳诲者，无时不进善言也。孟子曰："仁不足与适也，政不足与间也，惟大人为能格君心之非。"高宗既相说，处之以师傅之职，而又命之朝夕纳诲以辅台德，可谓知所本矣。吕氏曰："高宗见道明，故知顷刻不可无贤人之言。"若金，用汝作砺；若济巨川，用汝作舟楫；若岁大旱，用汝作霖雨。三日雨为霖。高宗托物以喻，望说纳诲之切。三语虽若一意，然一节深一节也。启乃心，沃朕心。启，开也。沃，灌溉也。启乃心者，开其心而无隐。沃朕心者，溉我心而厌饫也。若药弗瞑眩，厥疾弗瘳。若跣弗视地，厥足用伤。方言曰："饮药而毒，海岱之间谓之瞑眩。"瘳，愈也。弗瞑眩，喻臣之言不苦口也。弗视地，喻我之行无所见也。惟暨乃僚，罔不同心，以匡乃辟，俾率先王，迪我高后，以康兆民。匡，正；率，循也。先王，商先哲王也。说既作相，总百官，则卿士而下皆其僚属。高宗欲傅说暨其僚属同心正救，使循先王之道，蹈成汤之迹，以安天下之民也。呜呼！钦予时命，其惟有终。"敬我是命，其思有终也。是命，上文所命者。

说复于王，曰："惟木从绳则正，后从谏则圣。后克圣，臣不命其承，畴敢不只若王之休命。"答"钦予时命"之语。木从绳，喻后从谏，明谏之决不可不受也。然高宗当求受言于己，不必责进言于臣。君果从谏，臣虽不命，犹且承之，况命之如此，谁敢不敬顺其美命乎？

说命中

惟说命总百官，说受命总百官，冢宰之职也。乃进于王，曰：
"呜呼！明王奉若天道，建邦设都，树后王君公，承以大夫
师长，不惟逸豫，惟以乱民。后王，天子也。君公，诸侯也。治乱曰
乱。明王奉顺天道，建邦设都，立天子诸侯，承以大夫师长，制为君臣上下之
礼，以尊临卑，以下奉上，非为一人逸豫之计而已也，惟欲以治民焉耳。惟天
聪明，惟圣时宪，惟臣钦若，惟民从乂。天之聪明，无所不闻，无
所不见，无他，公而已矣。人君法天之聪明，一出于公，则臣敬顺，而民亦从治
矣。惟口起羞，惟甲胄起戎，惟衣裳在笥，惟干戈省厥躬。
王惟戒兹，允兹克明，乃罔不休。言语所以文身也，轻出则有起羞
之患；甲胄所以卫身也，轻动则有起戎之忧，二者所以为己，当虑其患于人也。
衣裳所以命有德，必谨于在笥者，戒其有所轻予；干戈所以讨有罪，必严于省躬
者，戒其有所轻动，二者所以加人，当审其用于己也。王惟戒此四者，信此而能
明焉，则政治无不休美矣。惟治乱在庶官，官不及私昵，惟其能；
爵罔及恶德，惟其贤。庶官，治乱之原也。庶官得其人则治，不得其人
则乱。王制曰："论定而后官之，任官而后爵之。"六卿、百执事，所谓官也；公、
卿、大夫、士，所谓爵也。官以任事故曰能，爵以命德故曰贤，惟贤惟能，所以治
也；私昵、恶德，所以乱也。〇按：古者公、侯、伯、子、男，爵之于侯国；公、卿、大
夫、士，爵之于朝廷。此言庶官，则爵为公、卿、大夫、士也。〇吴氏曰："恶德，
犹凶德也。人君当用吉士，凶德之人虽有过人之才，爵亦不可及。"虑善以
动，动惟厥时。善，当乎理也。时，措[一]之宜也。虑固欲其当乎理，然动
非其时，犹无益也。圣人酬酢斯世，亦其时而已。有其善，丧厥善；矜其

〔一〕"措"上，纂疏有"时"字。德星堂本有"字"字，疑衍。

能，丧厥功。自有其善，则己不加勉，而德亏矣。自矜其能，则人不效力，而功隳矣。**惟事事，乃其有备，有备无患。**惟事其事，乃其有备，有备故无患也。张氏曰："修车马，备器械，事乎兵事，则兵有其备，故外侮不能为之忧；简稼器，修稼政，事乎农事，则农有其备，故水旱不能为之害，所谓事事有备无患者如此。"**无启宠纳侮，无耻过作非。**毋开宠幸而纳人之侮，毋耻过误而遂己之非。过误出于偶然，作非出于有意。**惟厥攸居，政事惟醇。**居，止而安之义，安于义理之所止也。义理出于勉强，则犹二也。义理安于自然，则一矣。一，故政事醇而不杂也。**黩于祭祀，时谓弗钦；礼烦则乱，事神则难。**"祭不欲黩，黩则不敬；礼不欲烦，烦则扰乱，皆非所以交鬼神之道也。商俗尚鬼，高宗或未能脱于流俗事神之礼，必有过焉。祖己戒其祀无丰昵，傅说盖因其失而正之也。

王曰："**旨哉！说。乃言惟服，乃不良于言，予罔闻于行。**"旨，美也。古人于饮食之美者，必以旨言之。盖有味其言也。服，行也。高宗赞美说之所言，谓可服行。使汝不善于言，则我无所闻而行之也。苏氏曰："说之言譬如药石，虽散而不一，然一言一药皆足以治天下之公患，所谓古之立言者。"**说拜稽首，曰："非知之艰，行之惟艰。王忱不艰，允协于先王成德。惟说不言，有厥咎。"**高宗方味说之所言，而说以为得于耳者非难，行于身者为难。王忱信之，亦不为难，信可合成汤之成德。说于是而犹有所不言，则有其罪矣。上篇言"后克圣，臣不命其承"，所以广其从谏之量，而将告以为治之要也；此篇言"允协先王成德，惟说不言，有厥咎"，所以责其躬行之实，将进其为学之说也，皆引而不发之义。

102

说命下

王曰："**来！汝说。台小子旧学于甘盘，既乃遁于荒野，入宅于河，自河徂亳，暨厥终罔显。**"甘盘，臣名。君奭言："在武丁,时则有若甘盘。"遁,退也。高宗言我小子,旧学于甘盘,已而退于荒野,后又入居于河,自河往〔一〕亳,迁徙不常。历叙其废学之因,而叹其学终无所显明也。无逸言"高宗旧劳于外,爰暨小人",与此相应。国语亦谓"武丁入于河,自河徂亳"。唐孔氏曰:"高宗为王子时,其父小乙欲其知民之艰苦,故使居民间也。"苏氏谓甘盘遁于荒野,以"台小子"语脉推之,非是。**尔惟训于朕志,若作酒醴,尔惟麹糵;若作和羹,尔惟盐梅;尔交修予,罔予弃,予惟克迈乃训。"**心之所之谓之志。迈,行也。范氏曰:"酒非曲糵不成,羹非盐梅不和。人君虽有美质,必得贤人辅导,乃能成德。作酒者曲多则太苦,糵多则太甘,曲糵得中,然后成酒。作羹者盐过则咸,梅过则酸,盐梅得中,然后成羹。臣之于君,当以柔济刚,可济否,左右规正,以成其德。故曰尔交修予,尔无我弃,我能行尔之言也。"孔氏曰:"交者,非一之义。"

说曰:"王,人求多闻,时惟建事。学于古训,乃有获。事不师古,以克永世,匪说攸闻。求多闻者资之人,学古训者反之己。古训者,古先圣王之训,载修身治天下之道,二典、三谟之类是也。说称王而告之,曰人求多闻者,是惟立事。然必学古训,深识义理,然后有得。不师古训,而能长治久安者,非说所闻。甚言无此理也。○林氏曰:"傅说称王而告之,与禹称舜曰'帝光天之下'文势正同。"**惟学逊志,务时敏,厥修乃来。允怀于兹,道积于厥躬。**逊,谦抑也。务,专力也。时敏者,无时而不敏也。逊其志,如有所不能;敏于学,如有所不及;虚以受人,勤以励己,则其所修,如泉始达,源源乎其来矣。兹,此也。笃信而深念乎此,则道积于身,不可以一二计矣。夫修之来,来之积,其学之得于己者如此。**惟敩学半,念终始典于学,厥德修罔觉。**敩,教也。言教人居学之半。盖道积厥躬者,体之立;敩学于人者,用之行,兼体用,合内外,而后圣学可全也。始之自学,学也;终之教人,亦学也,一念终始,常在于学,无少间断,则德之所修,有不知其然而然者矣。或曰:受教亦曰敩,敩于为学之道半之,半须自得。此说极为新

〔一〕"往",汇纂、四库本作"徂"。

巧,但古人论学,语皆平正的实,此章句数非一,不应中间一语独尔巧险[一]。此盖后世释教机权,而误以论圣贤之学也。**监于先王成宪,其永无愆。** 宪,法;愆,过也。言德虽造于罔觉,而法必监于先王。先王成法者,子孙之所当守者也。孟子言"遵先王之法而有过者,未之有也",亦此意。**惟说式克钦承,旁招俊乂,列于庶位。** 式,用也。言高宗之德,苟至于无愆,则说用能敬承其意,广求俊乂,列于众职。盖进贤虽大臣之责,然高宗之德未至,则虽欲进贤,有不可得者。

  王曰:"呜呼! 说。四海之内,咸仰朕德,时乃风。 风,教也。天下皆仰我德,是汝之教也。**股肱惟人,良臣惟圣。** 手足备而成人,良臣辅而君圣。高宗初以舟楫、霖雨为喻,继以曲糵、盐梅为喻,至此又以"股肱惟人"为喻,其所造益深,所望益切矣。**昔先正保衡,作我先王,乃曰:'予弗克俾厥后惟尧舜。其心愧耻,若挞于市。'一夫不获,则曰:'时予之辜。'佑我烈祖,格于皇天。尔尚明保予,罔俾阿衡专美有商。** 先正,先世长官之臣。保,安也。保衡,犹阿衡。作,兴起也。挞于市,耻之甚也。不获,不得其所也。高宗举伊尹之言,谓其自任如此,故能辅我成汤,功格于皇天。尔庶几明以辅我,无使伊尹专美于我商家也。傅说以成汤望高宗,故曰"协于先王成德"、"监于先王成宪";高宗以伊尹望傅说,故曰"罔俾阿衡专美有商"。**惟后非贤不乂,惟贤非后不食,其尔克绍乃辟于先王,永绥民。" 说拜稽首,曰:"敢对扬天子之休命。"** 君非贤臣,不与共治;贤非其君,不与共食,言君臣相遇之难如此。克者,责望必能之辞。敢者,自信无慊之辞。对者,对以己。扬者,扬于众。休命,上文高宗所命也。至是,高宗以成汤自期,傅说以伊尹自任,君臣相勉励如此。异时高宗为商令王,傅说为商贤佐,果无愧于成汤、伊尹也,宜哉!

〔一〕"巧险",原作"险巧",今据南涧书堂本、纂疏乙正。

高宗肜日

高宗肜祭，有雊雉之异，<u>祖己</u>训王，史氏以为篇，亦训体也。不言训者，以既有高宗之训，故只以篇首四字为题。今文、古文皆有。

<u>高宗</u>肜日，越有雊雉。肜，祭明日又祭之名。殷曰肜，周曰绎。雊，鸣也。于肜日有雊雉之异，盖祭祢庙也。序言<u>汤</u>庙者，非是。<u>祖己</u>曰：**"惟先格王，正厥事。"**格，正也，犹"格其非心"之"格"。详下文<u>高宗</u>祀丰于昵，昵者，祢庙也。丰于昵，失礼之正，故有雊雉之异。<u>祖己</u>自言当先格王之非心，然后正其所失之事。"惟天监民"以下，格王之言。"王司敬民"以下，正事之言也。**乃训于王，曰："惟天监下民，典厥义，降年有永有不永，非天夭民，民中绝命。**典，主也。义者，理之当然，行而宜之之谓。言天监视下民，其祸福予夺，惟主义如何尔。降年有永有不〔一〕永者，义则永，不义则不永，非天夭折其民，民自以非义而中绝其命也。意<u>高宗</u>之祀，必有祈年请命之事，如<u>汉武帝</u>五畤〔二〕祀之类。<u>祖己</u>言永年之道，不在祷祠，在于所行义与不义而已，祷祠非永年之道也。言民而不言君者，不敢斥也。**民有不若德，不听罪，天既孚命，正厥德，乃曰：'其如台。'**不若德，不顺于德。不听罪，不服其罪，谓不改过也。孚命者，以妖孽为符信而谴告之也。言民不顺德，不服罪，天既以妖孽为符信而谴告之，欲其恐惧修省以正德，民乃曰：孽祥其如我何？则天必诛绝之矣。<u>祖己</u>意谓<u>高宗</u>当因雊雉以自省，不可谓适然而自恕。夫数祭丰昵，徼福于神，不若德也。渎于祭祀，<u>傅说</u>尝以进戒，意或吝改，不听罪也。雊雉之异，是"天既孚命，正厥德"矣。其可谓妖孽其如我何耶？**呜呼！王司敬民，罔非天胤，典祀无丰于**

〔一〕"不"，原作"下"，今据诸本改。
〔二〕"畤"，原作"时"，今据诸本改。

昵。"司,主；胤,嗣也。王之职主于敬民而已，徼福于神，非王之事也。况祖宗莫非天之嗣，主祀其可独丰于昵庙乎？

西伯戡黎

西伯,文王也,名昌,姓姬氏。戡,胜也。黎,国名,在上党壶关之地。按：史记文王脱羑里之囚,献洛西之地,纣赐弓矢铁钺,使得专征伐,为西伯。文王既受命,黎为不道,于是举兵伐而胜之。祖伊知周德日盛,既已戡黎,纣恶不悛,势必及殷,故恐惧奔告于王,庶几王之改之也。史录其言,以为此篇,诰体也。今文、古文皆有。○或曰：西伯,武王也。史记尝载纣使胶鬲观兵,胶鬲问之曰："西伯曷为而来？"则武王亦继文王为西伯矣。

西伯既戡黎,祖伊恐,奔告于王。下文无及戡黎之事,史氏特标此篇首,以见祖伊告王之因也。祖,姓；伊,名,祖己后也。奔告,自其邑奔走来告纣也。曰："天子！天既讫我殷命,格人、元龟罔敢知吉,非先王不相我后人,惟王淫戏用自绝。祖伊将言天讫殷命,故特呼天子以感动之。讫,绝也。格人,犹言至人也。格人、元龟皆能先知吉凶者。言天既已绝我殷命,格人、元龟皆无敢知其吉者,甚言凶祸之必至也。非先王在天之灵不佑我后人,我后人淫戏,用自绝于天耳。故天弃我,不有康食,不虞天性,不迪率典。康,安；虞,度也。典,常法也。纣自绝于天,故天弃殷。不有康食,饥馑荐臻也。不虞天性,民失常心也。不迪率典,废坏常法也。今我民罔弗欲丧,曰：'天曷不降威,大命不挚？今王其如台？'"大命,非常之命。挚,至也。史记云："大命胡不至？"民苦纣虐,无不欲殷之亡,曰：天何不降威于殷,而受大命者何不至乎？今王其无如我何？言纣不复能君长我也。上章言天弃殷,此章言民弃殷,祖伊之言可谓痛切明著矣。王曰："呜呼！我生不有命在天。"纣叹息谓民虽欲亡我,我之生独不有命在天乎？**祖伊反,曰:"呜呼! 乃罪多,参在上,乃能责命于天。**纣既无改过之意,祖伊退而言曰:"尔罪众多,参列在上,乃能责其命于天耶。"吕氏曰:"责命于天,惟与天同德者方可。"**殷之即丧,指乃功,不无戮于尔邦。"**功,事也。言殷即丧亡矣,指汝所为之事,其能免戮于商邦乎？苏氏曰:"祖伊之谏尽言不讳,汉唐中主所不能容者,纣虽不改而终不怒,祖伊得全,则后世人主有不如纣者多矣。"愚读是篇而知周德之至也。祖伊以西伯戡黎不利于殷,故奔告于纣,意必及西伯戡黎不利于殷之语,而入以告后,出以语人,未尝有一毫及周者,是知周家初无利天下之心。其戡黎也,义之所当伐也。使纣迁善改过,则周将终守臣节矣。祖伊,殷之贤臣也,知周之兴,必不利于殷;又知殷之亡,初无与于周,故因戡黎告纣,反覆乎天命民情之可畏,而略无及于周者,文、武公天下之心于是可见。

微　子

微,国名。子,爵也。微子,名启,帝乙长子,纣之庶母兄也。微子痛殷之将亡,谋于箕子、比干。史录其问答之语,亦诰体也。以篇首有微子二字,因以名篇。今文、古文皆有。

微子若曰:"父师、少师,殷其弗或乱正四方。我祖厎遂陈于上,我用沉酗于酒,用乱败厥德于下。父师,太师,三公箕子也。少师,孤卿比干也。弗或者,不能或如此也。乱,治也。言纣无道,无望其能治正天下也。厎,致;陈,列也。我祖成汤致功陈列于上,而子孙沉酗于酒,败乱其德于下。沉酗言我而不言纣者,过则归己,犹不忍斥言之也。**殷罔不小大,好草窃奸宄。卿士师师非度。凡有辜罪,乃罔恒获。小民方兴,相为敌雠。今殷其沦丧,若涉大水,其无津涯。殷遂丧,越至于今。"**殷之人民,无小无大,皆好草窃奸宄,上而卿士,亦皆相师非法,上下容隐。凡有冒法之人,无有得其罪者。小民无所畏惧,强陵弱,众暴寡,方起雠怨,争斗侵夺,纲纪荡然。沦丧之形茫无畔岸,若涉大水,无有津涯。殷之丧亡,乃至于今日乎? 微子上陈祖烈,下述丧乱,哀怨痛切,言有尽而意无穷,数千载之下,犹使人伤感悲愤,后世人主观此,亦可深监矣。曰:"**父师、少师,我其发出狂,吾家耄逊于荒。今尔无指告予颠隮,若之何其?**"曰者,微子更端之辞也。何其,语辞。言纣发出颠狂暴虐无道,我家老成之人皆逃遁于荒野。危亡之势如此,今尔无所指示告我以颠陨隮堕之事,将若之何哉? 盖微子忧危之甚,特更端以问救乱之策。言我而不言纣者,亦上章"我用沉酗"之义。**父师若曰:"王子,天毒降灾荒殷邦,方兴沉酗于酒。**此下箕子之答也。王子,微子也。自纣言之,则纣无道,故天降灾。自天下言之,则纣之无道,亦天之数。箕子归之天者,以见其忠厚敬君之意,与小旻诗言"旻天疾威,敷于下土"意同。方兴者,言其方兴而未艾也。此答微子"沉酗于酒"之语而有甚之之意。下同。**乃罔畏畏,咈其耇长、旧有位人。**乃罔畏畏者,不畏其所当畏也。孔子曰:"君子有三畏:畏天命,畏大人,畏圣人之言。"咈,逆也。耇长,老成之人也。纣惟不畏其所当畏,故老成旧有位者,纣皆咈逆而弃逐之,即武王所谓"播弃黎老"者。此答微子"发狂"、"耄逊"之语。以上文特发问端,故此先答之。**今殷民乃攘窃神祇之牺牷牲,用以容,将食无灾。**色纯曰牺,体完曰牷,牛羊豕曰牲。牺、牷、牲,祭祀天地之物,礼之最重者,犹为商民攘窃而去,有司用相容隐,将而食之,且无灾祸,岂特草窃奸宄而已哉? 此答微子"草窃奸宄"之语。**降监殷民,用乂雠敛,召敌雠不怠,罪合于一,多瘠罔诏。**雠敛,若仇敌掊敛之也。不怠,力行而不息也。诏,告也。下视殷民,凡上所用以治之者,无非雠敛之事。夫上以雠而敛下,则下必为敌以雠上,下之敌雠实上之雠敛以召之,而纣方且召敌雠不怠,君臣上下同恶相济,合而为一,故民多饥瘁而无所告也。此答微子小民"相为敌雠"之语。**商今其有灾,我兴受其败。商其沦丧,我罔为臣仆。诏王子出迪,我旧云刻子,王子弗出,我乃颠隮。**商今其有灾,我出当其祸败。商若沦丧,我断无臣仆他人之理。诏,告也。告微子以去为道。盖商祀不可无人，<u>微子</u>去，则可以存商祀也。刻，害也。<u>箕子</u>旧以<u>微子</u>长且贤，劝<u>帝乙</u>立之，<u>帝乙</u>不从，卒立<u>纣</u>，<u>纣</u>必忌之。是我前日所言，适以害子。子若不去，则祸必不免，我<u>商</u>家宗祀始陨坠而无所托矣。<u>箕子</u>自言其义决不可去，而<u>微子</u>之义决不可不去也。此答<u>微子</u>"沦丧"、"颠隮"之语。**自靖。人自献于先王，我不顾行遁**。"上文既答<u>微子</u>所言，至此则告以彼此去就之义。靖，安也。各安其义之所当尽，以自达其志于先王，使无愧于神明而已，如我则不复顾行遁也。按：此篇<u>微子</u>谋于<u>箕子</u>、<u>比干</u>，<u>箕子</u>答如上文，而<u>比干</u>独无所言者，得非<u>比干</u>安于义之当死而无复言欤？<u>孔子</u>曰："<u>殷</u>有三仁焉。"三仁〔一〕之行虽不同，而皆出乎天理之正，各得其心之所安，故<u>孔子</u>皆许之以仁，而所谓"自靖"者即此也。○又按：<u>左传</u>："<u>楚</u>克<u>许</u>，<u>许</u>男〔二〕面缚衔璧，衰绖舆襯〔三〕，以见<u>楚子</u>。<u>楚子</u>问诸<u>逢伯</u>，<u>逢伯</u>曰：'昔<u>武王</u>克<u>商</u>，<u>微子启</u>如是，<u>武王</u>亲释其缚，受其璧而祓之，焚其襯，礼而命之。'"然则<u>微子</u>适<u>周</u>，乃在克<u>商</u>之后，而此所谓去者，特去其位而逃遁于外耳。论<u>微子</u>之去者，当详于是。

〔一〕"仁"，原作"人"，今据<u>德星堂</u>本、<u>纂疏</u>、<u>汇纂</u>、<u>四库</u>本改。

〔二〕"男"，原作"公"，今据<u>纂疏</u>、<u>汇纂</u>、<u>四库</u>本及<u>左传正义</u>改。

〔三〕"襯"，原作"衬"，今据<u>德星堂</u>本、<u>纂疏</u>、<u>汇纂</u>、<u>四库</u>本及<u>左传正义</u>改。

书集传卷四

周　书

周，文王国号，后武王因以为有天下之号。书凡三十二篇。

泰誓上

泰、大同，国语作"大"。武王伐殷，史录其誓师之言，以其大会孟津，编书者因以泰誓名之。上篇未渡河作，后二篇既渡河作。今文无，古文有。○按：伏生二十八篇，本无泰誓。武帝时，伪泰誓出，与伏生今文书合为二十九篇。孔壁书虽出而未传于世，故汉儒所引皆用伪泰誓，如曰"白鱼入于王舟"、"有火覆〔一〕于王屋，流为乌"，太史公记周本纪亦载其语。然伪泰誓虽知剽窃经传所引，而古书亦不能尽见，故后汉马融得疑其伪，谓："泰誓按其文若浅露，吾又见书传多矣，所引泰誓而不在泰誓者甚多。"至晋孔壁古文书行，而伪泰誓始废。○吴氏曰："汤武皆以兵受命，然汤之辞裕，武王之辞迫；汤之数桀也恭，武之数纣也傲，学者不能无憾，疑其书之晚出，或非尽当时之本文也。"

惟十有三年春，大会于孟津。 十三年者，武王即位之十三年

〔一〕"覆"，德星堂本、纂疏、汇纂、四库本及经文作"復"。

也。春者,孟春建寅之月也。孟津,见禹贡。〇按:汉孔氏言虞芮质成,为文王
受命改元之年,凡九年而文王崩,武王立二年而观兵,三年而伐纣,合为十有三
年。此皆惑于伪书泰誓之文,而误解"九年大统未集"与夫"观政于商"之语
也。古者人君即位则称元年,以计其在位之久近,常事也。自秦惠文始改十四
年为后元年,汉文帝亦改十七年为后元年,自后说春秋因以改元为重。欧阳氏
曰:"果重事欤?西伯即位已改元年,中间不宜改元而又改元,至武王即位,宜
改元而反不改元,乃上冒先君之元年,并其居丧称'十一年',及其灭商而得天
下,其事大于听讼远矣,而又不改元。由是言之,谓文王受命改元,武王冒文王
之元年者,皆妄也。"欧阳氏之辨极为明著,但其曰"十一年"者,亦惑于书序
"十一年"之误也。详见序篇。又按:汉孔氏以春为建子之月,盖谓三代改正
朔必改月数,改月数必以其正为四时之首。序言"一月戊午",既以一月为建
子之月,而经又系之以春,故遂以建子之月为春。夫改正朔不改月数,于太甲
辩之详矣,而四时改易,尤为无艺〔一〕。冬不可以为春,寒不可以为暖,固不待
辩而明也。或曰:郑氏笺诗"维暮之春",亦言周之季春于夏为孟春。曰:此汉
儒承袭之误耳。且臣工诗言"维暮之春,亦又何求?如何新畲?於皇来牟,将
受厥明",盖言暮春则当治其新畲矣,今如何哉?然牟麦将熟,可以受上帝之
明赐。夫牟麦将熟,则建辰之月,夏正季春审矣。郑氏于诗且不得其义,则其
考之固不审。不然,则商以季冬为春,周以仲冬为春,四时反逆,皆不得其
正,岂三代圣人奉天之政乎?**王曰:"嗟!我友邦冢君越我御事庶
士,明听誓。**王曰者,史臣追称之也。友邦,亲之也。冢君,尊之也。越,
及也。御事,治事者。庶士,众士也。告以伐商之意,且欲其听之审也。**惟
天地,万物父母。惟人,万物之灵。亶聪明,作元后,元后
作民父母。**亶,诚实无妄之谓。言聪明出于天性然也。"大哉乾元,万物
资始;至哉坤元,万物资生。"天地者,万物之父母也。万物之生,惟人得其秀
而灵,具四端,备万善,知觉独异于物;而圣人又得其最秀而最灵者,天性聪明,
无待勉强,其知先知,其觉先觉,首出庶物,故能为大君于天下,而天下之疲癃

〔一〕"艺",汇纂、四库本作"义",义逊。

残疾得其生，鳏寡孤独得其养，举万民之众，无一而不得其所焉，则元后者又所以为民之父母也。夫天地生物而厚于人，天地生人而厚于圣人，其所以厚于圣人者，亦惟欲其君长乎民，而推天地父母斯民之心而已。天之为民如此，则任元后之责者，可不知所以作民父母之义乎？<u>商纣</u>失君民之道，故<u>武王</u>发此，是虽一时誓师之言，而实万世人君之所当体念也。**今<u>商</u>王<u>受</u>弗敬上天，降灾下民。**受，<u>纣</u>名也。言<u>纣</u>慢天虐民，不知所以作民父母也。慢天虐民之实，即下文所云也。**沉湎冒色，敢行暴虐；罪人以族，官人以世；惟宫室、台榭、陂池、侈服，以残害于尔万姓，焚炙忠良，刳剔孕妇，皇天震怒，命我<u>文考</u>肃将天威，大勋未集。**沉湎，溺于酒也。冒色，冒乱女色也。族，亲族也。一人有罪，刑及亲族也。世，子弟也。官使不择贤才，惟因父兄而宠任子弟也。土高曰台，有木曰榭，泽障曰陂，停水曰池。侈，奢也。焚炙，炮烙刑之类。刳剔，割剥也。<u>皇甫谧</u>云："<u>纣</u>剖<u>比干</u>妻，以视其胎。"未知何据。<u>纣</u>虐害无道如此，故皇天震怒，命我<u>文王</u>，敬将天威，以除邪虐。大功未集，而<u>文王</u>崩。愚谓：大勋，在<u>文王</u>时未尝有意，至<u>纣</u>恶贯盈，<u>武王</u>伐之，叙<u>文王</u>之辞，不得不尔。学者当[一]言外得之。**肆予小子发，以尔友邦冢君，观政于商。惟受罔有悛心，乃夷居。弗事上帝神祇，遗厥先宗庙弗祀，牺牲粢盛，既于凶盗，乃曰：'吾有民有命。'罔惩其侮。**肆，故也。观政，犹<u>伊尹</u>所谓"万夫之长，可以观政"。八百诸侯背<u>商</u>归<u>周</u>，则商政可知。先儒以观政为观兵，误矣。悛，改也。夷，蹲踞也。<u>武王</u>言故我小子以尔诸侯之向背，观政之失得于<u>商</u>。今诸侯背叛既已如此，而<u>纣</u>无有悔悟改过之心，夷踞而居，废上帝百神宗庙之祀，牺牲粢盛以为祭祀之备者皆尽于凶恶盗贼之人，即<u>箕子</u>所谓"攘窃神祇之牺牷牲"者也。<u>受</u>之慢神如此，乃谓我有民社，我有天命，而无有惩戒其侮慢之意。**天佑下民，作之君，作之师，惟其克相上帝，宠绥四方，有罪无罪，予曷敢有越厥志？**佑，助；宠，爱也。天助下民，为

〔一〕"当"下，<u>德星堂本</u>、<u>南涧书堂本</u>有"于"字。

之君以长之，为之师以教之，君、师者，惟其能左右上帝，以宠安天下，则夫有罪之当讨，无罪之当赦，我何敢有过用其心乎？言一听于天而已。**'同力度德，同德度义。'受有臣亿万，惟亿万心。予有臣三千，惟一心。**度，量度也。德，得也，行道有得于身〔一〕也。义，宜也，制事达时之宜也。同力度德，同德度义，意古者兵志之词。<u>武王</u>举以明伐<u>商</u>之必克也。<u>林氏</u>曰："<u>左氏襄</u>三十一年，<u>鲁穆叔</u>曰：'年钧择贤，义钧以卜。'<u>昭</u>二十六年，<u>王子朝</u>曰：'年钧以德，德钧以卜。'盖亦举古人之语，文势正与此同。"百万曰亿。<u>纣</u>虽有亿万臣而有亿万心，众叛亲离，寡助之至，力且不同，况德与义乎？**商罪贯盈，天命诛之。予弗顺天，厥罪惟钧。**贯，通；盈，满也。言<u>纣</u>积恶如此，天命诛之。今不诛<u>纣</u>，是长恶也，其罪岂不与<u>纣</u>钧乎？如律"故纵者与同罪"也。**予小子夙夜祗惧，受命文考，类于上帝，宜于冢土，以尔有众，厎天之罚。**厎，致也。冢土，大社也。祭社曰宜。上文言纵<u>纣</u>不诛，则罪与<u>纣</u>钧。故此言予小子畏天之威，早夜敬惧，不敢自宁，受命于<u>文王</u>之庙，告于天神地祇，以尔有众，致天之罚于<u>商</u>也。<u>王制</u>曰："天子将出，类于〔二〕上帝，宜于社，造于祢。"受命文考，即"造于祢"也。<u>王制</u>以神尊卑为序，此先言"受命文考"者，以伐<u>纣</u>之举，天本命之<u>文王</u>，<u>武王</u>特禀<u>文王</u>之命以卒其伐功而已。**天矜于民，民之所欲，天必从之。尔尚弼予一人，永清四海。时哉！弗可失。"**天矜怜于民，民有所欲，天必从之。今民欲亡<u>纣</u>如此，则天意可知。尔庶几辅我一人，除其邪秽，永清四海。是乃天人合应之时，不可失也。

泰誓中

惟戊午，王次于<u>河朔</u>，群后以师毕会。王乃徇师而誓。

〔一〕"身"，四库本作"心"，义逊。
〔二〕下四"于"字，<u>德星堂</u>本、<u>纂疏</u>、<u>汇纂</u>、四库本及<u>礼记王制</u>作"乎"。

次，止；徇，循也。河朔，河北也。戊午，以武成考之，是一月二十八日。曰：

"呜呼！西土有众，咸听朕言。周都圭镐，其地在西，从武王渡河者皆西方诸侯，故曰"西土有众"。我闻：'吉人为善，惟日不足；凶人为不善，亦惟日不足。'今商王受力行无度，播弃犁老，昵比罪人，淫酗肆虐。臣下化之，朋家作仇，胁权相灭。无辜吁天，秽德彰闻。惟日不足者，言终日为之而犹为不足也。将言纣力行无度，故以古人语发之。无度者，无法度之事。播，放也。犁、鲡通，黑而黄也。微子所谓"耄逊于荒"是也。老成之臣，所当亲近者，纣乃放弃之；罪恶之人，所当斥逐者，纣乃亲比之。酗，醉怒也。肆，纵也。臣下亦化纣恶，各立朋党，相为仇雠，胁上权命，以相诛灭，流毒天下。无辜之人呼天告冤，腥秽之德显闻于上。吕氏曰："为善至极，则至治馨香；为恶至极，则秽德彰闻。"惟天惠民，惟辟奉天。有夏桀弗克若天，流毒下国，天乃佑命成汤降黜夏命。言天惠爱斯民，君当奉承天意。昔桀不能顺天，流毒下国，故天命成汤降黜夏命。惟受罪浮于桀，剥丧元良，贼虐谏辅。谓己有天命，谓敬不足行，谓祭无益，谓暴无伤。厥鉴惟不远，在彼夏王。天其以予乂民，朕梦协朕卜，袭于休祥，戎商必克。浮，过；剥，落；丧，去也。古者去国为丧。元良，微子也。谏辅，比干也。谓己有天命，如答祖伊"我生不有命在天"之类。下三句亦纣所尝言者。鉴，视也。其所鉴视，初不在远。有夏多罪，天既命汤黜其命矣，今纣多罪，天其以我乂民乎？袭，重也。言我之梦协我之卜，重有休祥之应，知伐商而必胜之也。此言天意有必克之理。

114 受有亿兆夷人，离心离德。予有乱臣十人，同心同德。虽有周亲，不如仁人。夷，平也。夷人，言其智识不相上下也。治乱曰乱。十人，周公旦、召公奭、太公望、毕公、荣[一]公、太颠、闳夭、散宜生、南宫适[二]，其

〔一〕"荣"，原作"荣"，今据纂疏、纂注、大全、汇纂改。
〔二〕"适"，德星堂本、纂疏、四库本"括"。

一文母。孔子曰："有妇人焉，九人而已。"刘侍读以为子无臣母之义，盖邑姜也。九臣治外，邑姜治内。言纣虽有夷人之多，不如周治臣之少而尽忠也。周，至也。纣虽有至亲之臣，不如周仁人之贤而可恃也。此言人事有必克之理。**天视自我民视，天听自我民听。百姓有过，在予一人。今朕必往。**过，广韵"责也"。武王言天之视听皆自乎民，今民皆有责于我，谓我不正商罪。以民心而察天意，则我之伐商断必往矣。盖百姓畏纣之虐，望周之深，而责武王不即拯己于水火也，如汤"东面而征西夷怨，南面而征北狄怨"之意。**我武惟扬，侵于之疆。取彼凶残，我伐用张，于汤有光。**扬，举；侵，入也。凶残，纣也，犹孟子谓之残贼。武王吊民伐罪，于汤之心为益明白于天下也。自世俗观之，武王伐汤之子孙，覆汤之宗社，谓之汤雠可也。然汤放桀，武王伐纣，皆公天下为心，非有私于己者。武之事，质之汤而无愧；汤之心，验之武而益显。是则伐商之举，岂不于汤为有光也哉？

"**勖哉夫子！罔或无畏，宁执非敌。百姓懔懔，若崩厥角。呜呼！乃一德一心，立定厥功，惟克永世。**"勖，勉也。夫子，将士也。勉哉将士！无或以纣为不足畏，宁执心以为非我所敌也。商民畏纣之虐，懔懔若崩摧其头角然，言人心危惧如此，汝当一德一心，立定厥功，以克永世也。

泰誓下

时厥明，王乃大巡六师，明誓众士。厥明，戊午之明日也。古者天子六军，大国三军。是时武王未备六军，牧誓叙三卿，可见此曰六师者，史臣之词也。**王曰："呜呼！我西土君子，天有显道，厥类惟彰。今商王受狎侮五常，荒怠弗敬，自绝于天，结怨于民。**天有至显之理，其义类甚明。至显之理，即典常之理也。纣于君臣、父子、兄弟、夫妇典常之道亵狎侮慢，荒弃怠惰，无所敬畏，上自绝于天，下结怨于民。

结怨者，非一之谓。下文"自绝"、"结怨"之实也。**斮朝涉之胫，剖贤人之心，作威杀戮，毒痛四海。崇信奸回，放黜师保；屏弃典刑，囚奴正士。郊社不修，宗庙不享。作奇技淫巧，以悦妇人。上帝弗顺，祝降时丧。尔其孜孜，奉予一人，恭行天罚。** 斮，斫也。孔氏曰："冬月见朝涉水者，谓其胫耐寒，斫而视之。"史记云："比干强谏，纣怒曰：'吾闻圣人心有七窍。'遂剖比干，观其心。"痛，病也。作刑威以杀戮为事，毒病四海之人，言其祸之所及者远也。回，邪也。正士，箕子也。郊所以祭天，社所以祭地。奇技，谓奇异技能。淫巧，为过度之巧。列女传："纣膏铜柱，下加炭，令〔一〕有罪者行，辄堕炭中，妲己乃笑。"夫欲妲己之笑，至为炮烙之刑，则其奇技淫巧以悦之者，宜无所不至矣。祝，断也。言纣于奸邪则尊信之，师保则放逐之，屏弃先王之法，囚奴忠正之士，轻废奉祀之礼，专意污亵之行，悖乱天常，故天弗顺而断然降是丧亡也。尔众士，其勉力不怠，奉我一人，而敬行天罚乎？

"古人有言曰：'抚我则后，虐我则雠。'独夫受，洪惟作威，乃汝世雠。树德务滋，除恶务本。肆予小子诞以尔众士，殄歼乃雠。尔众士其尚迪果毅，以登乃辟，功多有厚赏，不迪有显戮。 洪，大也。独夫，言天命已绝，人心已去，但一独夫耳。孟子曰："残贼之人，谓之一夫。"武王引古人之言谓抚我则我之君也，虐我则我之雠也。今独夫受大作威虐，以残害于尔百姓，是乃尔之世雠也。务，专力也。植德则务其滋长，去恶则务绝根本。两句意亦古语。喻纣为众恶之本，在所当去。故我小子大以尔众士而殄绝歼灭汝之世雠也。迪，蹈；登，成也。杀敌为果，致果为毅。尔众士其庶几蹈行果毅，以成汝君。若功多则有厚赏，非特一爵一级而已。不迪果毅，则有显戮。谓之显戮，则必肆诸市朝以示众庶。

"呜呼！惟我文考，若日月之照临，光于四方，显于西土。惟我有周，诞受多方。 若日月照临，言其德之辉光也。光于四

〔一〕"令"，四库本作"命"。

方,言其德之远被也。显于西土,言其德尤著于所发之地也。文王之地止于百
里,文王之德达于天下,多方之受,非周其谁受之? 文王之德,实天命人心之所
归,故武王于誓师之末叹息而言之。**予克受,非予武,惟朕文考无**
罪。受克予,非朕文考有罪,惟予小子无良。"无罪,犹言无过
也。无良,犹言无善也。商周之不敌久矣,武王犹有胜负之虑,恐为文王羞者,
圣人临事而惧也如此。

牧 誓

牧,地名,在朝歌南,即今卫州治之南也。武王军于牧野,临战誓众,前
既有泰誓三篇,因以地名别之。今文、古文皆有。

时甲子昧爽,王朝至于商郊牧野,乃誓。王左杖黄钺,
右秉白旄以麾,曰:"逖矣! 西土之人。"甲子,二月四日也。昧,
冥;爽,明也。昧爽,将明未明之时也。钺,斧也,以黄金为饰。王无自用钺之
理,左杖以为仪耳。旄,军中指麾,白则见远。麾非右手不能,故右秉白旄也。
按:武成言"癸亥陈于商郊",则癸亥之日周师已陈牧野矣。甲子昧爽,武王始
至而誓师焉。曰者,武王之言也。逖,远也。以其行役之远而慰劳之也。**王**
曰:"嗟我友邦冢君御事、司徒、司马、司空、亚旅、师氏、千
夫长、百夫长,司徒,司马,司空,三卿也。武王是时尚为诸侯,故未备六
卿。唐孔氏曰:"司徒主民,治徒庶之政令;司马主兵,治军旅之誓戒;司空主
土,治垒壁以营军。"亚,次;旅,众也。大国三卿,下大夫五人,士二十七人。
亚者,卿之贰,大夫是也。旅者,卿之属,士是也。师氏,以兵守门者,犹周礼师
氏"王举则从"者也。千夫长,统千人之帅。百夫长,统百人之帅也。**及庸、**
蜀、羌、髳、微、卢、彭、濮人:左传庸与百濮伐楚。庸濮在江汉之南,羌
在西蜀,髳微在巴蜀,卢彭在西北。武王伐纣,不期会者八百国。今誓师独称
八国者,盖八国近周西都,素所服役,乃受约束以战者。若上文所言"友邦冢

君",则泛指诸侯而誓者也。**称尔戈,比尔干,立尔矛,予其誓。"**
称,举;戈,戟;干,楯。矛,亦戟之属,长二丈。<u>唐孔氏</u>曰:"戈短,人执以举之,
故言称。楯则并以扞敌,故言比。矛长,立之于地,故言立。"器械严整,则士
气精明,然后能听誓命。

　　王曰:"古人有言曰:'牝鸡无晨。牝鸡之晨,惟家之
索。'索,萧索也。牝鸡而晨,则阴阳反常,是为妖孽,而家道索矣。将言纣惟
妇言是用,故先发此。**今商王受惟妇言是用,昏弃厥肆祀弗答,**
昏弃厥遗王父母弟不迪,乃惟四方之多罪逋逃是崇是长,
是信是使,是以为大夫卿士,俾暴虐于百姓,以奸宄于商
邑。肆,陈;答,报也。妇,<u>妲己</u>也。<u>列女传</u>云:"<u>纣</u>好酒淫乐,不离<u>妲己</u>。<u>妲</u>
<u>己</u>所举者贵之,所憎者诛之。"惟<u>妲己</u>之言是用,故颠倒昏乱。祭所以报本也。
<u>纣</u>以昏乱弃其所当陈之祭祀而不报。昆弟,先王之胤也,<u>纣</u>以昏乱弃其王父母
弟而不以道遇之。废宗庙之礼,无宗族之义,乃惟四方多罪逃亡之人尊崇而信
使之,以为大夫卿士,使暴虐于百姓,奸宄于<u>商</u>邑。盖<u>纣</u>惑于<u>妲己</u>之嬖,背常乱
理,遂至流毒如此也。**今予发惟恭行天之罚。今日之事,不愆于**
六步、七步乃止齐焉,夫子勖哉!愆,过;勖,勉也。步,进趋也。
齐,齐整也。今日之战,不过六步、七步乃止而齐。此告之以坐作进退之法,所
以戒其轻进也。**不愆于四伐、五伐、六伐、七伐乃止齐焉,勖哉**
夫子!伐,击刺也。少不下四五,多不过六七而齐。此告之以攻杀击刺之
法,所以戒其贪杀也。上言"夫子勖哉",此言"勖哉夫子"者,反覆成文,以致
其丁宁劝勉之意。下仿此。**尚桓桓,如虎如貔,如熊如罴于商郊。**
弗迓克奔,以役西土。勖哉夫子!桓桓,威武貌。貔,执夷也,虎
属。欲将士如四兽之猛而奋击于<u>商</u>郊也。迓,迎也。能奔来降者勿迎击之,以
劳役我<u>西土</u>之人。此勉其武勇而戒其杀降也。**尔所弗勖,其于尔躬有**
戮。"弗勖,谓不勉于前三者。愚谓:此篇严肃而温厚,与<u>汤誓诰</u>相表里,真圣
人之言也。<u>泰誓</u>、<u>武成</u>一篇之中,似非尽出于一人之口,岂独此为全书乎?读

书
集
传

118

者其味之。

武　成

史氏记武王往伐，归兽，祀群神，告群后，与其政事，共为一书。篇中有“武成”二字，遂以名篇。今文无，古文有。

惟一月壬辰旁死魄，越翼日癸巳，王朝步自周，于征伐商。 一月，建寅之月，不曰"正"而曰"一"者，商建丑以十二月为正朔，故曰一月也。详见太甲、泰誓篇。壬辰，以泰誓戊午推之，当是一月二日。死魄，朔也。二日，故曰旁死魄。翼，明也。先记壬辰旁死魄，然后言癸巳伐商者，犹后世言某日必先言某日朔也。周，镐京也。在京兆鄠县上林，即今长安县昆明池北镐陂是也。**厥四月哉生明，王来自商，至于丰，乃偃武修文，归马于华山之阳，放牛于桃林之野，示天下弗服。** 哉，始也。始生明，月三日也。丰，文王旧都也，在京兆鄠县，即今长安县西北灵台丰水之上，周先王庙在焉。山南曰阳。桃林，今华阴县潼关也。乐记曰："武王胜商渡河而西，马散之华山之阳而弗复乘，牛放之桃林之野而弗复服，车甲衅而藏之府库，倒载干戈，包以虎皮，天下知武王之不复用兵也。"〇此当在"万姓悦服"之下。**丁未，祀于周庙，邦、甸、侯、卫骏奔走，执豆笾。越三日庚戌，柴望，大告武成。** 骏，尔雅曰"速也"。周庙，周祖庙也。武王以克商之事祭告祖庙，近而邦甸，远而侯卫，皆骏奔走，执事以助祭祀。豆，木豆；笾，竹豆，祭器也。既告祖庙，燔柴祭天，望祀山川，以告武功之成。由近而远，由亲而尊也。〇此当在"百工受命于周"之下。**既生魄，庶邦冢君暨百工受命于周。** 生魄，望后也。四方诸侯及百官皆于周受命，盖武王新即位，诸侯百官皆朝见新君，所以正始也。〇此当在"示天下弗服"之下。

王若曰："呜呼！群后。惟先王建邦启土，公刘克笃前烈，至于太王肇基王迹，王季其勤王家。我文考文王，克成

厥勋，诞膺天命，以抚方夏。大邦畏其力，小邦怀其德。惟九年大统未集，予小子其承厥志。群后，诸侯也。先王，后稷、武王追尊之也。后稷始封于邰，故曰"建邦启土"。公刘，后稷之曾孙，史记云"能修后稷之业"。太王，古公亶父也，避狄去邠居岐，邠人仁之，从之者如归市。诗曰："居岐之阳，实始剪商。"太王虽未始有剪商之志，然太王始得民心，王业之成，实基于此。王季能勤以继其业，至于文王克成厥功，大受天命，以抚安方夏。大邦畏其威而不敢肆，小邦怀其德而得自立。自为西伯专征，而威德益著于天下。凡九年，崩。大统未集者，非文王之德不足以受天下，是时纣之恶未至于亡天下也。文王以安天下为心，故予小子亦以安天下为心。○此当在"大告武成"之下。**厎商之罪，告于皇天后土、所过名山大川，曰："惟有道曾孙周王发，将有大正于商。今商王受无道，暴殄天物，害虐烝民，为天下逋逃主、萃渊薮。予小子既获仁人，敢祗承上帝，以遏乱略，华夏蛮貊，罔不率俾。**厎，致也。后土，社也。勾龙为后土。周礼太祝云："王过大山川，则用事焉。"孔氏曰："名山谓华，大川谓河。"盖自丰镐往朝歌，必道华涉河也。曰者，举武王告神之语。有道，指其父祖而言。"周王"二字，史臣追增之也。正，即汤誓"不敢不正"之"正"。萃，聚也。纣殄物害民，为天下逋逃罪人之主，如鱼之聚渊，如兽之聚薮也。仁人，孔氏曰："太公、周、召之徒。"略，谋略也。俾，广韵曰"从也"。仁人既得，则可以敬承上帝而遏绝乱谋，内而华夏，外而蛮貊，无不率从矣。或曰：太公归周在文王之世，周、召，周之懿亲，不可谓之获。此盖仁人自商而来者。愚谓：获者，得之云尔，即泰誓之所谓"仁人"，非必自外来也。不然，经传岂无传乎？○此当在"于征伐商"之下。**恭天成命，肆予东征，绥厥士女。惟其士女，篚厥玄黄，昭我周王，天休震动，用附我大邑周。**成命，黜商之定命也。篚，竹器也。玄黄，色币也。敬奉天之定命，故我东征，安其士女。士女喜周之来，筐篚盛其玄黄之币，明我周王之德者，是盖天休之所震动，故民用归附我大邑周也。或曰：玄黄，天地之色。篚厥玄黄者，明我周王有天地之德也。○此当在"其承厥志"之下。**惟尔有**

神,尚克相予,以济兆民,无作神羞。"既戊午,师渡孟津。癸亥,陈于商郊,俟天休命。甲子昧爽,受率其旅若林,会于牧野,罔有敌于我师,前徒倒戈,攻于后以北,血流漂杵。一戎衣,天下大定,乃反商政,政由旧。释箕子囚,封比干墓,式商容闾,散鹿台之财,发钜桥之粟,大赉于四海,而万姓悦服。休命,胜商之命也。武王顿兵商郊,雍容不迫,以待纣师之至而克之。史臣谓之"俟天休命",可谓善形容者矣。若林,即诗所谓"其会如林"者。纣众虽有如林之盛,然皆无有肯敌我师之志。纣之前徒倒戈,反攻其在后之众以走,自相屠戮,遂至血流漂杵。史臣指其实而言之。盖纣众离心离德,特劫于势而未敢动耳。一旦因武王吊伐之师,始乘机投隙,奋其怨怒,反戈相戮,其酷烈遂至如此。亦足以见纣积怨于民,若是其甚,而武王之兵,则盖不待血刃也。此所以一被兵甲而天下遂大定乎? 乃者,继事之辞。反纣之虐政,由商先王之旧政也。式,车前横木,有所敬则俯而凭之。商容,商之贤人。闾,族居里门也。赉,予也。武王除残去暴,显忠遂良,赈穷赒乏,泽及天下,天下之人皆心悦而诚服之。帝王世纪云:"殷民言王之于仁人也,死者犹封其墓,况生者乎? 王之于贤人也,亡者犹表其闾,况存者乎? 王之于财也,聚者犹散之,况其复籍之乎?"唐孔氏曰:"是为悦服之事。"○此当在"罔不率俾"之下。

列爵惟五,分土惟三,建官惟贤,位事惟能。重民五教,惟食丧祭。惇信明义,崇德报功,垂拱而天下治。 列爵惟五,公侯伯子男也。分土惟三,公侯百里、伯七十里、子男五十里之三等也。建官惟贤,不肖者不得进。位事惟能,不才者不得任。五教,君臣、父子、夫妇、兄弟、朋友[一]五典之教也。食以养生,丧以送死,祭以追远。五教三事,所以立人纪而厚风俗,圣人之所甚重焉者。惇,厚也。厚其信,明其义,信义立而天下无不励之俗。有德者尊之以官,有功者报之以赏,官、赏行而天

〔一〕"朋友",原作"长幼",今据旁通及全书"五典"改。

下无不劝之善。夫分封有法，官使有要，五教修而三事举，信义立而官赏行，武王于此复何为哉？垂衣拱手而天下自治矣。史臣述武王政治之本末，言约而事博也如此哉！○此当在"大邑周"之下，而上犹有阙文。按：此篇简编错乱，先后失序，今考正其文于后。

今考定武成

惟一月壬辰旁死魄，越翼日癸巳，王朝步自周，于征伐商。底商之罪，告于皇天后土、所过名山大川，曰："惟有道曾孙周王发，将有大正于商。今商王受无道，暴殄天物，害虐烝民，为天下逋逃主、萃渊薮。予小子既获仁人，敢祗承上帝，以遏乱略，华夏蛮貊，罔不率俾。惟尔有神，尚克相予，以济兆民，无作神羞。"既戊午，师逾孟津。癸亥，陈于商郊，俟天休命。甲子昧爽，受率其旅若林，会于牧野，罔有敌于我师，前徒倒戈，攻于后以北，血流漂杵。一戎衣，天下大定，乃反商政，政由旧。释箕子囚，封比干墓，式商容闾，散鹿台之财，发钜桥之粟，大赉于四海，而万姓悦服。

厥四月哉生明，王来自商，至于丰，乃偃武修文，归马于华山之阳，放牛于桃林之野，示天下弗服。既生魄，庶邦、冢君暨百工受命于周。丁未，祀于周庙，邦、甸、侯、卫，骏奔走，执豆笾。越三日庚戌，柴望，大告武成。王若曰："呜呼群后！惟先王建邦启土，公刘克笃前烈，至于太王肇基王迹，王季其勤王家。我文考文王，克成厥勋，诞膺天命，以抚方夏。大邦畏其力，小邦怀其德。惟九年大统未集,予小子其承厥志。恭天成命,肆予〔一〕东征。绥厥士女,惟其士女,篚厥玄黄。昭我周王,天休震动,用附我大邑周。"列爵惟五,分土惟三,建官惟贤,位事惟能。重民五教,惟食丧祭。惇信明义,崇德报功,垂拱而天下治。按:刘氏、王氏、程子皆有改正次序,今参考定读如此,大略集诸家所长,独"四月生魄"、"丁未"、"庚戌"一节,今以上文及汉志日辰推之,其序当如此耳。疑先儒以"王若曰"宜系"受命于周"之下,故以"生魄"在"丁未"、"庚戌"之后,盖不知生魄之日,诸侯百工虽来请命,而武王以未祭祖宗,未告天地,未敢发命,故且命以助祭,乃以丁未、庚戌祀于郊庙,大告武功之成,而后始告诸侯。上下之交、人神〔二〕之序固如此也。刘氏谓"予小子其承厥志"之下当有阙文。以今考之,固所宜有。而程子徙〔三〕"恭天成命"以下三十四字属于其下,则已得其一节。而"用附我大邑周"之下,刘氏所谓阙文,犹当有十数语也。盖武王革命之初,抚有区夏,宜有退托之词,以示不敢遽当天命,而求助于诸侯,且以致其交相警敕之意,略如汤诰之文,不应但止自序其功而已也。"列爵惟五"以下,又史官之词,非武王之语,读者详之。

洪　范

汉志曰:"禹治洪水,锡洛书法而陈之,洪范是也。"史记:"武王克殷,访问箕子以天道,箕子以洪范陈之。"按:篇内曰"而"、曰"汝"者,箕子告武王之辞。意洪范发之于禹,箕子推衍增益以成篇欤? 今文、古文皆有。

惟十有三祀,王访于箕子。商曰祀,周曰年。此曰祀者,因箕子

〔一〕"予",原作"于",今据诸本及上文改。
〔二〕"人神",德星堂本、纂疏、汇纂、四库本倒。
〔三〕"徙",原作"从",今据晦庵集卷六十五改。

之辞也。箕子尝言"商其沦丧,我罔为臣仆",史记亦载箕子陈洪范之后,武王封于朝鲜而不臣也。盖箕子不可臣,武王亦遂其志而不臣之也。访,就而问之也。箕,国名。子,爵也。○苏氏曰:"箕子之不臣周也,而曷为为武王陈洪范也?天以是道畀之禹,传至于我,不可使自我而绝。以武王而不传,则天下无可传者矣。故为箕子之道者,传道则可,仕则不可。"

王乃言曰:"呜呼!箕子。惟天阴骘下民,相协厥居,我不知其彝伦攸叙。"乃言者,难辞,重其问也。箕子称旧邑爵者,方归自商,未新封爵也。骘,定;协,合。彝,常;伦,理也,所谓"秉彝人伦"也。武王之问,盖曰天于冥冥之中,默有以安定其民,辅相保合其居止,而我不知其彝伦之所以叙者如何也。

箕子乃言曰:"我闻在昔,鲧陻洪水,汨陈其五行,帝乃震怒,不畀洪范九畴,彝伦攸斁。鲧则殛死,禹乃嗣兴。天乃锡禹洪范九畴,彝伦攸叙。"乃言者〔一〕,重其答也。陻,塞;汨,乱;陈,列;畀,与;洪,大;范,法;畴,类;斁,败;锡,赐也。帝以主宰言,天以理言也。洪范九畴,治天下之大法,其类有九,即下文初一至次九者。箕子之答,盖曰:洪范九畴,原出于天,鲧逆水性,汨陈五行,故帝震怒,不以与之,此彝伦之所以败也。禹顺水之性,地平天成,故天出书于洛,禹别之以为洪范九畴,此彝伦之所以叙也。彝伦之叙,即九畴之所叙者也。○按:孔氏曰:"天与禹,神龟负文而出,列于背有数至九。禹遂因而第之,以成九类。"易言"河出图,洛出书,圣人则之",盖治水功成,洛龟呈瑞,如箫韶奏而凤仪,春秋作而麟至,亦其理也。世传"戴九履一,左三右七,二四为肩,六八为足",即洛〔二〕书之数也。

初一曰五行,次二曰敬用五事,次三曰农用八政,次四曰协用五纪,次五曰建用皇极,次六曰乂用三德,次七曰明

〔一〕"者",原脱,今据汇纂、四库本补。
〔二〕"洛",原作"即",今据诸本改。

用稽疑，次八曰念用庶征，次九曰向用五福，威用六极。此
九畴之纲也。在天惟五行，在人惟五事，以五事参五行，天人合矣。八政者，人
之所以因乎天。五纪者，天之所以示乎人。皇极者，君之所以建极也。三德
者，治之所以应变也。稽疑者，以人而听于天也。庶征者，推天而征之人也。
福极者，人感而天应也。五事曰敬，所以诚身也。八政曰农，所以厚生也。五
纪曰协，所以合天也。皇极曰建，所以立极也。三德曰乂，所以治民也。稽疑
曰明，所以辨惑也。庶征曰念，所以省验也。五福曰向，所以劝也。六极曰威，
所以惩也。五行不言用，无适而非用也。皇极不言数，非可以数明也。本之以
五行，敬之以五事，厚之以八政，协之以五纪，皇极之所以建也。乂之以三德，
明之以稽疑，验之以庶征，劝惩之以福极，皇极之所以行也。人君治天下之法，
是孰有加于此哉？

　一，五行：一曰水，二曰火，三曰木，四曰金，五曰土。
水曰润下，火曰炎上，木曰曲直，金曰从革，土爰稼穑。润
下作咸，炎上作苦，曲直作酸，从革作辛，稼穑作甘。此下九
畴之目也。水火木金土者，五行之生序也。天一生水，地二生火，天三生木，地
四生金，天五生土。唐孔氏曰："万物成形，以微著为渐。五行先后，亦以微著
为次。五行之体，水最微为一，火渐著为二，木形实为三，金体固为四，土质大
为五。"润下、炎上、曲直、从革，以性言也。稼穑，以德言也。润下者，润而又
下也。炎上者，炎而又上也。曲直者，曲而又直也。从革者，从而又革也。稼
穑者，稼而又穑也。稼穑独以德言者，土兼四行，无正位，无成性，而其生之德
莫盛于稼穑，故以稼穑言也。稼穑不可以为性也，故不曰"曰"，而曰"爰"，爰，
于也，于是稼穑而已，非所以名也。作，为也。咸、苦、酸、辛、甘者，五行之味
也。五行有声色气味，而独言味者，以其切于民用也。

　二，五事：一曰貌，二曰言，三曰视，四曰听，五曰思。
貌曰恭，言曰从，视曰明，听曰聪，思曰睿。恭作肃，从作
乂，明作哲，聪作谋，睿作圣。貌、言、视、听、思者，五事之叙也。貌
泽，水也；言扬，火也；视散，木也；听收，金也；思通，土也，亦人事发见先后之

叙。人始生则形色具矣，既生则声音发矣，既发〔一〕而后能视，而后能听，而后能思也。恭、从、明、聪、睿者，五事之德也。恭者，敬也。从者，顺也。明者，无不见也。聪者，无不闻也。睿者，通乎微也。肃、乂、哲、谋、圣者，五德之用也。肃者，严整也。乂者，条理也。哲者，知也。谋者，度也。圣者，无不通也。

三，八政：一曰食，二曰货，三曰祀，四曰司空，五曰司徒，六曰司寇，七曰宾，八曰师。食者，民之所急；货者，民之所资，故食为首而货次之。食货，所以养生也。祭祀，所以报本也〔二〕。司空掌土，所以安其居也。司徒掌教，所以成其性也。司寇掌禁，所以治其奸也。宾者，礼诸侯、远人，所以往来交际也。师者，除残禁暴也。兵〔三〕非圣人之得已，故居末也。

四，五纪：一曰岁，二曰月，三曰日，四曰星辰，五曰历数。岁者，序四时也。月者，定晦朔也。日者，正躔度也。星，经星、纬星也。辰，日月所会十二次也。历数者，步占之法，所以纪岁、月、日、星、辰也。

五，皇极：皇建其有极，敛时五福，用敷锡厥庶民。惟时厥庶民于汝极，锡汝保极。皇，君；建，立也。极，犹"北极"之"极"，至极之义，标准之名，中立而四方之所取正焉者也。言人君当尽人伦之至，语父子则极其亲，而天下之为父子者于此取则焉；语夫妇则极其别，而天下之为夫妇者于此取则焉；语兄弟则极其爱，而天下之为兄弟者于此取则焉；以至一事一物之接，一言一动之发，无不极其义理之当然，而无一毫过不及之差，则极建矣。极者福之本，福者极之效，极之所建，福之所集也。人君集福于上，非厚其身而已，用敷其福以与庶民，使人人观感而化，所谓"敷锡"也。当时之民，亦皆于君之极与之保守，不敢失坠，所谓"锡保"也。言皇极，君民所以相与者如此也。凡厥庶民无有淫朋，人无有比德，惟皇作极。淫朋，邪党也。人，有位之人。比德，私相比附也。言庶民与有位之人而无淫朋比德者，惟君为之极而使之有所取正耳。重言君不可以不建极也。凡厥庶

书集传

126

〔一〕"发"，原为墨丁，今据汇纂、四库本补。纂疏作"乂"。
〔二〕"也"，原作"出"，今据诸本改。
〔三〕"兵"，德星堂本作"其"，书传会选作"师"。

民,有猷有为有守,汝则念之。不协于极,不罹于咎,皇则受之。而康而色,曰:"予攸好德。"汝则锡之福。时人斯其惟皇之极。此言庶民也。有猷,有谋虑者。有为,有施设者。有守,有操守者。是三者,君之所当念也。念之者,不忘之也,"帝念哉"之"念"。不协于极,未合于善也;不罹于咎,不陷于恶也。未合于善,不陷于恶,所谓"中人"也。进之则可与为善,弃之则流于恶,君之所当受也。受之者,不拒之也,"归斯受之"之"受"。念之受之,随其才而轻重以成就之也。见于外而有安和之色,发于中而有好德之言,汝于是则锡之以福,而是人斯其惟皇之极矣。福者,爵禄之谓。或曰:锡福,即上文"敛福",锡民之福,非自外来也。曰禄,亦福也。上文指福之全体而言,此则为福之一端而发。苟谓非禄之福,则于下文"于其无好德,汝虽锡之福,其作汝用咎"为不通矣。**无虐茕独而畏高明。**茕独,庶民之至微者也。高明,有位之尊显者也。各指其甚者而言。庶民之至微者,有善则当劝勉之。有位之尊显者,有不善则当惩戒之。此结上章而起下章之义。**人之有能有为,使羞其行而邦其昌。凡厥正人既富方穀,汝弗能使有好于而家,时人斯其辜。于其无好德,汝虽锡之福,其作汝用咎。**此言有位者也。有能,有材智者。羞,进也。使进其行,则官使者皆贤才,而邦国昌盛矣。正人者,在官之人,如康诰所谓"惟厥正人"者。富,禄之也。穀,善也。在官之人有禄可仰,然后可责其为善。廪禄不继,衣食不给,不能使其和好于而家,则是人将陷于罪戾矣。于其不好德之人而与之以禄,则为汝用咎恶之人也。此言禄以与贤,不可及恶德也。必富之而后责其善者,圣人设教,欲中人以上皆可能也。**无偏无陂,遵王之义。无有作好,遵王之道。无有作恶,遵王之路。无偏无党,王道荡荡。无党无偏,王道平平。无反无侧,王道正直。会其有极,归其有极。**偏,不中也。陂,不平也。作好作恶,好恶加之意也。党,不公也。反,倍常也。侧,不正也。偏陂好恶,己私之生于心也。偏党反侧,己私之见于事也。王之义、王之道、王之路,皇极之所由行也。荡荡，广远也。平平，平易也。正直，不偏邪也。皇极，正大之体也。遵义、遵道、遵路，会其极也。荡荡、平平、正直，归其极也。会者，合而来也。归者，来而至也。此章盖诗之体，所以使人吟咏而得其性情者也。夫歌咏以叶其音，反复以致其意，戒之以私而惩创其邪思，训之以极而感发其善性，讽咏之间，恍然而悟，悠然而得，忘其倾斜狭小之念，达乎公平广大之理，人欲消熄，天理流行，会极归极，有不知其所以然而然者，其功用深切，与周礼大师教以六诗者同一机而尤要者也。后世此意不传，皇极之道其不明于天下也宜哉！曰："皇极之敷言，是彝是训，于帝其训。"曰，起语辞。敷言，上文敷衍之言也。言人君以极之理而反复推衍为言者，是天下之常理，是天下之大训，非君之训也，天之训也。盖理出乎天，言纯乎天则天之言矣。此赞敷言之妙如此。**凡厥庶民，极之敷言，是训是行，以近天子之光。曰：天子作民父母，以为天下王。**光者，道德之光华也。天子之于庶民，性一而已。庶民于极之敷言是训是行，则可以近天子道德之光华也。曰者，民之辞也。谓之父母者，指其恩育而言，亲之之意。谓之王者，指其君长而言，尊之之意。言天子恩育君长乎我者如此其至也。言民而不言人者，举小以见大也。

六，三德：一曰正直，二曰刚克，三曰柔克。平康正直，强弗友刚克，燮友柔克，沉潜刚克，高明柔克。克，治；友，顺；燮，和也。正直、刚、柔，三德也。正者无邪，直者无曲。刚克、柔克者，威福予夺抑扬进退之用也。强弗友者，强梗弗顺者也。燮友者，和柔委顺者也。沉潜者，沉深潜退，不及中者也。高明者，高亢明爽，过乎中者也。盖习俗之偏，气禀之过者也。故平康正直，无所事乎矫拂，无为而治是也。强弗友刚克，以刚克刚也。燮友柔克，以柔克柔也。沉潜刚克，以刚克柔也。高明柔克，以柔克刚也。正直之用一，而刚柔之用四也。圣人抚世酬物，因时制宜，三德乂用，阳以舒之，阴以敛之，执其两端，用其中于民，所以纳天下民俗于皇极者盖如此。**惟辟作福，惟辟作威，惟辟玉食。臣无有作福、作威、玉食。**福威者，上之所以御下。玉食者，下之所以奉上也。曰"惟辟"者，戒其权不可下移。曰"无有"者，戒其臣不可上僭也。**臣之有作福、作威、玉食，其**

害于而家，凶于而国。人用侧颇僻，民用僭忒。颇，不平也。僻，不公也。僭，逾；忒，过也。臣而僭上之权，则大夫必害于而家，诸侯必凶于而国。有位者固侧颇僻而不安其分，小民者亦僭忒而逾越其常，甚言人臣僭上之患如此。

　　七，稽疑：择建立卜筮人，乃命卜筮。稽，考也。有所疑，则卜筮以考之。龟曰卜，蓍曰筮。蓍龟者至公无私，故能绍天之明，卜筮者亦必至公无私，而后能传蓍龟之意。必择是人而建立之，然后使之卜筮也。曰雨、曰霁、曰蒙、曰驿、曰克，此卜兆也。雨者如雨，其兆为水。霁者开霁，其兆为火。蒙者蒙昧，其兆为木。驿〔一〕者，络驿不属，其兆为金。克者，交错有相胜之意，其兆为土。曰贞、曰悔，此占卦也。内卦为贞，外卦为悔，左传“蛊之贞风，其悔山”是也。又有以遇卦为贞，之卦为悔，国语“贞屯、悔豫皆八”是也。凡七，卜五，占用二，衍忒。凡七，雨、霁、蒙、驿、克、贞、悔也。卜五，雨、霁、蒙、驿、克也。占二，贞、悔也。衍，推；忒，过也，所以推人事之过差也。立时人作卜筮，三人占，则从二人之言。凡卜筮，必立三人以相参考。旧说卜有玉兆、瓦兆、原兆，筮有连山、归藏、周易者，非是。谓之三人，非三卜筮也。汝则有大疑，谋及乃心，谋及卿士，谋及庶人，谋及卜筮，汝则从、龟从、筮从、卿士从、庶民从，是之谓大同。身其康强，子孙其逢，吉。汝则从，龟从，筮从，卿士逆，庶民逆，吉。卿士从，龟从，筮从，汝则逆，庶民逆，吉。庶民从，龟从，筮从，汝则逆，卿士逆，吉。汝则从，龟从，筮逆，卿士逆，庶民逆，作内吉，作外凶。龟筮共违于人，用静吉，用作凶。稽疑以龟、筮为重，人与龟、筮皆从，是之谓大同，固吉也。人一从而龟、筮不违者，亦吉。龟从筮逆，则可作内，不可作外，内谓祭祀等事，外

────────────

〔一〕"驿"，原作"绎"，今据德星堂本、纂疏、汇纂、四库本及正文改。德星堂本下"络驿"作"落驿"。

谓征伐等事。龟、筮共违,则可静不可作,静谓守常,作谓动作也。然有龟从筮逆而无筮从龟逆者,龟尤圣人所重也。故礼记"大事卜,小事筮",传谓"筮短龟长"是也。自夫子赞易,极著蓍卦之德,蓍重而龟书不传云。

八,庶征:曰雨、曰旸、曰燠、曰寒、曰风,曰时,五者来备,各以其叙,庶草蕃庑;征,验也。庑,丰茂。所验者非一,故谓之庶征。雨、旸、燠、寒、风各以时至,故曰"时"也。备者,无阙少也。序者,应节候也。五者备而不失其序,庶草且蕃庑矣,则其他可知也。雨属水,旸属火,燠属木,寒属金,风属土。吴仁杰曰:"易以坎为水,北方之卦也。"又曰:"雨以润之,则雨为水矣。离为火,南方之卦也。"又曰:"日以烜之,则旸为火矣。"小明之诗首章云"我征徂西,二月初吉",三章云"昔我往矣,日月方燠",夫以二月为燠,则燠之为春、为木明矣。汉志引狐突金寒之言,颜师古谓"金行在西,故谓之寒",则寒之为秋、为金明矣。又按:稽疑以雨属水,以霁属火,霁旸也,则庶征雨之为水,旸之为火,类例抑又甚明。盖五行乃生数,自然之叙;五事则本于五行,庶征则本于五事,其条理次第相为贯通,有秩然而不可紊乱者也。一极备,凶;一极无,凶。极备,过多也。极无,过少也。唐孔氏曰:"雨多则涝,雨少则旱。是极备亦凶,极无亦凶,余准是。"曰休征:曰肃,时雨若;曰乂,时旸若;曰晢,时燠若;曰谋,时寒若;曰圣,时风若。曰咎征:曰狂,恒雨若;曰僭,恒旸若;曰豫,恒燠若;曰急,恒寒若;曰蒙,恒风若。狂,妄;僭,差;豫,怠;急,迫;蒙,昧也。在天为五行,在人为五事,五事修则休征各以类应之,五事失则咎征各以类应之,自然之理也。然必曰某事得则某休证[一]应,某事失则某咎证应,则亦胶固不通,而不足与语造化之妙矣。天人之际未易言也,失得之几[二],应感之微,非知道者孰能识之哉?曰王省惟岁,卿士惟月,师尹惟日。岁月日以尊卑为征也。王者之失得其征以岁,卿士之失得其征以月,师尹之失得其征

〔一〕"证",诸本作"征"。下同,不再出校。
〔二〕"几",德星堂本、纂疏作"机"。

以日。盖雨旸燠寒风五者之休咎，有系一岁之利害，有系一月之利害，有系一日之利害，各以其大小言也。**岁月日时无易，百谷用成，乂用明，俊民用章，家用平康。**岁月日三者，雨旸燠寒风不失其时，则其效如此，休征所感也。**日月岁时既易，百谷用不成，乂用昏不明，俊民用微，家用不宁。**日月岁三者，雨旸燠寒风既失其时，则其害如此，咎征所致也。休征言岁月日者，总于大也；咎征言日月岁者，著其小也。**庶民惟星，星有好风，星有好雨。日月之行，则有冬有夏。月之从星，则以风雨。**民之丽乎土，犹星之丽乎天也。好风者箕星，好雨者毕星。汉志言轸星亦好风[一]。意者星宿皆有所好也。日有中道，月有九行。中道者，黄道也。北至东井去极近，南至牵牛去极远，东至角、西至娄去极中是也。九行者，黑道二出黄道北，赤道二出黄道南，白道二出黄道西，青道二出黄道东，并黄道为九行也。日极南至于牵牛，则为冬至；极北至于东井，则为夏至；南北中，东至角，西至娄，则为春、秋分。月立春，春分从青道；立秋，秋分从白道；立冬，冬至从黑道；立夏，夏至从赤道，所谓"日月之行，则有冬有夏"也。月行东[二]北，入于箕则多风；月行西南，入于毕则多雨，所谓"月之从星，则以风雨"也。民不言省者，庶民之休咎系乎上人之失得，故但以月之从星以见所以从民之欲如何尔。夫民生之众，寒者欲衣，饥者欲食，鳏寡孤独者之欲得其所，此王政之所先，而卿士、师尹近民者之责也。然星虽有好风好雨之异，而日月之行则有冬有夏之常，以月之常行而从星之异好，以卿士师尹之常职而从民之异欲，则其从民者非所以徇民矣。言日月而不言岁者，有冬有夏，所以成岁功也。言月而不言日者，从星惟月为可见耳。

九，五福：一曰寿，二曰富，三曰康宁，四曰攸好德，五曰考终命。人有寿而后能享诸福，故寿先之。富者，有廪禄也。康宁者，无患难也。攸好德者，乐其道也。考终命者，顺受其正也。以福之急缓为先后。

131

〔一〕"风"，原作"雨"，今据旁通及汉志改。
〔二〕"东"，原作"冬"，今据诸本改。

六极：一曰凶短折，二曰疾，三曰忧，四曰贫，五曰恶，六曰弱。凶者，不得其死也。短折者，横夭也。祸莫大于凶短折，故先言之。疾者，身不安也。忧者，心不宁也。贫者，用不足也。恶者，刚之过也。弱者，柔之过也。以极之重轻为先后。五福六极，在君则系于极之建不建，在民人则由于训之行不行，感应之理微矣。

旅 獒

西旅贡獒，召公以为非所当受，作书以戒武王。亦训体也。因以旅獒名篇。今文无，古文有。

惟克商，遂通道于九夷八蛮。西旅厎贡厥獒，太保乃作旅獒，用训于王。九夷、八蛮，多之称也。职方言四夷、八蛮，尔雅言九夷、八蛮，但言其非一而已。武王克商之后，威德广被九州之外，蛮夷戎狄莫不梯山航海而至。曰通道云者，盖蛮夷来王，则道路自通，非武王有意于开四夷而斥大境土也。西旅，西方蛮夷国名。犬高四尺曰獒。按：说文曰："犬知〔一〕人心可使者。"公羊传曰："晋灵公欲杀赵盾，盾躇阶而走，灵公呼獒而属之，獒亦躇阶而从之。"则獒能晓解人意，猛而善搏人者，异于常犬，非特以其高大也。太保，召公奭也。史记云："与周同姓，姬氏。"此旅獒之本序。

曰："呜呼！明王慎德，四夷咸宾，无有远迩，毕献方物，惟服食器用。谨德，盖一篇之纲领也。方物，方土所生之物。明王谨德，四夷咸宾，其所贡献，惟服食器用而已。言无异物也。王乃昭德之致于异姓之邦，无替厥服；分宝玉于伯叔之国，时庸展亲。人不易物，惟德其物。昭，示也。德之致，谓上文所方方物也。昭示方物于异姓之诸侯，使之无废其职；分宝玉于同姓之诸侯，使之益厚其亲，如分陈以

〔一〕"知"，原作"如"，今据德星堂本、纂疏、汇纂、四库本改。

肃谨氏之矢、分鲁以夏后氏之璜之类。王者以其德所致方物分赐诸侯，故诸侯亦不敢轻易其物，而以德视其物也。**德盛不狎侮。狎侮君子，罔以尽人心；狎侮小人，罔以尽其力。** 德盛则动容周旋皆中礼，然后能无狎侮之心。言谨德不可不极其至也。德而未至，则未免有狎侮之心。狎侮君子，则色斯举矣，彼必高蹈远引，望望然而去，安能尽其心？狎侮小人，虽其微贱，畏威易役，然至愚而神，亦安能尽其力哉？**不役耳目，百度惟贞。** 贞，正也。不役于耳目之所好，百为之度，惟其正而已。**玩人丧德，玩物丧志。** 玩人，即〔一〕上文"狎侮君子"之事。玩物，即上文"不役耳目"之事。德者，己之所得。志者，心之所之。**志以道宁，言以道接。** 道者，所当由之理也。己之志以道而宁，则不至于妄发；人之言以道而接，则不至于妄受。存乎中者，所以应乎外；制其〔二〕外者，所以养其中，古昔圣贤相授心法也。**不作无益害有益，功乃成。不贵异物，贱用物，民乃足。犬马非其土性不畜，珍禽奇兽不育于国。不宝远物，则远人格；所宝惟贤，则迩人安。** 孔氏曰："游观为无益，奇巧为异物。"苏氏曰："周穆王得白狼〔三〕白鹿，而荒服因以不至。"此章凡三节，至"所宝惟贤"，则益切至矣。**呜呼！夙夜罔或不勤。不矜细行，终累大德。为山九仞，功亏一篑。** 或，犹言万一也。吕氏曰："此即谨德工夫。'或'之一字，最有意味。一暂止息，则非谨德矣。"矜，"矜持"之"矜"。八尺曰仞。细行、一篑，指受絷而言也。**允迪兹，生民保厥居，惟乃世王。** 信能行此，则生民保其居，而王业可永也。盖人主一身实万化之原，苟于理有毫发之不尽，即遗生民无穷之害，而非创业垂统可继之道矣。以武王之圣，召公所以警戒之者如此，后之人君可不深思而加念之哉？

〔一〕"即"，德星堂本、纂疏作"则"。
〔二〕"其"，德星堂本、纂疏、汇纂、四库本作"乎"。
〔三〕"狼"，原作"狐"，今据南涧书堂本、旁通、四库本及史记周本纪改。当是承东坡书传之讹。

金　縢

武王有疾，周公以王室未安，殷民未服，根本易摇，故请命三王，欲以身代武王之死。史录其册祝之文，并叙其事之始末，合为一篇，以其藏于金縢之匮，编书者因以金縢名篇。今文、古文皆有。○唐孔氏曰："发首至'王季、文王'，史叙将告神之事也。'史乃册祝'至'屏璧与珪'，记告神之辞也。自'乃卜'至'乃瘳'，记卜吉及王病瘳之事也。自'武王既丧'以下，记周公流言居东及成王迎归之事也。"

既克商二年，王有疾，弗豫。记年见其克商之未久也。弗豫，不悦豫也。**二公曰："我其为王穆卜。"**二公，太公、召公也。李氏曰："穆者，敬而有和意。穆卜，犹言共卜也。"愚谓：古者国有大事卜，则公卿百执事皆在，诚一而和同，以听卜筮，故名其卜曰"穆卜"。下文成王因风雷之变，"王与大夫尽弁，启金縢之书"以卜者是也。先儒专以穆为敬，而于所谓"其勿穆卜"，则义不通矣。**周公曰："未可以戚我先王。"**戚，忧恼之意。未可以武王之疾而忧恼我先王也。盖却二公之卜。**公乃自以为功，为三坛同墠，为坛于南方，北面，周公立焉。植璧秉珪，乃告大王、王季、文王。**功，事也。筑土曰坛，除地曰墠。三坛，三王之位，皆南向。三坛之南，别为一坛，北向，周公所立之地也。植，置也。珪璧，所以礼神，诗言"珪璧既卒"，周礼"祼圭以祀先王"。周公却二公之卜，而乃自以为功者，盖二公不过卜武王之安否耳，而周公爱兄之切，危国之至，忠诚恳恳于祖父之前，如下文所云者，有不得尽焉。此其所以自以为功也。又二公穆卜，则必祷于宗庙，用朝廷卜筮之礼。如此，则上下喧腾而人心摇动，故周公不于宗庙而特为坛墠以自祷也。

史乃册祝，曰："惟尔元孙某，遘厉虐疾。若尔三王，是有丕子之责于天，以旦代某之身。史，太史也。册祝，如今祝版之类。元孙某，<u>武王</u>也。遘，遇；厉，恶；虐，暴也。丕子，元子也。<u>旦</u>，周公名也。言<u>武王</u>遘恶暴之疾，若尔三王，是有元子之责于天。盖<u>武王</u>为天元子，三王当任其保护之责于天，不可令其死也。如欲其死，则请以<u>旦</u>代<u>武王</u>之身。"于天"之下，疑有阙文。旧说谓天责取<u>武王</u>者，非是。详下文"予仁若考，能事鬼神"等语，皆主祖父人鬼为言。至于"乃命帝庭，无坠天之降宝命"，则言天命<u>武王</u>如此之大，而三王不可<u>坠</u>天之宝命，文意可见。又按：死生有命，周公乃欲以身代<u>武王</u>之死，或者疑之。盖方是时，天下未安，王业未固，使<u>武王</u>死，则宗社倾危，生民涂炭，变故有不可胜言者。<u>周公</u>忠诚切至，欲代其死，以纾^{〔一〕}危急，其精神感动，故卒得命于三王。今世之匹夫匹妇，一念诚孝，犹足以感格鬼神，<u>显</u>有<u>应验</u>，而况于<u>周公</u>之元圣乎？是固不可谓无此理也。**予仁若考能，多材多艺，能事鬼神。乃元孙不若旦多材多艺，不能事鬼神。**<u>周公</u>言我仁顺祖考，多材干，多艺能，可任役使，能事鬼神。<u>武王</u>不如<u>旦</u>多材多艺，不任役使，不能事鬼神。材艺，但指服事役使而言。**乃命于帝庭，敷佑四方，用能定尔子孙于下地，四方之民罔不祗畏。呜呼！无坠天之降宝命，我先王亦永有依归。**言<u>武王</u>乃受命于上帝之庭，布文德以佑四方，用能定尔子孙于下地，使四方之民无不敬畏。其任大，其责重，未可以死。故又叹息申言三王不可坠失天降之宝命，庶先王之祀亦永有所赖以存也。宝命，即帝庭之命也，谓之宝者，重其事也。**今我即命于元龟，尔之许我，我其以璧与珪归俟尔命。尔不许我，我乃屏璧与珪。**即，就也。归俟尔命，俟<u>武王</u>之安也。屏，藏也。屏璧与珪，言不得事神也。盖<u>武王</u>丧，则周之基业必坠，虽欲事神，不可得也。其称尔、称我，无异人子之在膝下以语其亲者。此亦终身身慕父母与不死其亲之意，以见公之达孝也。**乃卜三龟，一习吉。启龠见书，乃并是吉。**卜筮必立三人，以相参考。三龟者，三人所卜之龟也。习，重也，谓三龟之兆一同。开龠见卜兆之书，乃并是吉。**公曰："体王其罔害，予小子新命**

〔一〕"纾"，原作"输"，今据<u>书传会选</u>改。

于三王，惟永终是图。兹攸俟，能念予一人。"体，兆之体也。言视其卜兆之吉，王疾其无所害。我新受三王之命，而永终是图矣。兹攸俟者，即上文所谓"归俟"也。一人，武王也。言三王念我武王，使之安也。详此言"新命于三王"，不言"新命于天"，以见果非谓天责取武王也。公归，乃纳册于金縢之匮中。王翼日乃瘳。册，祝册也。匮，藏卜书之匮。金縢，以金缄之也。翼日，公归之明日也。瘳，愈也。按：金縢之匮，乃周家藏卜筮书之物。每卜则以告神之词书于册。既卜，则纳册于匮而藏之。前后卜皆如此，故前周公"乃卜三龟，一习吉，启钥见书"者，启此匮也。后成王遇风雷之变欲卜启金縢者，亦启此匮也。盖卜筮之物，先王不敢亵，故金縢其匮而藏之，非周公始为此匮藏此册祝，为后来自解计也。

武王既丧，管叔及其群弟乃流言于国，曰："公将不利于孺子。"管叔名鲜，武王弟，周公兄也。群弟，蔡叔度、霍叔处也。流言，无根之言，如水之流，自彼而至此也。孺子，成王也。商人兄死弟立者多，武王崩，成王幼，周公摄政，商人固已疑之。又管叔于周公为兄，尤所觊觎，故武庚、管、蔡流言于国，以危惧成王而动摇周公也。史氏言"管叔及其群弟"，而不及武庚者，所以深著三叔之罪也。周公乃告二公，曰："我之弗辟，我无以告我先王。"辟，读为避，郑氏诗传言"周公以管、蔡流言，辟居东都"是也。汉孔氏以为"致辟于管叔"之"辟"，谓诛杀之也。夫三叔流言，以公将不利于成王，周公岂容遽兴兵以诛之耶[一]？且是时，王方疑公，公将请王而诛之也？将自诛之也？请之固未必从，不请自诛之，亦非所以为周公矣。"我之弗辟，我无以告我先王"，言我不避，则于义有所不尽，无以告先王于地下也。公岂自为身计哉？亦尽其忠诚而已矣。周公居东二年，则罪人斯得。居东，居国之东也。郑氏谓避居东都，未知何据。孔氏以居东为东征，非也。方流言之起，成王未知罪人为谁。二年之后，王始知流言之为管、蔡。斯得者，迟之之辞也。于后，公乃为诗以贻王，名之曰鸱鸮。王亦未敢

〔一〕"耶"，汇纂、四库本作"邪"。

诮公。鸱鸮，恶鸟也，以其破巢取卵，比武庚之败管、蔡及王室也。诮，让也。上文言“罪人斯得”，则是时成王之疑十已去其四五矣。**秋，大熟，未获。天大雷电以风，禾尽偃，大木斯拔，邦人大恐。王与大夫尽弁，以启金縢之书，乃得周公所自以为功代武王之说。**王与大夫尽弁以发金縢之书，将卜天变，而偶得周公册祝请命之说也。孔氏谓二公倡王启之者，非是。按：“秋大熟”系于二年之后，则成王迎周公之归，盖二年秋也。东山之诗言“自我不见，于今三年”，则居东之非东征明矣。盖周公居东二年，成王因风雷之变，既亲迎以归。三叔怀流言之罪，遂胁武庚以叛，成王命周公征之。其东征往反，首尾又自三年也。**二公及王乃问诸史与百执事，对曰：“信。噫！公命。**句。**我勿敢言。”**周公卜武王之疾，二公未必不知也。周公册祝之文，二公盖不知也。诸史百执事，盖卜筮执事之人。成王使卜天变者，即前日周公使卜武王疾之人也。二公及成王得周公自以为功之说，因以问之，故皆谓信有此事，已而叹息言此实周公之命，而我勿敢言尔。孔氏谓周公使之勿道者，非是。**王执书以泣，曰：“其勿穆卜。昔公勤劳王家，惟予冲人弗及知。今天动威，以彰周公之德。惟朕小子其新逆，我国家礼亦宜之。**新，当作“亲”。成王启金縢之书，欲卜天变，既得公册祝之文，遂感悟，执书以泣，言不必更卜。昔周公勤劳王室，我幼不及知。今天动威以明周公之德，我小子其亲迎公以归，于国家礼亦宜也。按：郑氏诗传成王既得金縢之书，亲迎周公。郑氏学出于伏生，而此篇则伏生所传，当以“亲”为正。“亲”误作“新”，正犹大学“新”误作“亲”也。**王出郊，天乃雨，反风，禾则尽起。二公命邦人，凡大木所偃尽起而筑之。岁则大熟。**国外曰郊。王出郊者，成王自往迎公，即上文所谓“亲逆”者也。天乃反风，感应如此之速。洪范庶征，孰谓其不可信哉？又按：武王疾瘳，四年而崩。群叔流言，周公居东二年，罪人既得，成王迎公以归，凡六年事也。编书者附于金縢之末，以见请命事之首末，金縢书之显晦也。

大　诰

武王克殷，以殷余民封受子武庚，命三叔监殷。武王崩，成王立，周公相
之。三叔流言，"公将不利于孺子"，周公避位居东，后成王悟，迎周公
归。三叔惧，遂与武庚叛。成王命周公东征以讨之，大诰天下。书言武
庚而不言管叔者，为亲者讳也。篇首有"大诰"二字，编书者因以名篇。
今文、古文皆有。〇按：此篇诰语多主卜言，如曰"宁王遗我大宝龟"，曰
"朕卜并吉"，曰"予得吉卜"，曰"王害不违卜"，曰"宁王惟卜用"，曰
"矧亦惟卜用"，曰"予曷其极卜"，曰"矧今卜并吉"，至于篇终又曰
"卜陈惟〔一〕若兹"，意邦君御事有曰"艰大"、"不可征"，欲王违卜，故
周公以讨叛卜吉之义与天命人事之不可违者反复诰谕之也。

王若曰："猷！大诰尔多邦越尔御事。弗吊天降割于
我家，不少延。洪惟我幼冲人，嗣无疆大历服，弗造哲，迪
民康，矧曰：'其有能格知天命？'猷，发语辞也，犹虞书"咨""嗟"之
例。按：尔雅"猷"训最多，曰谋、曰言、曰已、曰图，未知此何训也。吊，恤也，
犹诗言"不吊昊天"之"吊"。言我不为天所恤，降害于我周家，武王遂丧而不
少待也。冲人，成王也。历，历数也。服，五服也。哲，明哲也。格，"格物"之
"格"。言大思我幼冲之君，嗣守〔二〕无疆之大业，弗能造明哲，以导民于安康，
是人事且有所未至，而况言其能格知天命乎？已！予惟小子，若涉渊
水，予惟往求朕攸济。敷贲，敷前人受命，兹不忘大功，予
不敢闭于天降威用。已，承上语词。已而有不能已之意。若涉渊水者，
喻其心之忧惧。求朕攸济者，冀其事之必成。敷，布；贲，饰也。敷贲者，修明
其典章法度。敷前人受命者，增益开大前王之基业。若此者，所以不忘武王安

138

〔一〕"惟"，原作"其"，今据德星堂本、纂疏、汇纂、四库本及下经文改。

〔二〕"守"，原作"于"，今据诸本改。

天下之大功也。今武庚不靖，天固诛之，予岂敢闭抑天之威用而不行讨乎？**宁王遗我大宝龟，绍天明，即命曰：'有大艰于西土，西土人亦不静。'越兹蠢。**宁王，武王也，下文又曰"宁考"。苏氏曰："当时谓武王为宁王，以其克殷而安天下也。"蠢，动而无知之貌。宁王遗我大宝龟者，以其可以绍介天明，以定吉凶。曩尝即龟所命而其兆谓将有大艰难之事于西土，西土之人亦不安静。是武庚未叛之时而龟之兆盖已预告矣。及此，果蠢蠢然而动，其卜可验如此。将言下文伐殷卜吉之事，故先发此，以见卜之不可违也。**殷小腆，诞敢纪其叙。天降威，知我国有疵，民不康，曰：'予复。'反鄙我周邦。**腆，厚；诞，大；叙，绪；疵，病也。言武庚以小厚之国，乃敢大纪其既亡之绪，是虽天降威于殷，然亦武庚知我国有三叔疵隙，民心不安，故敢言我将复殷业，而欲反鄙邑我周邦也。**今蠢。今翼日，民献有十夫，予翼以于，敉宁武图功。我有大事休，朕卜并吉。**于，往；敉，抚；武，继也。谓今武庚蠢动，今之明日，民之贤者十夫，辅我以往，抚定商邦，而继嗣武王所图之功。大事，戎事，左传云"国之大事在祀与戎"。休，美也。言知我有戎事休美者，以朕卜三龟而并吉也。按：上文"即命曰有大艰于西土"，盖卜于武王方崩之时。此云"朕卜并吉"，乃卜于将伐武庚之日。先儒合以为一，误矣。**肆予告我友邦君越尹氏、庶士、御事，曰：'予得吉卜，予惟以尔庶邦于伐殷逋播臣。'**此举尝以卜吉之故，告邦君、御事往伐武庚之词也。肆，故也。尹氏，庶官之正也。殷逋播臣者，谓武庚及其群臣本逋亡播迁之臣。**尔庶邦君越庶士、御事，罔不反曰：'艰大，民不静，亦惟在王宫邦君室。越予小子考翼不可征，王害不违卜？'**此举邦君、御事不欲征，欲王违卜之言也。邦君、御事无不反曰："艰难重大，不可轻举，且民不静，虽由武庚，然亦在于王之宫邦君之室。"谓三叔不睦之故，实兆衅端，不可不自反。害，曷也。越我小子与父老敬事者皆谓不可征，王曷不违卜而勿征乎？**肆予冲人，永思艰，曰：'呜呼！允蠢鳏寡。哀哉！'予造天役，遗**

大投艰于朕身，越予冲人，不卬自恤，义尔邦君越尔多士、尹氏、御事，绥予曰：‘无毖于恤，不可不成乃宁考图功。’造，为；卬，我也。故我冲人，亦永思其事之艰大。叹息言信四国蠢动，害及鳏寡，深可哀也。然我之所为皆天之所役使，今日之事天实以其甚大者遗于我之身，以其甚艰者投于我之身，于我冲人固不暇自恤矣。然以义言之，于尔邦君、于尔多士及官正治事之臣，当安我曰：无劳于忧，诚不可不成武王所图之功，相与戮力致讨可也。此章深责邦君、御事之避事。

已！予惟小子，不敢替上帝命。天休于宁王，兴我小邦周，宁王惟卜用，克绥受兹命。今天其相民，矧亦惟卜用。呜呼！天明畏，弼我丕丕基。”卜伐武庚而吉，是上帝命伐之也。上帝之命，其敢废乎？昔天眷武王，由百里而有天下，亦惟卜用，所谓“朕梦协朕卜，袭于休祥”是也。今天相佑斯民，避凶趋吉，况亦惟卜是用，是上而先王，下而小民，莫不用卜，而我独可废卜乎？故又叹息言天之明命可畏如此，是盖辅成我丕丕基业，其可违也。天明，即上文所谓“绍天明”者。

王曰：“尔惟旧人，尔丕克远省，尔知宁王若勤哉！天閟毖我成功所，予不敢不极卒宁王图事。肆予大化诱我友邦君，天棐忱辞，其考我民，予曷其不于前宁人图功攸终？天亦惟用勤毖我民若有疾，予曷敢〔一〕不于前宁人攸受休毕？”当时邦君、御事，有武王之旧臣者，亦惮征役，上文“考翼不可征”是也。故周公专呼旧臣而告之，曰：尔惟武王之旧人，尔大能远省前日之事，尔岂不知武王若此之勤劳哉？閟者，否闭而不通。毖者，艰难而不易。言天之所以否闭艰难，国家多难者，乃我成功之所在，我不敢不极卒武王所图之事也。化者，化其固滞。诱者，诱其顺从。棐，辅也。宁人，武王之大臣。当时谓武王为宁王，因谓武王之大臣为宁人也。民献十夫以为可伐，是天辅以诚信之辞，考之民而可见矣，我曷其不于前宁人而图功所终乎？勤毖我民若有疾者，四国勤毖我

书集传

140

———————————————
〔一〕“敢”，原脱，今据德星堂本、纂疏、汇纂、四库本及尚书正义补。

民，如人有疾，必速攻治之，我曷其不于前宁人所受休美而毕之乎？按：此三节，谓不可不卒终毕宁王、宁人事功休美之意。言宁人，则旧人之不欲征者亦可愧矣。

王曰："若昔朕其逝，朕言艰日思。若考作室，既厎法，厥子乃弗肯堂，矧肯构？厥父菑，厥子乃弗肯播，矧肯获？厥考翼其肯，曰：'予有后，弗弃基。肆予曷敢不越卬敉宁王大命？'"昔，前日也，犹孟子"昔者"之"昔"。若昔我之欲往，我亦谓其事之难而日思之矣，非轻举也。以作室喻之，父既厎定广狭高下，其子不肯为之堂基，况肯为之造屋乎？以耕田喻之，父既反土而菑矣，其子乃不肯为之播种，况肯俟其成而刈获之乎？考翼，父敬事者也，为其子者如此，则考翼其肯，曰："我有后嗣，弗弃我之基业乎？"盖武王定天下，立经陈纪，如作室之厎法，如治田之既菑，今三监叛乱，不能讨平，以终武王之业，则是不肯堂、不肯播，况望其肯构、肯获而延绵国祚于无穷乎？武王在天之灵，亦必不肯自谓其有后嗣，而不弃坠其基业矣。故我何敢不及我身之存以抚循武王之大命乎？按：此三节申喻不可不终武功之意。"若兄考乃有友伐厥子，民养其劝弗救。"民养，未详。苏氏曰："养，厮养也。"谓人之臣仆。大意言若父兄有友攻伐其子，为之臣仆者其可劝其攻伐而不救乎？父兄以喻武王，友以喻四国，子以喻百姓，民养以喻邦君御事。今王之四国毒害百姓，而邦君、臣仆乃惮于征役，是长其患而不救，其可哉？此言民被四国之害，不可不救援之意。

王曰："呜呼！肆哉尔庶邦君越尔御事。爽邦由哲，亦惟十人迪知上帝命，越天棐忱，尔时罔敢易法。矧今天降戾于周邦，惟大艰人诞邻胥伐于厥室。尔亦不知天命不易？"肆，放也。欲其舒放而不畏缩也。爽，明也，"爽厥师"之"爽"。桀昏德，汤伐之，故言"爽师"。受昏德，武王伐之，故言"爽邦"。言昔武王之明大命于邦，皆由明智之士，亦惟乱臣十人蹈知天命，及天辅武王之诚以克商受，尔于是时不敢违越武王法制，惮于征役，矧今武王死，天降祸于周，首大难之四国大近相攻于其室，事危势迫如此，尔乃以为不可征，尔亦不知天命之不可违越矣？此以今昔互言，责邦君御事之不知天命。按：先儒皆以十人为十夫，然十夫民之贤者尔，恐未可以为"迪知帝命"，未可以为"越天棐忱"。所谓"迪知"者，蹈行真知之词也。越天棐忱，天命已归之词也。非乱臣昭武王以受天命者，不足以当之。况君奭之书，周公历举虢叔、闳夭之徒亦曰"迪知天威"，于受殷命亦曰"若天棐忱"，详周公前后所言，则十人之为乱臣又何疑哉？

予永念曰："天惟丧殷，若穑夫，予曷敢不终朕亩？天亦惟休于前宁人。天之丧殷，若农夫之去草，必绝其根本，我何敢不终我之田亩乎？我之所以终亩者，是天亦惟欲休美于前宁人也。予曷其极卜，敢弗于从？率宁人有指疆土，矧今卜并吉？肆朕诞以尔东征，天命不僭，卜陈惟若兹。"我何敢尽欲用卜，敢不从尔勿征？盖率循宁人之功，当有指定先王疆土之理，卜而不吉，固将伐之，况今卜而并吉乎？故我大以尔东征，天命断不僭差，卜之所陈盖如此。按：此篇专主卜言，然其上原天命，下述得人，往推宁王、宁人不可不成之功，近指成王、邦君、御事不可不终之责，谆谆乎民生之休戚，家国之兴丧，恳恻切[一]至，不能自已，而反复终始乎卜之一说，"以通天下之志，以断天下之疑，以定天下之业，非聪明睿知、神武而不杀者，孰能与此哉？"

微子之命

微，国名。子，爵也。成王既杀武庚，封微子于宋，以奉汤祀。史录其诰命，以为此篇。今文无，古文有。

王若曰："猷！殷王元子，惟稽古崇德象贤，统承先王，修其礼物，作宾于王家，与国咸休，永世无穷。元子，长子也。微子，帝乙之长子，纣之庶兄也。崇德，谓先圣王之有德者则尊崇而奉祀之也。

142

〔一〕"切"，原作"到"，今据德星堂本、纂疏、汇纂、四库本改。

象贤，谓其后嗣子孙有象先圣王之贤者，则命之以主祀也。言考古制，尊崇**成汤**之德，以<u>微子</u>象贤而奉其祀也。礼，典礼；物，文物也。修其典礼文物，不使废坏，以备一王之法也。<u>孔子</u>曰："<u>夏礼吾能言之</u>，<u>杞</u>不足征也；<u>殷礼吾能言之</u>，<u>宋</u>不足征也，文献不足故也。"殷之典礼，<u>微子</u>修之，<u>至孔子</u>时已不足征矣，故夫子惜之。宾，以客礼遇之也。振鹭言"我客戾止"，<u>左传</u>谓"<u>宋</u>，先代之后，天子有事膰焉，有丧拜焉"者也。<u>吕氏</u>曰："先王之心，公平广大，非若后世灭人之国，惟恐苗裔之存为子孙害。<u>成王命微子</u>，方且抚助爱养，欲其与国咸休，永世无穷，公平广大气象于此可见。"

呜呼！乃祖成汤，克齐圣广渊，皇天眷佑，诞受厥命，抚民以宽，除其邪虐，功加于时，德垂后裔。齐，肃也。齐则无不敬，圣则无不通。广言其大，渊言其深也。诞，大也。皇天眷佑，诞受厥命，即<u>伊尹</u>所谓"天监厥德，用集大命"者。"抚民以宽，除其邪虐"，即<u>伊尹</u>所谓"代虐以宽，兆民允怀"者。功加于时，言其所及者众。德垂后裔，言其所传者远也。后裔，即<u>微子</u>也。此崇德之意。

尔惟践修厥猷，旧有令闻。恪慎克孝，肃恭神人。予嘉乃德，曰笃不忘，上帝时歆，下民祗协，庸建尔于上公，尹兹东夏。猷，道；令，善；闻，誉也。<u>微子</u>践履修举<u>成汤</u>之道，旧有善誉，非一日也。恪，敬也。"恪谨克孝，肃恭神人"，指<u>微子</u>实德而言。抱祭器归周，亦其一也。笃，厚也。我善汝德，曰厚而不忘也。歆，飨；庸，用也。王者之后称公，故曰上公。尹，治也。<u>宋亳</u>在东，故曰<u>东夏</u>。此象贤之意。

钦哉！往。敷乃训，慎乃服命，率由典常，以蕃王室。弘乃烈祖，律乃有民，永绥厥位，毗予一人。世世享德，万邦作式，俾我有周无斁。此因戒勉之也。服命，上公服命也。<u>宋</u>，王者之后。<u>成汤</u>之庙当有天子礼乐，虑有僭儗之失，故曰"谨其服命，率由典常"，以戒之也。弘，大；律，范；毗，辅；式，法；斁，厌也，即诗言"在此无斁"之意。○<u>林氏</u>曰："偪生于僭，僭生于儗，非儗无僭，非僭无偪。谨其服命，遵守典常，安有偪僭之过哉？<u>鲁</u>实侯爵，乃以天子礼乐祀<u>周公</u>，亦既不谨矣。其后遂用于群公之庙，甚至<u>季氏</u>僭八佾，三家僭雍彻，其原一开，末流无所不至。<u>成王</u>于宋谨慎如此，必无赐<u>周公</u>以天子礼乐之事。岂<u>周</u>室既衰，<u>鲁</u>窃僭用，托为<u>成王</u>之赐、<u>伯禽</u>之受乎？"**呜呼！往哉。惟休，无替朕命。**"叹息言汝往之国，当休美其政，而无废弃我所命汝之言也。

康　诰

<u>康叔</u>，<u>文王</u>之子，<u>武王</u>之弟。<u>武王</u>诰命为<u>卫</u>侯。今文、古文皆有。○按：<u>书序</u>以<u>康诰</u>为<u>成王</u>之书，今详本篇，<u>康叔</u>于<u>成王</u>为叔父，<u>成王</u>不应以弟称之。说者谓<u>周公</u>以<u>成王</u>命诰，故曰弟。然既谓之"<u>王</u>若曰"，则为<u>成王</u>之言，<u>周公</u>何遽自以弟称之也？且<u>康诰</u>、<u>酒诰</u>、<u>梓材</u>三篇言<u>文王</u>者非一，而略无一语以及<u>武王</u>，何耶？说者又谓"寡兄勖"为称<u>武王</u>，尤为非义。"寡兄"云者，自谦之辞，寡德之称，苟语他人，犹之^{〔一〕}可也。<u>武王</u>，<u>康叔</u>之兄，家人相语，<u>周公</u>安得以<u>武王</u>为寡兄而告其弟乎？或又谓<u>康叔</u>在<u>武王</u>时尚幼，故不得封。然<u>康叔</u>，<u>武王</u>同母弟，<u>武王</u>分封之时，年已九十，安有九十之兄，同母弟尚幼，不可封乎？且<u>康叔</u>，<u>文王</u>之子；<u>叔虞</u>，<u>成王</u>之弟，<u>周公</u>东征，<u>叔虞</u>已封于<u>唐</u>，岂有<u>康叔</u>得封反在<u>叔虞</u>之后？必无是理也。又按：<u>汲冢周书克殷</u>篇言"<u>王</u>即位于社南，群臣毕从，<u>毛叔郑</u>奉明水，<u>卫叔封</u>传礼，<u>召公奭</u>赞采，师尚父牵牲"，<u>史记</u>亦言"<u>卫康叔封布兹</u>"，与<u>汲书</u>大同小异，<u>康叔</u>在<u>武王</u>时非幼亦明矣。特序书者，不知<u>康诰</u>篇首四十八字为<u>洛诰</u>脱简，遂因误为<u>成王</u>之书。是知<u>书序</u>果非<u>孔子</u>所作也。<u>康诰</u>、<u>酒诰</u>、<u>梓材</u>篇次当在<u>金縢</u>之前。

144

惟三月哉生魄，<u>周公</u>初基，作新大邑于东国<u>洛</u>，四方民大和会，侯、甸、男、邦、采、卫百工播民和见士于<u>周</u>。<u>周公</u>咸勤，乃洪大诰治。 三月，<u>周公</u>摄政七年之三月也。始生魄，十六日也。

〔一〕"之"，原作"云"，今据诸本改。

百工，百官也。士，说文曰"事也"。诗曰："勿士行枚。"吕氏曰："斧斤版筑之事亦甚劳矣，而民大和会，悉来赴役，即文王作灵台，'庶民子来'之意。"苏氏曰："此洛诰之文，当在'周公拜手稽首'之上。"

王若曰："孟侯朕其弟小子封。王，武王也。孟，长也，言为诸侯之长也。封，康叔名。旧说周公以成王命诰康叔者，非是。**惟乃丕显考文王，克明德慎罚。**左氏曰："明德谨罚，文王所以造周也。"明德，务崇之之谓；谨罚，务去之之谓。明德、谨罚，一篇之纲领。"不敢侮鳏寡"以下，文王明德谨罚也。"汝念哉"以下，欲康叔明德也。"敬明乃罚"以下，欲康叔谨罚也。"爽惟民"以下，欲其以德行罚也。"封敬哉"以下，欲其不用罚而用德也。终则以天命殷民结之。**不敢侮鳏寡，庸庸、祗祗、威威，显民，用肇造我区夏越我一二邦，以修。我西土惟时怙冒，闻于上帝，帝休，天乃大命文王，殪戎殷，诞受厥命。越厥邦厥民，惟时叙。乃寡兄勖，肆汝小子封在兹东土。"**鳏寡，人所易忽也，于人易忽者而不忽焉，以见圣人无所不敬畏也，即尧"不虐无告"之意。论文王之德而首发此，非圣人不能也。庸，用也，用其所当用，敬其所当敬，威其所当威，言文王用能敬贤讨罪，一听于理，而己无与焉，故德著于民，用始造我区夏及我一二友邦，渐以修治，至罄西土之人怙之如父，冒之如天，明德昭升，闻于上帝，帝用休美，乃大命文王，殪灭大殷，大受其命。万邦万民各得其理，莫不时叙。汝寡德之兄亦勉力不息，故尔小子封得以在此东土也。吴氏曰："殪戎殷，武王之事也。此称文王者，武王不敢以为己之功也。"○又按："东土"云者，武王克商，分纣城朝歌以北为邶，南为墉，东为卫，意邶、墉为武庚之封，而卫即康叔也。汉书言"周公善康叔不从管、蔡之乱"，似地相比近之辞，然不可考矣。

王曰："呜呼！封。汝念哉！今民将在祗遹乃文考，绍闻衣德言。往敷求于殷先哲王，用保乂民。汝丕远，惟商耇成人宅心知训，别求闻由古先哲王，用康保民，弘于天。若德裕乃身，不废在王命。"此下明德也。遹，述；衣，服也。今治民将在敬述文考之事，继其所闻，而服行<u>文王</u>之德言也。往，之国也。宅心，处心也，"安汝止"之意。知训，知所以训民也。由，行也。曰保乂、曰知训、曰康保，经纬以成文尔。<u>武王</u>既欲<u>康叔</u>"祗遹文考"，又欲"敷求<u>商</u>先哲王"，又"丕远惟<u>商</u>耇成人"，又"别闻由古先哲王"，近述诸今，远稽诸古，不一而足，以见义理之无尽。<u>易</u>曰："君子多识前言往行，以蓄其德。"弘者，廓而大之也。天者，理之所从出也。<u>康叔</u>博学以聚之，集义以生之，真积力久，众理该通，此心之天理之所从出者，始恢廓而有余用矣。若是，则心广体胖，动无违礼，斯能不废在王之命也。○<u>吕氏</u>曰："<u>康叔</u>历求圣贤问学，至于弘于天，德裕身，可谓盛矣。止能不废王命，才可免过而已。此见人臣职分之难尽。若欲为子，必须如<u>舜</u>与<u>曾</u>、<u>闵</u>，方能不废父命。若欲为臣，必须如<u>舜</u>与<u>周公</u>，方能不废君命。"

王曰："呜呼！小子<u>封</u>。恫瘝乃身，敬哉！天畏棐忱，民情大可见，小人难保。往尽乃心，无康好逸豫，乃其乂民。我闻曰：'怨不在大，亦不在小，惠不惠，懋不懋。'恫，痛；瘝，病也。视民之不安，如疾痛之在乃身，不可不敬之也。天命不常，虽甚可畏，然诚则辅之。民情好恶，虽大可见，而小民至为难保，汝往之国，所以治之者非他，惟尽汝心，无自安而好逸豫，乃其所以乂民也。古人言怨不在大，亦不在小，惟在顺不顺、勉不勉耳。顺者，顺于理；勉者，勉于行，即上文所谓"往尽乃心，无康好逸豫"者。**已！汝惟小子，乃服惟弘王，应保殷民，亦惟助王宅天命，作新民。"**服，事；应，和也。汝之事惟在广上德意，和保<u>殷</u>民，使之不失其所，以助王安定天命，而作新斯民也。此言明德之终也。<u>大学</u>言"明德"，亦举"新民"终之。

王曰："呜呼！<u>封</u>，敬明乃罚。人有小罪，非眚，乃惟终自作不典，式尔，有厥罪小，乃不可不杀。乃有大罪，非终，乃惟眚灾，适尔，既道极厥辜，时乃不可杀。"此下谨罚也。式，用；适，偶也。人有小罪，非过误，乃其固为乱常之事，用意如此，其罪虽小，乃不可不杀，即<u>舜</u>典所谓"刑故无小"也。人有大罪，非是故犯，乃其过误，出于不幸，偶尔如此，既自称道，尽输其情，不敢隐匿，罪虽大，时乃不可杀，即<u>舜</u>典所谓"宥过无大"也。<u>诸葛孔明</u>治<u>蜀</u>,服罪输情者虽重必释,其"既道极厥辜,时乃不可杀"之意欤?

王曰:"呜呼!封。有叙,时乃大明服,惟民其敕懋和。若有疾,惟民其毕弃咎。若保赤子,惟民其康乂。有叙者,刑罚有次序也。明者,明其罚。服者,服其民也。<u>左氏</u>曰:"乃大明服,己则不明,而杀人以逞,不亦难乎?"敕,戒敕也。民其戒敕而勉于和顺也。若有疾者,以去疾之心去恶也,故民皆弃咎。若保赤子者,以保子之心保善也,故民其安治。非汝封刑人杀人,无或刑人杀人。非汝封又曰劓刵人,无或劓刵人。"刑杀者,天之所以讨有罪,非汝封得以刑之杀之也。汝无或以己而刑杀之。刵,截耳也。刑杀,刑之大者。劓刵,刑之小者。兼举小大以申戒之也。又曰:当在"无或刑人杀人"之下。又按:刵,<u>周官</u>五刑所无,<u>吕刑</u>以为苗民所制。

王曰:"外事,汝陈时臬,司师兹殷罚有伦。"外事,未详。<u>陈氏</u>曰:"外事,有司之事也。臬,法也,为准限之义。言汝于外事,但陈列是法,使有司师此殷罚之有叙〔一〕者用之尔。"○<u>吕氏</u>曰:"外事,<u>卫</u>国事也。<u>史记</u>言<u>康叔</u>为<u>周</u>司寇。司寇,王朝之官,职任内事,故以<u>卫</u>国对言为外事。"今按:篇中言"往敷求"、"往尽乃心",篇终曰"往哉封",皆令其之国之辞,而未见其留王朝之意。但详此篇,<u>康叔</u>盖深于法者,异时<u>成王</u>或举以任司寇之职,而此则未必然也。又曰:"要囚,服念五六日,至于旬时,丕蔽要囚。"要囚,狱辞之要者也。服念,服膺而念之。旬,十日。时,三月。为囚求生道也。蔽,断也。

王曰:"汝陈时臬事,罚蔽殷彝,用其义刑义杀,勿庸以次汝封。乃汝尽逊,曰时叙,惟曰未有逊事。义,宜也。次,"次舍"之"次"。逊,顺也。申言敷陈是法与事罚,断以<u>殷</u>之常法矣。又虑其泥古而不通,又谓其刑其杀必察其宜于时者而后用之。既又虑其趋时而徇己,又谓

〔一〕"叙",<u>德星堂</u>本、<u>纂疏</u>、<u>汇纂</u>、四库本及上经文作"伦"。

刑杀不可以就汝封之意。既又虑其刑杀虽已当罪而矜喜之心乘之，又谓使汝刑杀尽顺于义，虽曰是有次叙，汝当惟谓未有顺义之事。盖矜喜之心生，乃怠惰之心起，刑杀之所由不中也，可不戒哉！**已！汝惟小子，未其有若汝封之心，朕心朕德，惟乃知。**已者，语辞之不能已也。小子，幼小之称，言年虽少而心独善也。尔心之善，固朕知之。朕心朕德，亦惟尔知之。将言用罚之事，故先发其良心焉。**凡民自得罪，寇攘奸宄，杀越人于货，暋不畏死，罔弗憝。**越，颠越也。<u>盘庚</u>云："颠越不恭。"暋，强；憝，恶也。自得罪，非为人诱陷以得罪也。凡民自犯罪为盗贼奸宄，杀人颠越人以取财货，强很亡命者，人无不憎恶之也。用罚而加是人，则人无不服，以其出乎人之同恶，而非即乎吾之私心也。特举此以明用罚之当罪。

　　王曰："封，元恶大憝，矧惟不孝不友。子弗祗服厥父事，大伤厥考心。于父不能字厥子，乃疾厥子。于弟弗念天显，乃弗克恭厥兄。兄亦不念鞠子哀，大不友于弟。惟吊兹，不于我政人得罪，天惟与我民彝大泯乱。曰乃其速由文王作罚，刑兹无赦。大憝，即上文之"罔弗憝"，言寇攘奸宄固为大恶而大可恶矣，况不孝不友[一]之人而尤为可恶者。当<u>商</u>之季，礼义不明，人纪废坏，子不敬事其父，大伤父心；父不能爱子，乃疾恶其子，是父子相夷也。天显，犹<u>孝经</u>所谓"天明"，尊卑显然之序也。弟不念尊卑之序而不能敬其兄，兄亦不念父母鞠养之劳而大不友其弟，是兄弟相贼也。父子、兄弟至于如此，苟不于我为政之人而得罪焉，则天之与我民彝必大泯灭而紊乱矣。曰者，言如此则汝其速由<u>文王</u>作罚，刑此无赦，而惩戒之不可缓也。**不率大戛，矧惟外庶子训人，惟厥正人越小臣诸节，乃别播敷，造民大誉，弗念弗庸，瘝厥君，时乃引恶，惟朕憝。已！汝乃其速由兹义率杀。**戛，法也。言民之不率教者固可大寘之法矣，况外庶子以训人为

────────────

〔一〕"不友"，原脱，今据<u>德星堂</u>本、纂疏、汇纂、四库本补。

職，与庶官之长及小臣之有符节者，乃别布条教，违道干誉，弗念其君，弗用其法，以病君上，是乃长恶于下，我之所深恶也。臣之不忠如此，刑其可已乎？汝其速由此义而率以诛戮之可也。〇按：上言民不孝不友，则"速由文王作罚，刑兹无赦"，此言外庶子、正人、小臣背上立私，则"速由兹义〔一〕率杀"，其曰刑、曰杀，若用法峻急者，盖殷之臣民化纣之恶，父子兄弟之无其亲，君臣上下之无其义，非绳之以法，示之以威，殷人〔二〕孰知不孝不义之不可干哉？周礼所谓"刑乱国，用重典"者是也。然曰"速由文王"、曰"速由兹义"，则其刑其罚亦仁厚而已矣。**亦惟君惟长，不能厥家人越厥小臣外正，惟威惟虐，大放王命，乃非德用乂。**君长，指康叔而言也。康叔而不能齐其家，不能训其臣，惟威惟虐，大废弃天子之命，乃欲以非德用治，是康叔且不能用上命矣，亦何以责其臣之瘝厥君也哉？**汝亦罔不克敬典，乃由裕民，惟文王之敬忌，乃裕民，曰：'我惟有及。'则予一人以怿。"**汝罔不能敬守国之常法，由是而求裕民之道，惟文王之敬忌。敬则有所不忽，忌则有所不敢。期裕其民，曰："我惟有及于文王。"则予一人以悦怿矣。此言谨罚之终也。穆王训刑，亦曰"敬忌"云。

王曰："**封！爽惟民，迪吉康。我时其惟殷先哲王德，用康乂民，作求。矧今民罔迪不适，不迪则罔政在厥邦。"**此下欲其以德用罚也。求，等也，诗曰"世德作求"。言明思夫民，当开导之以吉康。我亦时其惟殷先哲王之德，用以安治其民，为等匹于商先王也。迪，即"迪吉康"之"迪"。况今民无道之而不从者，苟不有以导之，则为无政于国矣。迪言德而政言刑也。前既严之民，又严之臣，又严之康叔，此则武王之自严畏也。

王曰："**封！予惟不可不监，告汝德之说于罚之行。今惟民不静，未戾厥心，迪屡未同。爽惟天其罚殛我，我其不**

〔一〕"义"，原脱，今据德星堂本、纂疏、汇纂、四库本及经文补。
〔二〕"人"，德星堂本、纂疏、汇纂、四库本作"民"。

怨,惟厥罪无在大,亦无在多,矧曰其尚显闻于天。"戾,止也。
又言民不安静,未能止其心之很疾,迪之者虽屡,而未能使之上同于治,明思天
其殛罚我,我何敢怨乎? 惟民之罪不在大,亦不在多,苟为有罪,即在朕躬,况
曰:今庶群腥秽之德,其尚显闻于天乎?

王曰:"呜呼! 封。敬哉! 无作怨,勿用非谋、非彝,蔽
时忱。丕则敏德,用康乃心,顾乃德,远乃猷裕,乃以民宁,
不汝瑕殄。"此欲其不用罚而用德也。叹息言汝敬哉,毋作可怨之事,勿用
非善之谋、非常之法,惟断以是诚。大法古人之敏德,用以安汝之心,省汝之
德,远汝之谋,宽裕不迫,以待民之自安。若是,则不汝瑕疵而弃绝矣。

王曰:"呜呼! 肆汝小子封。惟命不于常,汝念哉! 无
我殄享,明乃服命,高乃听,用康乂民。"肆,未详。惟命不于常,
善则得之,不善则失之。汝其念哉! 毋我殄绝所享之国也,明汝侯国服命,高
其听,不可卑忽我言,用安治尔民也。

王若曰:"往哉! 封。勿替敬典,听朕告汝,乃以殷民
世享。"勿废其所敬之常法,听我所命而服行之,乃能以殷民而世享其国也。
世享,对上文"殄享"为言。

酒　诰

商受酗酒,天下化之。妹土,商之都邑,其染恶尤甚。武王以其地封康
叔,故作书诰教之云。今文、古文皆有。○按:吴氏曰:"酒诰一书,本是
两书,以其皆为酒而诰,故误合而为一。自'王若曰:明大命于妹邦'以
下,武王诰受故都之书也。自'王曰:封,我西土棐徂邦君'以下,武王诰
康叔之书也。书之体为一人而作,则首称其人;为众人而作,则首称其
众;为一方而作,则首称一方;为天下而作,则首称天下。君奭书首称君
奭,君陈书首称君陈,为一人而作也。甘誓首称'六事之人',汤誓首称
'格汝众',此为众人而作也。汤诰首称'万方有众',大诰首称'大诰多

邦〔一〕'，此为天下而作也。多方书为四国而作，则首称'四国'。多士书为多士而作，则首称'多士'。今酒诰为妹邦而作，故首言'明大命于妹邦'，其自为一书无疑。"按：吴氏分篇，引证固为甚，但既谓专诰惩妹邦，不应有"乃穆考文王"之语，意酒诰专为妹邦而作，而妹邦在康叔封圻之内，则明大命之责，康叔实任之。故篇首专以妹邦为称，至中篇始名康叔以致诰。其曰"尚克用文王教"者，亦申言首章文王诰惩之意。其事则主于妹邦，其书则付之康叔，虽若二篇而实为一书，虽若二事而实相首尾，反复参究，盖自为书之一体也。

王若曰："明大命于妹邦。妹邦，即诗所谓"沫乡"。篇首称妹邦者，诰命专为妹邦发也。乃穆考文王，肇国在西土，厥诰毖庶邦庶士越少正御事，朝夕曰：'祀兹酒。'惟天降命，肇我民，惟元祀。穆，敬也，诗曰"穆穆文王"是也。上篇言文王明德则曰显考，此篇言文王诰毖则曰穆考，言各有当也。或曰文王世次为穆，亦通。毖，戒谨也。少正，官之副贰也。文王朝夕敕戒之，曰：惟祭祀则用此酒。天始令民作酒者，为大祭祀而已。西土庶邦，远去商邑，文王诰毖，亦谆谆以酒为戒，则商邑可知矣。文王为西伯，故得"诰毖庶邦"云。天降威，我民用大乱丧德，亦罔非酒惟行。越小大邦用丧，亦罔非酒惟辜。酒之祸人也，而以为天降威者，祸乱之成是亦天尔。箕子言受酗酒亦曰"天毒降灾"，正此意也。民之丧德，君之丧邦，皆由于酒。丧德故言"行"，丧邦故言"辜"。文王诰教小子有正有事，无彝酒；越庶国，饮惟祀，德将无醉。小子，少子之称，以其血气未定，尤易纵酒丧德，故文王专诰教之。有正，有官守者。有事，有职业者。无、毋同。彝，常也。毋常于酒，其饮惟于祭祀之时，然亦必以德将之，毋〔二〕至于醉也。惟曰：'我民迪小子，惟土物爱，厥心臧，聪听祖考之彝训。越小大德，小子惟一。'文王言我

────────────────

〔一〕"邦"，原作"方"，今据德星堂本、纂疏、汇纂、四库本及大诰篇文改。
〔二〕"毋"，德星堂本、纂疏、汇纂、四库本作"无"。

民亦常训导其子孙,惟土物之爱,勤稼穑,服田亩。无外慕,则心之所守者正,而善日生。为子孙者亦当聪听其祖父之常训,不可以谨酒为小德。小德、大德,小子为一视之可也。**妹土,嗣尔股肱,纯其艺黍稷,奔走事厥考厥长。肇牵车牛,远服贾,用孝养厥父母。厥父母庆,自洗腆,致用酒。**此武王教妹土之民也。嗣,续;纯,大;肇,敏;服,事也。言妹土民当嗣续汝四肢之力,无有怠惰,大修农功,服劳田亩,奔走以事其父兄。或敏于贸易,牵车牛,远事贾,以孝养其父母。父母喜庆,然后可自洗腆,致用酒。洗以致其洁,腆以致其厚也。薛氏曰:“或大修农功,或远服商贾,以养父母。父母庆,则汝可以用酒也。”**庶士有正越庶伯君子,其尔典听朕教。尔大克羞耉惟君,尔乃饮食醉饱。丕惟曰:尔克永观省,作稽中德。尔尚克羞馈祀,尔乃自介用逸。兹乃允,惟王正事之臣,兹亦惟天若元德,永不忘在王家。”**此武王教妹土之臣也。伯,长也。曰君子者,贤之也。典,常也。羞,养也。言其大能养老也。惟君,未详。丕惟曰者,大言也。介,助也。用逸者,用以宴乐也。言尔能常常反观内省,使念虑之发,营为之际,悉稽乎中正之德,而无过不及之差,则德全于身,而可以交于神明矣。如是,则庶几能进馈祀,尔亦可自副而用宴乐也。如此,则信为王治事之臣。如此,亦惟天顺元德,而永不忘在王家矣。按:上文父母庆则可饮酒,克羞耉则可饮酒,羞馈祀则可饮酒,本欲禁绝其饮,今乃反开其端者,不禁之禁也。圣人之教不迫而民从者,此也。孝养、羞耉、馈祀,皆因其良心之发而利导之也。人果能尽此三者,且为成德之士矣,而何忧其湎酒也哉?

152

王曰:“封,我西土棐徂邦君御事小子,尚克用文王教,不腆于酒,故我至于今,克受殷之命。”徂,往也。辅佐文王往日之邦君御事小子也。言文王愍酒之教,其大如此。

王曰:“封,我闻惟曰:‘在昔殷先哲王,迪畏天显小民,经德秉哲,自成汤咸至于帝乙,成王畏相。惟御事厥棐有恭,不敢自暇自逸,矧曰其敢崇饮?以商君臣之不暇逸者告康叔也。殷先哲王，汤也。迪畏者，畏之而见于行也。畏天之明命，畏小民之难保。经其德而不变，所以处己也。秉其哲而不惑，所以用人也。汤之垂统如此，故自汤至于帝乙贤圣之君六七作，虽世代不同，而皆能成就君德，敬畏辅相。故当时御事大^{〔一〕}臣亦皆尽忠辅翼，而有责难之恭，自暇自逸犹且不敢，况曰其敢尚饮乎？**越在外服，侯、甸、男、卫邦伯；越在内服，百僚、庶尹、惟亚、惟服、宗工越百姓里居，罔敢湎于酒。不惟不敢，亦不暇。惟助成王德显，越尹人祗辟。**自御事而下，在外服则有侯、甸、男、卫诸侯与其长伯，在内服则有百僚、庶尹、惟亚、惟服、宗工、国中百姓与夫里居者，亦皆不敢沉湎于酒。"不惟不敢，亦不暇"，不敢者有所畏，不暇者有所勉。惟欲上以助成君德，而使之昭著，下以助尹人祗辟，而使之益不息耳。成王，顾上文"成王"而言。祗辟，顾上文"有恭"而言。吕氏曰："尹人者，百官诸侯之长也。"指上文"御事"而言。**我闻亦惟曰：'在今后嗣王酗身，厥命罔显于民，祗保越怨，不易。诞惟厥纵淫泆于非彝，用燕丧威仪，民罔不盡伤心。惟荒腆于酒，不惟自息乃逸，厥心疾很，不克畏死。辜在商邑，越殷国灭无罹。弗惟德馨香祀，登闻于天。诞惟民怨，庶群自酒，腥闻在上。故天降丧于殷，罔爱于殷，惟逸。天非虐，惟民自速辜。'"**以商受荒腆于酒者告康叔也。后嗣王，受也。受沉酗其身，昏迷于政，命令不著于民，其所祗保者，惟在于作怨之事，不肯悛改。大惟纵淫泆于非彝，泰誓所谓"奇技淫巧"也。燕，安也。用安逸而丧其威仪。史记：受^{〔二〕}为酒池肉林，使男女裸而相逐，其威仪之丧如此。此民所以无不痛伤其心，悼国之将亡也。而受方且荒怠，益厚于酒，不思自息其逸，力行无度，其心疾很，虽杀身而不畏也；辜萃^{〔三〕}商邑，虽灭国而不忧也。弗事上帝，无馨香之德以格天。大惟民

153

〔一〕"大"，德星堂本、纂疏、汇纂、四库本作"之"。
〔二〕"受"，原作"廷"，今据诸本改。
〔三〕"萃"，德星堂本、纂疏、汇纂、四库本作"在"。

怨，惟群酗，腥秽之德以闻于上。故上天降丧于殷，无有眷爱之意者，亦惟受纵逸故也。天岂虐殷，惟殷人酗酒，自速其辜尔！曰民者，犹曰先民，君臣之通称也。

王曰："封，予不惟若兹多诰。古人有言曰：'人无于水监，当于民监。'今惟殷坠厥命，我其可不大监抚于时。我不惟如此多言，所以言汤、言受如此其详者，古人谓人无于水监，水能见人之妍丑而已，当于民监，则其得失可知。今殷民自速辜，既坠厥命矣，我其可不以殷民之失为大监戒，以抚安斯时乎？

"予惟曰：'汝劼毖殷献臣侯、甸、男、卫，矧太史友、内史友越献臣、百宗工，矧惟尔事服休、服采，矧惟若畴圻父薄违、农父若保、宏父定辟，矧汝刚制于酒。'劼，用力也。汝当用力戒谨殷之贤臣与邻国之侯甸男卫，使之不湎于酒也。"毖殷献臣侯甸男卫"，与文王"毖庶邦庶士"同义。殷之贤臣诸侯固欲知所谨矣，况太史掌六典八法八则，内史掌八柄之法，汝之所友者，及其贤臣百僚大臣，可不谨于酒乎？太史、内史、献臣、百宗工，固欲知所谨矣，况尔之所事服休坐而论道之臣，服采起而作事之臣，可不谨于酒乎？曰友、曰事者，国君有所友、有所事也。然盛德有不可友者，故孟子曰："古之人曰事之云乎？岂曰友之云乎？"服休、服采，固欲知所谨矣，况尔之畴匹而位三卿者，若圻父迫逐违命者乎？若农父之顺保万民者乎？若宏父之制其经界以定法者乎？皆不可不谨于酒。圻父，政官，司马也，主封圻。农父，教官，司徒也，主农。宏父，事官，司空也，主廓地居民。谓之父者，尊之也。先言圻父者，制殷人湎酒，以政为急也。圻父、农父、宏父固欲知所谨矣，况汝之身所以为一国之视效者，可不谨于酒乎？故曰"矧汝刚制于酒"。刚制，亦"劼毖"之意，刚果用力以制之也。此章自远而近，自卑而尊，等而上之，则欲其自康叔之身始，以是为治，孰能御之，而况毖于酒德也哉？

厥或诰曰：群饮，汝勿佚，尽执拘以归于周，予其杀。群饮者，商民群聚而饮为奸恶者也。佚，失也。其者，未定辞也。苏氏曰："予其杀者，未必杀也。犹今法曰当斩者，皆具狱以待命，不必死也。然必立法者，欲人畏而不敢犯也。群饮盖亦当时之法，有群聚饮酒，谋为大奸者，其详不可得而闻矣。如今之法，有曰夜聚晓散者皆死罪。盖聚而为妖逆者也。使后世不知其详而徒闻其名，凡民夜相过者，辄杀之可乎？”**又惟殷之迪诸臣惟工，乃湎于酒，勿庸杀之，姑惟教之。**殷受导迪为恶之诸臣百工，虽湎于酒，未能遽革，而非群聚为奸恶者，无庸杀之，且惟教之。**有斯明享，乃不用我教辞，惟我一人弗恤，弗蠲乃事，时同于杀。**”有者，不忘之也。斯，此也，指教辞而言。享，“上享下”之“享”。言殷诸臣百工不忘教辞，不湎于酒，我则明享之。其不用我教辞，惟我一人不恤于汝，弗洁汝事，时则同汝于群饮诛杀之罪矣。**王曰：“封，汝典听朕毖，勿辩乃司，民湎于酒。”**辩，治也。乃司，有司也，即上文诸臣百工之类。言康叔不治其诸臣、百工之湎酒，则民之湎酒者不可禁矣。

梓　材

亦武王诰康叔之书，谕以治国之理，欲其通上下之情，宽刑辟之用。而篇中有“梓材”二字，比“稽田”、“作室”为雅，故以为简编之别，非有它义也。今文、古文皆有。○按：此篇文多不类，自“今王惟曰”以下，若人臣进戒之辞。以书例推之，曰“今王惟曰”者，犹洛诰之“今王即命曰”也；“肆王惟德用”者，犹召诰之“肆惟王其疾敬德，王其德之用”也；“已若兹监”者，犹无逸“嗣王其监于兹”也；“惟王子子孙孙永保民”者，犹召诰“惟王受命无疆惟休”也。反覆参考，与周公、召公进戒之言若出一口。意者此篇得于简编断烂之中，文既不全，而进戒烂简有“用明德”之语，编书者以与“罔厉杀人”等意合，又武王之诰有曰“王曰监”云者，而进戒之书亦有曰“王曰监”云者，遂以为文意相属，编次其后，而不知前之所谓王者指先王而言，非若今王之为自称也；后之所谓监者乃“监视”之“监”，而非“启监”之“监”也。其非命康叔之书亦明矣。读书者优游涵泳，沉潜反覆，绎其文义，审其语脉，一篇之中前则尊谕卑之辞，后则臣告君之语，盖有不可得而强合者矣。

王曰："封，以厥庶民暨厥臣达大家，以厥臣达王，惟邦君。大家，巨室也。孟子曰："为政不难，不得罪于巨室。"孔氏曰："卿大夫及都家也。"以厥庶民暨厥臣达大家，则下之情无不通矣。以厥臣达王，则上之情无不通矣。王言臣而不言民者，率土之滨，莫非王臣也。邦君上有天子，下有大家，能通上下之情，而使之无间者，惟邦君也。汝若恒越曰：'我有师师、司徒、司马、司空、尹、旅。'曰：'予罔厉杀人。'亦厥君先敬劳，肆徂厥敬劳。肆往奸宄杀人历人，宥。肆亦见厥君事，戕败人，宥。恒，常也。师师，以官师为师也。尹，正官之长。旅，众大夫也。敬劳，恭敬劳来也。徂，往也。历人者，罪人所过，律所谓"知情藏匿赍〔一〕给"也。戕败者，毁伤四肢面目，汉律所谓"痍"也。此章文多未详。王启监，厥乱为民。曰：'无胥戕，无胥虐，至于敬寡，至于属妇，合由以容。'王其效邦君越御事，厥命曷以？引养引恬。自古王若兹监，罔攸辟。监，"三监"之"监"。康叔所封，亦受畿内之民，当时亦谓之监，故武王以先王启监意而告之。言王者所以开置监国者，其治本为民而已。其命监之辞，盖曰无相与戕杀其民；无相与虐害其民；人之寡弱者则哀敬之，使不失其所；妇之穷独者则联属之，使有所归。保合其民，率由是而容蓄之也。且王所以责效邦君御事者，其命何以哉？亦惟欲其引掖斯民于生养安全之地而已。自古王者之命监若此。汝今为监，其无所用乎刑辟，以戕虐人，可也。惟曰：若稽田，既勤敷菑，惟其陈修，为厥疆畎。若作室家，既勤垣墉，惟其涂墍茨。若作梓材，既勤朴斲，惟其涂丹雘。"稽，治也。敷菑，广去草棘也。疆，畔也。畎，通水渠也。涂墍，泥饰也。茨，盖也。梓，良材，可为器者。雘，采色之名。敷菑以喻除恶，垣墉以喻立国，朴斲以喻制度，武王之所已为也〔二〕。疆畎、墍茨、丹雘，则望康叔以成终云尔。

〔一〕"赍"，德星堂本、四库本、纂疏、汇纂作"资"，义逊。

〔二〕"也"，德星堂本作"之"。

今王惟曰："先王既勤用明德，怀为夹。庶邦享作，兄弟方来，亦既用明德。后式典集，庶邦丕享。"先王，文王、武王也。夹，近也。怀远为近也。兄弟，言友爱也。泰誓曰："友邦冢君。"方来者，方方而来也。既，尽也。先王尽勤用明德，而怀来于上。诸侯亦尽用明德，而视效于下也。后，后王也。式，用也。典，旧典也。集，和辑也。此章以后，若臣下进戒之辞，疑简脱误于此。

"皇天既付中国民越厥疆土于先王，越，及也。皇天既付中国民及其疆土于先王也。肆王惟德用，和怿先后迷民，用怿先王受命。肆，今也。德用，用明德也。和怿，和悦之也。先后，劳来之也。迷民，迷惑染恶之民也。命，天命也。用慰悦先王之克受天命者也。已！若兹监。"惟曰："欲至于万年，惟王子子孙孙，永保民。"已，语辞。监，视也。此〔一〕人臣祈君永命之辞也。按：梓材有"自古王若兹，监罔攸辟"之言，而编书者误以"监"为句读，而烂简适有"已若兹监"之语，以为语意相类，合为一篇，而不知其句读之本不同，文义之本不类也。孔氏依阿其说，于篇意无所发明。王氏谓"成王自言必称王者，以觐礼考之，天子以正遏〔二〕诸侯则称王"，亦强释难通。独吴氏以为误简者为得之，但谓"王启监"以下即非武王之诰，则未必然也。

〔一〕"此"，原作"非"，今据诸本改。
〔二〕"遏"，尚书全解引王氏作"遇"，义优。

书集传卷五

召　诰

左传曰："武王克商,迁九鼎于洛邑。"史记载武王言:"'我南望三途,北望岳鄙,顾詹有河,粤詹洛伊,毋远天室'。营周居于洛邑而后去。"则宅洛者武王之志,周公、成王成之,召公实先经理之。洛邑既成,成王始政,召公因周公之归,作书致告,达之于王。其书拳拳于历年之,久近反复乎夏商之废兴,究其归,则以诚小民为祈天命之本,以疾敬德为诚小民之本,一篇之中屡致意焉。古之大臣其为国家长远虑盖如此。以召公之书,因以召诰名篇。今文、古文皆有。

惟二月既望,越六日乙未,王朝步自周,则至于丰。日月相望谓之望。既望,十六日也。乙未,二十一日也。周,镐京也,去丰二十五里,文武庙在焉。成王至丰,以宅洛之事告庙也。惟太保先周公相宅。越若来三月,惟丙午朏。越三日戊申,太保朝至于洛,卜宅。厥既得卜,则经营。成王在丰,使召公先周公行,相视洛邑。越若来,古语辞,言召公于丰迤逦而来也。朏,孟康曰:"月出也。三日,明生之名。"戊申,三月五日也。卜宅者,用龟卜宅都之地。既得吉卜,则经营规度其城郭、宗庙、郊社、朝市之位。越三日庚戌〔一〕,太保乃以庶殷攻位于洛汭。越五日甲寅,位成。庶殷,殷之众庶也。用庶殷者,意是时

〔一〕"戌",原作"戊",今据诸本及尚书正义改。

殷民已迁于洛，故就役之也。位成者，左祖右社、前朝后市之位成也。**若翼日乙卯，周公朝至于洛，则达观于新邑营。**周公至，则遍观新邑所经营之位。**越三日丁巳，用牲于郊，牛二。越翼日戊午，乃社于新邑，牛一、羊一、豕一。**郊祭天地也，故用二牛。社祭用太牢礼也。皆告以营洛之事。**越七日甲子，周公乃朝，用书命庶殷侯、甸、男邦伯。**书，役书也。春秋传曰："土弥牟营成周，计丈数，揣高低，度厚薄，仞沟洫，物土方，议远迩，量事期，计徒庸，虑材用，书糇粮，以令役于诸侯。"亦此意。王氏曰："邦伯者，侯、甸、男服之邦伯也。庶邦冢君咸在而独命邦伯者，公以书命邦伯，而邦伯以公命命诸侯也。"**厥既命殷庶，庶殷丕作。**丕作者，言皆趋事赴功也。殷之顽民若未易役使者，然召公率以攻位而位成，周公用以书命而丕作，殷民之难化者犹且如此，则其悦以使民可知也。**太保乃以庶邦冢君出取币，乃复入锡周公，曰："拜手稽首，旅王若公。诰告庶殷，越自乃御事。**吕氏曰："洛邑事毕，周公将归宗周，召公因陈戒成王，乃取诸侯赟见币物，以与周公，且言。其拜手稽首，所以陈王及公之意。盖召公虽与周公言，乃欲周公联诸侯之币与召公之诰，并达之王，谓洛邑已定，欲诰告殷民，其根本乃在尔御事。不敢指言成王，谓之御事，犹今称人为执事也。"

"呜呼！皇天上帝改厥元子，兹大国殷之命，惟王受命无疆惟休，亦无疆惟恤。呜呼！曷其奈何弗敬？"此下皆告成王之辞，托周公达之王也。曷，何也。其，语辞。商受嗣天位为元子矣，元子不可改而天改之，大国未易亡而天亡之，皇天上帝，其命之不可恃如此。今王受命固有无穷之美，然亦有无穷之忧，于是叹息言王曷其奈何弗敬乎？盖深言不可以弗敬也。又按：此篇专主敬，言敬则诚实无妄，视听言动一循乎理，好恶用舍不违乎天，与天同德，固能受天明命也。人君保有天命，其有要于此哉？伊尹亦言"皇天无亲，克敬惟亲"，敬则天与我一矣，尚何疏之有？**天既遐终大邦殷之命，兹殷多先哲王在天，越厥后王后民兹服厥命，**

厥终智藏瘝在。夫知保抱携持厥妇子以哀吁天，徂厥亡出执。呜呼！天亦哀于四方民，其眷命用懋。王其疾敬德！

后王后民，指受也。此章语多难解，大意谓天既欲远绝大邦殷之命矣，而此殷先哲王精爽在天，宜若可恃者，而商纣受命，卒致贤智者退藏，病民者在位，民困虐政，保抱携持其妻子哀号呼天，往而逃亡，出见拘执，无地自容，故天亦哀民而眷命用归于勉德者，天命不常如此。今王其可不疾敬德乎？

"相古先民有夏，天迪从子保，面稽天若，今时既坠厥命。今相有殷，天迪格保，面稽天若，今时既坠厥命。从子保者，从其子而保之，谓禹传之子也。面，乡也。视古先民有夏，天固启迪之，又从其子而保佑之。禹亦面考天心，敬顺无违，宜若可为后世凭借者，今时已坠厥命矣。今视有殷，天固启迪之，又使其格正夏命而保佑之。汤亦面考天心，敬顺无违，宜亦可为后世凭借者，今时已坠厥命矣。以此知天命诚不可恃以为安也。

"今冲子嗣，则无遗寿耉。曰其稽我古人之德，矧曰其有能稽谋自天？稽，考；矧，况也。幼冲之主于老成之臣尤易疏远，故召公言今王以童子嗣位，不可遗弃老成，言其能稽古人之德，是固不可遗也，况言其能稽谋自天，是尤不可遗。稽古人之德，则于事有所证。稽谋自天，则于理无所遗。无遗寿耉，盖君天下者之要务，故召公特首言之。

"呜呼！有王虽小，元子哉！其丕能諴于小民，今休？王不敢后，用顾畏于民碞。召公叹息言王虽幼冲，乃天之元子哉！谓其年虽小，其任则大也。其者，期之辞也。諴，和；碞，险也。王其大能諴和小民，为今之休美乎？小民虽至微，而至为可畏，王当不敢缓于敬德，用顾畏于民之碞险可也。

"王来绍上帝，自服于土中。旦曰：'其作大邑，其自时配皇天，毖祀于上下，其自时中乂，王厥有成命治民，今休。'洛邑，天地之中，故谓之土中。王来洛邑，继天出治，当自服行于土中。是时洛邑告成，成王始政，故召公以自服土中为言。又举周公尝言，作此大邑，自是可以对越上天，可以飨答神祇；自是可以宅中图治。成命者，天之成命也。成王而能绍上帝，服土中，则庶几天有成命治民，今即休美矣。○王氏曰："成王欲宅洛邑者，以天事言，则日东景，夕多风〔一〕；日西景，朝多阴〔二〕；日南景短，多暑；日北景长，多寒，洛，天地之中，风雨之所会，阴阳之所和也。以人事言，则四方朝聘贡赋道里均焉，故谓之土中。"

"王先服殷御事，比介于我有周御事，节性，惟日其迈。言治民〔三〕当先服乎臣也。王先服殷之御事，以亲近副贰我周之御事，使其渐染陶成，相观为善，以节其骄淫之性，则日进于善而不已矣。王敬作所，不可不敬德。言化臣必谨乎身也。所，处所也，犹"所其无逸"之"所"。王能以敬为所，则动静语默，出入起居，无往而不居敬矣。不可不敬德者，甚言德之不可不敬也。我不可不监于有夏，亦不可不监于有殷。我不敢知，曰：'有夏服天命，惟有历年。'我不敢知，曰：'不其延，惟不敬厥德，乃早坠厥命。'我不敢知，曰：'有殷受天命，惟有历年。'我不敢知，曰：'不其延，惟不敬厥德，乃早坠厥命。'夏商历年长短所不敢知，我所知者，惟不敬厥德即坠其命也。与上章相古先民之意相为出入，但上章主言天眷之不足恃，此则直言不敬德则坠厥命尔。今王嗣受厥命，我亦惟兹二国命，嗣若功。王乃初服？今王继受天命，我谓亦惟此夏商之命，当嗣其有功者。谓继其能敬德而历年者也。况王乃新邑初政，服行教化之始乎？

"呜呼！若生子，罔不在厥初生，自贻哲命。今天其命哲？命吉凶？命历年？知今我初服，叹息言王之初服，若生子，无不在于初生习为善则善矣，自贻其哲命。为政之道，亦犹是也。今天其命王以哲乎？命以吉凶乎？命以历年乎？皆不可知，所可知者，今我初服如何尔。初

161

〔一〕 "夕多风"，原作"朝多阳"，今据德星堂本、南涧书堂本、旁通、汇纂、四库本改。
〔二〕 "朝多阴"，原作"夕多阴"，今据德星堂本、南涧书堂本、旁通、汇纂、四库本改。
〔三〕 "民"，诸本皆作"人"。

服而敬德，则亦自贻哲命而吉与历年矣。**宅新邑，肆惟王其疾敬德？王其德之用，祈天永命。**宅新邑，所谓"初服"也。王其疾敬德，容可缓乎？王其德之用而祈天以历年也。**其惟王勿以小民淫用非彝，亦敢殄戮用乂民，若有功。**刑者德之反，疾于敬德，则当缓于用刑，勿以小民过用非法之故，亦敢于殄戮用治之也。惟顺导民，则可有功。民犹水也，水泛滥横流，失其性矣，然壅而遏之，则害愈甚。惟顺而导之，则可以成功。**其惟王位在德元，小民乃惟刑用于天下，越王显。**元，首也。居天下之上，必有首天下之德。王位在德元，则小民皆仪刑用德于下，于王之德益以显矣。**上下勤恤，其曰：我受天命，丕若有夏历年，式勿替有殷历年。欲王以小民受天永命。"**其，亦期之辞也。君臣勤劳，期曰我受天命大如有夏历年，用勿替有殷历年，欲兼夏商历年之永也。召公又继为欲王以小民受天永命。盖以小民者，勤恤之实受天永命者，历年之实也。苏氏曰："君臣一心，以勤恤民，庶几王受命历年如夏商[一]，且以民心为天命。"**拜手稽首曰："予小臣，敢以王之雠民百君子越友民，保受王威命明德。王末有成命，王亦显。我非敢勤，惟恭奉币，用供王能祈天永命。"**雠民，殷之顽民与三监叛者。百君子，殷之御事庶士也。友民，周之友顺民也。保者，保而不失。受者，受而无拒。威命明德者，德威德明也。末，终也。召公于篇终致敬，言予小臣敢以殷周臣民保受王威命明德，王当终有天之成命，以显于后世。我非敢以此为勤，惟恭奉币帛，用供王能祈天永命而已。盖奉币之礼，臣职之所当恭；而祈天之实，则在王之所自尽也。又按：恭奉币意，即上文"取币以锡周公而旅王"者。盖当时成王将举新邑之祀，故召公奉以助祭云。

162

洛　诰

　　洛邑既定，周公遣使告卜，史氏录之，以为洛诰。又并记其君臣答问及

〔一〕"商"，东坡书传作"殷"。

（书集传）

成王命周公留治洛之事。今文、古文皆有。〇按："周公拜手稽首"以下，周公授使者告卜之辞也。"王拜手稽首"以下，成王授使者复公之辞也。"王肇称殷礼"以下，周公教成王宅洛之事也。"公明保予冲子"以下，成王命公留后治洛之事也。"王命予来"以下，周公许成王留洛，君臣各尽其责难之辞也。"伻来"以下，成王锡命毖殷命宁之事也。"戊辰"以下，史又记其祭祀册诰等事，及周公居洛岁月久近以附之，以见周公作洛之始终，而成王举祀发政之后，即归于周，而未尝都洛也。

周公拜手稽首曰："朕复子明辟。此下周公授使者告卜之辞也。拜手稽首者，史记周公遣使之礼也。复，如"逆复"之"复"。成王命周公往营成周，周公得卜，复命于王也。谓成王为子者，亲之也；谓成王为明辟者，尊之也。周公相成王，尊则君，亲则兄之子也。明辟者，明君之谓。先儒谓成王幼，周公代王为辟，至是反政成王，故曰"复子明辟"。夫有失然后有复，武王崩，成王立，未尝一日不居君位，何复之有哉？蔡仲之命言"周公位冢宰，正百工"，则周公以冢宰总百工而已，岂不彰彰明甚矣乎？王莽居摄，几倾汉鼎，皆儒者有以启之，是不可以不辨。〇苏氏曰："此上有脱简，在康诰'自惟三月哉生魄'至'洪大诰治'四十八字。"**王如弗敢及天基命定命，予乃胤保大相东土，其基作民明辟。**凡有造，基之而后成，成之而后定。基命，所以成始也。定命，所以成终也。言成王幼冲，退托如不敢及知天之基命定命，予乃继太保而往，大相洛邑，其庶几为王始作民明辟之地也。洛邑在镐京东，故曰东土。**予惟乙卯，朝至于洛师。我卜河朔黎水，我乃卜涧水东瀍水西，惟洛食；我又卜瀍水东，亦惟洛食。伻来以图及献卜。"**乙卯，即召诰之乙卯也。洛师，犹言京师也。河朔黎水，河北黎水交流之内也。涧水东、瀍水西，王城也，朝会之地。瀍水东，下都也，处商民之地。王城在涧、瀍之间，下都在瀍水之外，其地皆近洛水，故两云"惟洛食"也。食者，史先定墨，而灼龟之兆，正食其墨也。伻，使也。图，洛之地图也。献卜，献其卜之兆辞也。**王拜手稽首曰："公不敢不敬天之休，来相宅，其作周匹休。公既定宅，伻来，来视予卜休恒**

吉。我二人共贞，公其以予万亿年敬天之休。拜手稽首诲言。”此王授使者复公之辞也。王拜手稽首者，成王尊异周公而重其礼也。匹，配也。公不敢不敬天之休命来相宅为周匹休之地，言卜洛以配周命于无穷也。视，示也。示我以卜之休美而常吉者也。二人，成王、周公也。贞，犹当也。十万曰亿。言周公宅洛规模宏远，以我万亿年敬天休命，故又拜手稽首以谢周公告卜之诲言。

  周公曰：“王肇称殷礼，祀于新邑，咸秩无文。此下周公告成王宅洛之事也。殷，盛也，与“五年再殷祭”之“殷”同。秩，序也。无文，祀典不载也。言王始举盛礼祀于洛邑，皆序其所当祭者。虽祀典不载而义当祀者，亦序而祭之也。吕氏曰：“定都之初，肇举盛礼，大飨群祀。虽祀典不载者，咸秩序而祭之，有告焉，有报焉，有祈焉。始建新都，昭假上下，告成事也。雨旸时若，大役以成，报神赐也。自今以始，永奠中土，祈鸿休也。后世不知祭祀之义、鬼神之德，观周公首以‘祀于新邑’为言，若阔于事情者。抑不知人主临镇新都之始，齐祓一心，对越天地，达此精明之德，放诸四海，无所不准。而助祭诸侯，下逮胞翟之贱，亦皆有孚颙若，收其放而合其离。盖格君心、萃天下之道莫要于此，宜周公以为首务也。”予齐百工，伻从王于周。予惟曰：庶有事！周公言予整齐百官，使从成王于周，谓将适洛时也。予惟谓之曰：庶几其有所事乎？公但微示其意，以待成王自教诏之也。今王即命曰：‘记功宗，以功作元祀。’惟命曰：‘汝受命笃弼。功宗，功之尊显者。祭法曰：“圣王之制祭祀也，法施于民则祀之，以死勤事则祀之，以劳定国则祀之，能御大灾则祀之，能捍大患则祀之。”盖功臣皆祭于大烝，而勋劳之最尊显者则为之冠，故谓之元祀。周公教〔一〕成王即命曰：记功之尊显者，以功作元祀矣；又惟命之曰：汝功臣，受此褒赏之命，当益厚辅王室。盖作元祀既以慰答功臣，而又勉其左右王室，益图久大之业也。丕视功载，乃汝其悉自教工。’丕，大；视，示也。

〔一〕“教”，原作“发”，今据德星堂本、纂疏改。汇纂、四库本作“告”，亦通。

功载者,记功之载籍也。大示功载而无不公,则百工效之亦皆公也。大示功载而或出于私,则百工效之亦皆私也。其公其私,悉自汝教之,所谓"乃汝其悉自教工"也。上章告以褒赏功臣,故戒其大示功载者如此。

"**孺子其朋?孺子其朋,其往,无若火始焰焰,厥攸灼叙弗其绝**。孺子,稚子也。朋,比也。上文百工之视效,如此则论功行赏,孺子其可少徇比党之私乎?孺子其少徇比党之私,则自是而往,有若火然,始虽焰焰尚微,而其灼烁将次第延爇,不可得而扑灭矣。言论功行赏徇私之害,其初甚微,其终至于不可遏绝,所以严其辞而禁之于未然也。**厥若彝及抚事如予,惟以在周工。往新邑,伻向,即有僚,明作有功,惇大成裕,汝永有辞。**"其顺常道及抚国事,常如我为政之时,惟用见在周官,勿参以私人。往新邑,使百工知上意向,各就有僚,明白奋扬而赴功,惇厚博大以裕俗,则王之休闻,亦永有辞于后世矣。

公曰:"**已!汝惟冲子,惟终。**周之王业,<u>文</u><u>武</u>始之,<u>成王</u>当终之也。此上详于记功教工内治之事,此下则统御诸侯、教养万民之道也。**汝其敬识百辟享,亦识其有不享。享多仪,仪不及物,惟曰不享。惟不役志于享,凡民惟曰不享,惟事其爽侮。**此御诸侯之道也。百辟,诸侯也。享,朝享也。仪,礼;物,币也。诸侯享上有诚有伪,惟人君克敬者能识之。识其诚于享者,亦识其不诚于享者。享不在币而在于礼,币有余而礼不足,亦所谓不享也。诸侯惟不用志于享,则国人化之,亦皆谓上不必享矣。举国无享上之诚,则政事安得不至于差爽僭侮,隳王度而为叛乱哉?人君可不以敬存心,辨之于早,察之于微乎?**乃惟孺子,颁朕不暇,听朕教汝于棐民彝,汝乃是不蘉,乃时惟不永哉!笃叙乃正父罔不若予,不敢废乃命。汝往,敬哉!兹予其明农哉!彼裕我民,无远用戾。**"此教养万民之道也。颁朕不暇,未详。或曰:<u>成王</u>当颁布我汲汲不暇者,听我教汝所以辅民常性之道,汝于是而不勉焉,则民彝泯乱,而非所以长久之道矣。正父,<u>武王</u>也,犹今称先正云者。笃者，笃厚而不忘。叙者，先后之不紊。言笃叙武王之道无不如我，则人不敢废汝之命矣。吕氏曰："武王没，周公如武王，故天下不废周公之命。周公去，成王如周公，则天下不废成王之命。"戾，至也。王往洛邑，其敬之哉？"我其退休〔一〕田野，惟明农事。"盖公有归老之志矣。彼谓洛邑也。王于洛邑和裕其民，则民将无远而至焉。

王若曰："公明保予冲子，公称丕显德，以予小子扬文武烈，奉答天命，和恒四方民，居师；此下成王答周公及留公也。大抵与上章参错相应。明，显明之也。保，保佑之也。称，举也。和者，使不乖也。恒者，使可久也。居师者，宅其众也。言周公明保成王，举大明德，使其上之不忝于文武，仰不愧天，俯不怍人也。**惇宗将礼，称秩元祀，咸秩无文。**宗，"功宗"之"宗"也。下文"宗礼"同。将，大也。**惟公德明光于上下，勤施于四方，旁作穆穆，迓衡，不迷文武勤教。予冲子夙夜毖祀。"**旁，无方所也，因上下四方为言。穆穆，和敬也。迓，迎也。言周公之德，昭著于上下，勤施于四方，旁作穆穆，以迎治平，不迷失文武所勤之教于天下。公之德教加于时者如此，予冲子夫何为哉？惟夙夜以谨祭祀而已。盖成王知周公有退休之志，故示其所以留之之意也。**王曰："公功棐迪笃，罔不若时。"**言周公之功所以辅我启我者厚矣，当常如是，未可以言去也。**王曰："公，予小子其退，即辟于周，命公后。"**此下成王留周公治洛也。成王言我退即居于周，命公留后治洛。盖洛邑之作，周公本欲成王迁都，以宅天下之中，而成王之意则未欲舍镐京而废祖宗之旧，故于洛邑举祀发政之后，即欲归居于周，而留周公治洛。谓之后者，先成王之辞，犹后世留守、留后之义。先儒谓封伯禽以为鲁后者，非是。考之费誓"东郊不开"，乃在周公东征之时，则伯禽就国盖已久矣。下文"惟告周公其后"，"其"字之义益可见其为周公不为伯禽也。**四方迪**

〔一〕"休"，德星堂本作"之"。

乱，未定于宗礼，亦未克敉公功。宗礼，即功宗之礼也。乱，治也。四方开治，公之功也。未定功宗之礼，故未能敉公功也。敉功者，安定其功之谓，即下文“命宁”者也。迪将其后，监我士师工，诞保文武受民，乱为四辅。"将，大也。周公居洛，启大其后，使我士师工有所监视，大保文、武所受于天之民，而治为宗周之四辅也。汉三辅，盖本诸此。今按：先言启大其后，而继以乱为四辅，则命周公留后于洛明矣。王曰："公定，予往已。公功肃将祗欢，公无困哉！我惟无致其康事，公勿替刑，四方其世享。"定，尔雅曰"止也"。成王欲周公止洛而自归往宗周，言周公之功，人皆肃而将之，钦而悦之，宜镇抚洛邑以慰怿人心，毋求去以困我也。我惟无厌其安民之事，公勿替，所以监我士师工者，四方得以世世享公之德也。吴氏曰："前汉书两引'公无困哉'皆以'哉'作'我'，当以'我'为正。"

周公拜手稽首曰："王命予来，承保乃文祖受命民越乃光烈考武王，弘朕恭。此下周公许成王留等事也。来者，来洛邑也。承保乃文祖受命民及光烈考武王者，答诞保文、武受民之言也。责难于君谓之恭。弘朕恭者，大其责难之义也。孺子来相宅，其大惇典殷献民，乱为四方新辟，作周恭先。曰：'其自时中乂，万邦咸休，惟王有成绩。'典，典章也。殷献民，殷之贤者也。言当大厚其典章及殷之献民。盖文献者，为治之大要也。乱，治也。言成王于新邑致治为四方新主也。作周恭先者，人君恭以接下，以恭而倡后王也。公又言其自是宅中图治，万邦咸底休美，则王其有成绩矣。此周公以治洛之效望之成王也。予旦以多子越御事笃前人成烈，答其师，作周孚先，考朕昭子刑，乃单文祖德。多子者，众卿大夫也。唐孔氏曰："子者，有德之称。大夫皆称子。"师，众也。周公言我以众卿大夫及治事之臣，笃厚文武成功，以答天下之众也。孚，信也。作周孚先者，人臣信以事上，以信而倡后人也。考，成也。昭子，犹所谓明辟也。亲之，故曰子。刑，仪刑也。单，殚也。言成我明子仪刑而殚尽**文王**之德。盖**周公**与群臣笃前人成烈者,所以成**成王**之刑,乃单**文祖**德也。此**周公**以治洛之事自效也。**伻来毖殷,乃命宁予。**"绝句。**以秬鬯二卣,曰:"明禋,拜手稽首,休享。**此谨毖**殷**民而命宁**周公**也。秬,黑黍也,一稃二米,和气所生。鬯,郁金香草也。卣,中尊也。明,洁;禋,敬也。以事神之礼事公也。**苏氏**曰:"以黑黍为酒,合以郁鬯,所以祼也。宗庙之礼莫盛于祼,王使人来戒敕庶**殷**,且以秬鬯二卣绥宁**周公**。曰明禋、曰休享者,何也?事**周公**如事神明也。古者有大宾客以享礼礼之,酒清,人渴而不饮;肉干,人饥而不食也。故享有体荐,岂非敬之至者,则其礼如祭也欤?"**予不敢宿,则禋于**文王**、**武王**。**宿,与顾命"三宿"之"宿"同。禋,祭名。**周公**不敢受此礼而祭于**文**、**武**也。**惠笃叙,无有遘自疾,万年厌于乃德,殷乃引考。**此祭之祝辞。**周公**为**成王**祷也。惠,顺也。笃叙,与"笃叙乃正父"同。顺笃叙**文**、**武**之道,身其康强,无有遘遇自罹疾害者,子孙万年,厌饱乃德,**殷**人亦永寿考也。**王伻殷乃承叙万年,其永观朕子怀德。**"承,听受也。叙,教条次第也。王使**殷**人承叙万年,其永观法我孺子而怀其德也。盖**周公**虽许**成王**留**洛**,然且谓"王伻**殷**"者,若曰迁**洛**之民我固任之,至于使其承叙万年,则实系于王也。亦责难之意。与**召**诰末"用供王能祈天命"语脉相类。**戊辰,王在新邑烝祭,岁,**文王**骍牛一,**武王**骍牛一。王命作册。逸祝册,惟告**周公**其后。王宾杀禋,咸格。王入太室,祼。**此下史官记祭祀册诰等事,以附篇末也。戊辰,十二月之戊辰日也。是日,**成王**在**洛**举烝祭之礼。曰岁云者,岁举之祭也。周尚赤,故用骍。宗庙礼太牢,此用特牛者,命**周公**留后于**洛**,故举盛礼也。逸,**史**佚也。作册者,册书也。逸祝册者,**史逸**为祝册以告神也。惟告**周公**其后者,祝册所载,更不他及,惟告**周公**留守其后之意,重其事也。王宾,犹"**虞**宾",杞宋之属,助祭诸侯也。诸侯以王杀牲禋祭祖庙,故咸至也。太室,清庙中央室也。祼,灌也,以圭瓒酌秬鬯灌地以降神也。**王命周公后,作册,逸诰,在十有二月。**逸诰者,**史逸**诰**周公**治**洛**留后也。在十有二月者,明戊辰为十二月日也。**惟周公诞保文武受命惟七年。**吴氏曰：“周公自留<u>洛</u>之后凡七年而薨也。”<u>成王</u>之留公也，言诞保<u>文武</u>受民。公之复<u>成王</u>也，亦言“承保乃<u>文</u>祖受命民越乃光烈考<u>武王</u>”，故史臣于其终计其年曰“惟<u>周公</u>诞保<u>文武</u>受命惟七年”，盖终始公之辞云。

多　士

商民迁<u>洛</u>者，亦有有位之士，故<u>周公洛</u>邑初政，以王命总呼多士而告之。编<u>书</u>者因以名篇，亦诰体也。今文、古文皆有。○吴氏曰：“方迁<u>商</u>民于<u>洛</u>之时，<u>成周</u>未作，其后王与<u>周公</u>患四方之远，鉴三监之叛，于是始作<u>洛</u>邑，欲徙〔一〕<u>周</u>而居之。其曰‘昔朕来自<u>奄</u>，大降尔四国民命。我乃明致天罚，移尔遐逖，比事臣我宗多逊’者，述迁民之初也。曰‘今朕作大邑于兹<u>洛</u>，予惟四方罔攸宾，亦惟尔多士攸服奔走臣我多逊’者，言迁民而后作<u>洛</u>也。故<u>洛</u>诰一篇，终始皆无欲迁<u>商</u>民之意。惟<u>周公</u>既诺〔二〕<u>成王</u>留治于<u>洛</u>之后，乃曰‘伻来毖<u>殷</u>’，又曰‘王伻<u>殷</u>，乃承叙’，当时<u>商</u>民已迁于<u>洛</u>，故其言如此。”愚谓：<u>武王</u>已有都<u>洛</u>之志，故<u>周公</u>黜<u>殷</u>之后，以<u>殷</u>民反覆难制，即迁于<u>洛</u>。至是建<u>成周</u>，造庐舍，定疆场，乃告命，与之更始焉尔。此<u>多士</u>之所以作也。由是而推，则<u>召</u>诰攻位之庶<u>殷</u>，其已迁<u>洛</u>之民欤？不然，则受都今<u>卫州</u>也，<u>洛</u>邑今<u>西京</u>也，相去四百余里，<u>召公</u>安得舍近之友民而役远之雠民哉？书序以为<u>成周</u>既成，迁<u>殷</u>顽民者，谬矣。吾固以为非孔子所作也。

惟三月，<u>周公</u>初于新邑<u>洛</u>，用告<u>商</u>王士。此<u>多士</u>之本序也。三月，<u>成王</u>祀<u>洛</u>次年之三月也。<u>周公</u>至<u>洛</u>久矣，此言初者，<u>成王</u>既不果迁，留公治<u>洛</u>，至是公始行治<u>洛</u>之事，故谓之初也。曰“<u>商</u>王士”者，贵〔三〕之也。

〔一〕“徙”，原作“徒”，今据诸本改。
〔二〕“诺”，<u>德星堂</u>本、纂疏、汇纂、四库本作“诰”，义优。
〔三〕“贵”，<u>德星堂</u>本作“宾”。

王若曰："尔殷遗多士，弗吊旻天大降丧于殷，我有周佑命，将天明威，致王罚，敕殷命终于帝。弗吊，未详，意其为叹悯之辞，当时方言尔也。旻天，秋天也，主肃杀而言。叹悯言旻天大降灾害而丧殷，我周受眷佑之命，奉将天之明威，致王罚之公，敕正殷命而革之，以终上帝之事。盖推革命之公以开谕之也。肆尔多士，非我小国敢弋殷命。惟天不畀，允罔固乱，弼我，我其敢求位？肆，与康诰"肆汝小子封"同。弋，取也，"弋鸟"之"弋"，言有心于取之也。呼多士告之，谓以势而言，我小国亦岂敢弋取殷命？盖栽者培之，倾者覆之，固其治而不固其乱者，天之道也。惟天不与殷，信其不固殷之乱矣。惟天不固殷之乱，故辅我周之治，而天位自有所不容辞者，我其敢有求位之心哉？惟帝不畀，惟我下民秉为，惟天明畏。秉，持也。言天命之所不与，即民心之所秉为。民心之所秉为，即天威之所明畏者也。反覆天民相因之理，以见天之果不外乎民，民之果不外乎天也。诗言"秉彝"，此言"秉为"者，"彝"以理言，"为"以用言也。我闻曰：'上帝引逸。'有夏不适逸，则惟帝降格，向于时夏，弗克庸帝，大淫泆，有辞。惟时天罔念闻，厥惟废元命，降致罚。引，导；逸，安也。降格，与吕刑"降格"同。吕氏曰："上帝引逸者，非有形声之接也。人心得其安，则亹亹而不能已，斯则上帝引之也。是理坦然，亦何间于桀？第桀丧其良心，自不适于安尔〔一〕。帝实引之，桀实避之，帝犹未遽绝也，乃降格灾异以示意向于桀，桀犹不知警惧，不能敬用帝命，乃大肆淫泆〔二〕，虽有矫诬之辞，而天罔念闻之，仲虺所谓'帝用不臧'是也。废其大命，降致其罚，而夏祚终矣。"乃命尔先祖成汤革夏，俊民甸四方。甸，治也。伊尹称汤"旁求俊彦"，孟子称汤"立贤无方"，盖明扬俊民，分布远迩，甸治区画，成汤立政之大经也。周公反复以夏商为言者，盖夏之亡即殷之亡，汤之兴即武王之兴也，商民观是，亦可以自反矣。自成汤至

〔一〕"尔"，德星堂本、纂疏、汇纂、四库本及增修东莱书说作"耳"。
〔二〕"泆"，德星堂本、纂疏、四库本作"逸"，南涧书堂本作"佚"，三字古通用。

于帝乙，罔不明德恤祀。明德者，所以修其身。恤祀者，所以敬乎神也。亦惟天丕建，保乂有殷；殷王亦罔敢失帝，罔不配天其泽。亦惟天大建立，保治有殷。殷之先王，亦皆操存此心，无敢失帝之则，无不配天以泽民也。在今后嗣王诞罔显于天，矧曰其有听念于先王勤家？诞淫厥泆，罔顾于天显、民祇。后嗣王，纣也。纣大不明于天道，况曰能听念商先王之勤劳于邦家者乎？大肆淫佚，无复顾念天之显道、民之敬畏者也。惟时上帝不保，降若兹大丧。大丧者，国亡而身戮也。惟天不畀不明厥德。商先王以明德而天丕建，则商后王不明德而天不畀矣。凡四方小大邦丧，罔非有辞于罚。"凡四方小大邦国丧亡，其致罚皆有可言者，况商罪贯盈，而周奉辞以伐之者乎？

王若曰："尔殷多士，今惟我周王丕灵承帝事。灵，善也。大善承天之所为也。武成言"祗承上帝，以遏乱略"是也。有命曰："割殷。"告敕于帝。帝有命曰割殷，则不得不戡定剪除，告其敕正之事于帝也。武成言"告于皇天后土，将有大正于商"者是也。惟我事不贰适，惟尔王家我适。"上帝临汝，毋贰尔心"，"惟我事不贰适"之谓。"上帝既命，侯于周服"，"惟尔王家我适"之谓。言割殷之事非有私心，一于从帝而无贰适，则尔殷王家自不容不我适矣。周不贰于帝，殷其能贰于周乎？盖示以确然不可动摇之意，而潜消顽民反侧之情尔。然圣贤事不贰适，日用饮食莫不皆然，盖所以事天也，岂特割殷之事而已哉？予其曰：'惟尔洪无度，我不尔动，自乃邑。'三监倡乱，予其曰：乃汝大为非法，非我尔动，变自尔邑，犹伊训所谓"造攻自鸣条"也。予亦念天即于殷大戾，肆不正。"予亦念天就殷邦屡降大戾，纣既死，武庚又死，故邪慝不正，言当迁徙也。王曰："猷！告尔多士，予惟时其迁居西尔，非我一人奉德不康宁，时惟天命，无违！朕不敢有后，无我怨！时，是也，指上文"殷大戾"而言。谓惟是之故，所以迁居西尔，非我一人乐如是之迁徙震动也,是惟天命如此,汝毋违越！我不敢有后命,谓有他罚,尔无我怨也！**惟尔知,惟殷先人有册有典,殷革夏命。**即其旧闻以开谕之也。殷之先世有册书典籍,载殷改夏命之事,正如是耳,尔何独疑于今乎？**今尔又曰:'夏迪简在王庭,有服在百僚。'予一人惟听用德,肆予敢求尔于天邑商,予惟率肆矜尔,非予罪,时惟天命。"**周公既举商革夏事以谕顽民,顽民复以商革夏事责周,谓商革夏命之初,凡夏之士皆启迪简拔在商王之庭,有服列于百僚之间,今周于商士未闻有所简拔也。周公举其言以大义折之,言尔顽民虽有是言,然予一人所听用者,惟以德而已。故予敢求尔于天邑商,而迁之于洛者,以冀率德改行焉。予惟循商故事,矜恤于尔而已。其不用者,非我之罪也,是惟天命如此。盖章德者天之命,今顽民灭德而欲求用,得乎？

王曰:"多士,昔朕来自奄,予大降尔四国民命。我乃明致天罚,移尔遐逖,比事臣我宗多逊。"降,犹今法"降等"云者。言昔我来自商奄之时,汝四国之民罪皆应死,我大降尔命,不忍诛戮,乃止明致天罚,移尔远居于洛,以亲比臣我宗周有多逊之美。其罚盖亦甚轻,其恩固已甚厚,今乃犹有所怨望乎？详此章,则商民之迁固已久矣。

王曰:"告尔殷多士,今予惟不尔杀,予惟时命有申。今朕作大邑于兹洛,予惟四方罔攸宾,亦惟尔多士攸服奔走臣我多逊。以自奄之命为初命,则此命为申命也。言我惟不忍尔杀,故申明此命。且我所以营洛者,以四方诸侯无所宾礼之地,亦惟尔等服事奔走臣我多逊而无所处故也。详此章,则迁民在营洛之先矣。吴氏曰:"来自奄称昔者,远日之辞也。作大邑称今者,近日之辞也。'移尔遐逖,比事臣我宗多逊'者,期之之辞也。'攸服[一]奔走臣我多逊'者,果能之辞也。以此又知迁民在前,而作洛在后也。"**尔乃尚有尔土,尔乃尚宁干止。**干,事;止,居也。尔乃庶几有尔田业,庶几安尔所事,安尔所居也。详此章所言,皆仍旧有

〔一〕"服",原作"伏",今据德星堂本、纂疏、汇纂、四库本及上经文改。

土田居止之辞，信商民之迁旧矣。**孔氏**不得其说，而以得反所生释之，于文义似矣，而事则非也。**尔克敬，天惟畀矜尔；尔不克敬，尔不啻不有尔土，予亦致天之罚于尔躬。**敬则言动无不循理，天之所福，吉祥所集也；不敬则言动莫不违悖，天之所祸，刑戮所加[一]也。岂特窜徙不有尔土而已哉？身亦有所不能保矣。**今尔惟时宅尔邑，继尔居，尔厥有干有年于兹洛。尔小子乃兴，从尔迁。**"邑，"四井为邑"之"邑"。继者，承续安居之谓。有营为、有寿考，皆于兹洛焉。尔之子孙乃兴，自尔迁始也。夫自亡国之末裔为起家之始祖，顽民虽愚，亦知所择矣。

王曰，又曰："时予乃或言尔攸居。""王曰"之下，当有阙文，以**多方**篇末"王曰又曰"推之可见。时我或有所言，皆以尔之所居止为念也。申结上文尔居之意。

无 逸

逸者，人君之大戒，自古有国家者未有不以勤而兴、以逸而废也。益戒舜曰："罔游于逸，罔淫于乐。"舜大圣也，**益**犹以是戒之，则时君世主其可忽哉？**成王**初政，**周公**惧其知逸而不知无逸也，故作是书以训之。言则古昔，必称商王者，时之近也。必称先王者，王之亲也。举三宗者，继世之君也。详**文祖**者，耳目之所逮也。上自天命精微，下至畎亩艰难，闾里怨诅，无不具载，岂独**成王**之所当知哉？实天下万世人主之龟鉴也。是篇凡七更端，**周公**皆以呜呼发之，深嗟永叹，其意深远矣。亦训体也。今文、古文皆有。

周公曰："呜呼！君子所其无逸。所，犹处所也。君子以无逸为所，动静食息无不在是焉，作辍则非所谓所矣。**先知稼穑之艰难，乃**

〔一〕"加"，**德星堂**本作"成"。

逸，则知小人之依。"先知稼穑之艰难，乃逸"者，以勤居逸也。依者，指稼穑而言，小民所恃以为生者也。农之依田，犹鱼之依水，木之依土，鱼无水则死，木无土则枯，民非稼穑则无以生也。故舜自耕稼以至为帝，禹稷躬稼以有天下，文武之基起于后稷，四民之事莫劳于稼穑，生人〔一〕之功莫盛于稼穑，周公发无逸之训而首及乎此，有以哉！**相小人，厥父母勤劳稼穑，厥子乃不知稼穑之艰难，乃逸乃谚，既诞。否则，侮厥父母，曰：'昔之人无闻知。'"**"不知稼穑之艰难，乃逸"者，以逸为逸也。俚语曰谚。言视小民，其父母勤劳稼穑，其子乃生于豢养，不知稼穑之艰难，乃纵逸自恣，乃习俚巷鄙语，既又诞妄，无所不至。不然，则又讪侮其父母，曰："古老之人无闻无知，徒自劳苦而不知所以自逸也。"昔刘裕奋农亩而取江左，一再传后，子孙见其服用，反笑曰："田舍翁得此，亦过矣。"此正所谓"昔之人无闻知"也。使成王非周公之训，安知其不以公刘、后稷为田舍翁乎？

周公曰："呜呼！我闻曰：昔在殷王中宗，严恭寅畏，天命自度，治民祗惧，不敢荒宁。肆中宗之享国七十有五年。中宗，太戊也。严则庄重，恭则谦抑，寅则钦肃，畏则戒惧。天命即天理也。中宗严恭寅畏，以天理而自检律其身，至于治民之际，亦祗敬恐惧而不敢怠荒安宁，中宗无逸之实如此，故能有享国永年之效也。按：书序太戊有原命、咸乂等篇，意述其当时敬天治民之事，今无所考矣。**其在高宗时，旧劳于外，爰暨小人。作其即位，乃或亮阴三年不言。其惟不言，言乃雍。不敢荒宁，嘉靖殷邦，至于小大，无时或怨。肆高宗之享国五十有九年。**高宗，武丁也，未即位之时，其父小乙使久居民间，与小民出入同事，故于小民稼穑艰难备尝知之也。雍，和也，发言和顺当于理也。嘉，美；靖，安也。嘉靖者，礼乐教化蔚然于安居乐业之中也。汉文帝与民休息，谓之靖则可，谓之嘉则不可。小大无时或怨者，万民咸和也。乃雍者，和之发于身。嘉靖者，和之达于政。无怨者，和之著于民也。余见说命。高宗无

〔一〕"人"，德星堂本、纂疏、汇纂、四库本作"民"。

逸之实如此，故亦有享国永年之效也。**其在祖甲，不义惟王，旧为小人。作其即位，爰知小人之依，能保惠于庶民，不敢侮鳏寡。肆祖甲之享国三十有三年。**史记："高宗崩，子祖庚立。祖庚崩，弟祖甲立。"则祖甲，高宗之子，祖庚之弟也。郑玄曰："高宗欲废祖庚立祖甲，祖甲以为不义，逃于民间，故云'不义惟王'。"○按：汉孔氏以祖甲为太甲，盖以国语称"帝甲乱之，七世而殒"，孔氏见此等记载，意为帝甲必非周公所称者，又以"不义惟王"与"太甲兹乃不义"文似，遂以此称祖甲者为太甲。然详此章"旧为小人，作其即位"与上章"爰暨小人，作其即位"文势正类，所谓小人者，皆指微贱而言，非谓憸小之人也。作其即位，亦不见"太甲复政思庸"之意。又按：邵子经世书高宗五十九年，祖庚七年，祖甲三十三年，世次历年皆与书合，亦不以太甲为祖甲。况殷世二十有九，以甲名者五帝，以太、以小、以沃、以阳、以祖别之，不应二人俱称祖甲。国语传讹承谬，旁记曲说不足尽信，要以周公之言为正。又下文周公言"自殷王中宗及高宗及祖甲及我周文王"，"及"云者，因其先后次第而枚举之辞也，则祖甲之为祖甲而非太甲，明矣。**自时厥后，立王生则逸。生则逸，不知稼穑之艰难，不闻小人之劳，惟耽乐之从。自时厥后，亦罔或克寿，或十年，或七八年，或五六年，或四三年。**"过乐谓之耽。泛言自三宗之后，即君位者生则逸豫，不知稼穑之艰难，不闻小人之劳，惟耽乐之从，伐性丧生，故自三宗之后亦无能寿考，远者不过十年、七八年，近者五六年、三四年尔。耽乐愈甚，则享年愈促也。凡人莫不欲寿而恶夭。此篇专以享年永不永为言，所以开其所欲，而禁其所当戒也。

周公曰："呜呼！厥亦惟我周太王王季，克自抑畏。商犹异世也，故又即我周先王告之。言太王王季能自谦抑谨畏者，盖将论文王之无逸，故先述其源流之深长也。大抵抑畏者，无逸之本。纵肆怠荒，皆矜夸无忌惮者之为。故下文言文王曰柔、曰恭、曰不敢，皆原太王王季抑畏之心发之耳。**文王卑服，即康功田功。**卑服，犹禹所谓"恶衣服"也。康功，安民之功。田功，养民之功。言文王于衣服之奉，所性不存，而专意于安养斯民也。卑服，盖举一端而言。宫室饮食自奉之薄，皆可类推。**徽柔懿恭，怀保小民，惠鲜鳏寡。自朝至于日中、昃，不遑暇食，用咸和万民。**徽、懿，皆美也。昃，日昳也。柔谓之徽，则非柔懦之柔。恭谓之懿，则非足恭之恭。<u>文王</u>有柔恭之德，而极其徽懿之盛，和易近民，于小民则怀保之，于鳏寡则惠鲜之。"惠鲜"云者，鳏寡之人垂首丧气，赉予赒给之，使之有生意也。自朝至于日之中，自中至于日之昃，一食之顷有不遑暇，欲咸和万民，使无一不得其所也。<u>文王</u>心在乎民，自不知其勤劳如此，岂<u>秦始皇</u>衡石程书、<u>隋文帝</u>卫士传餐，代有司之任者之为哉？<u>立政</u>言"罔攸兼于庶言，庶狱庶谨"，则<u>文王</u>又若无所事事者。不读<u>无逸</u>，则无以知<u>文王</u>之勤；不读<u>立政</u>，则无以知<u>文王</u>之逸。合二书观之，则<u>文王</u>之所从事可知矣。**文王不敢盘于游田，以庶邦惟正之供。文王受命惟中身，厥享国五十年。"**游田，国有常制，<u>文王</u>不敢盘游无度。上不滥费，故下无过取，而能以庶邦惟正之供，于常贡正数之外无横敛也。言庶邦，则民可知。<u>文王</u>为西伯，所统庶邦皆有常供。<u>春秋</u>贡于霸主者班班可见，至<u>唐</u>犹有送使之制，则诸侯之供方伯旧矣。受命，言为诸侯也。中身者，<u>汉孔氏</u>曰："<u>文王</u>九十七而终，即位时年四十七，言中身，举全数也。"上文崇素俭，恤孤独，勤政事，戒游侠，皆<u>文王</u>无逸之实，故其享国有历年之永。

　　周公曰："呜呼！继自今嗣王，则其无淫于观、于逸、于游、于田，以万民惟正之供。则，法也。其，指<u>文王</u>而言。淫，过也。言自今日以往，嗣王其法<u>文王</u>无过于观逸游田，以万民惟正赋之供。上文言"游田"而不言"观逸"，以大而包小也。言"庶邦"而不言"万民"，以远而见近也。**无皇，曰：'今日耽乐。'乃非民攸训，非天攸若，时人丕则有愆。无若殷王受之迷乱，酗于酒德哉！"**无与毋通，皇与遑通。训，法；若，顺；则，法也。毋自宽假，曰今日姑为是耽乐也。一日耽乐固若未害，然下非民之所法，上非天之所顺。时人大法其过逸之行，犹<u>商</u>人化<u>受</u>而崇饮之类。故继之曰："毋若<u>商王受</u>之沉迷，酗于酒德哉！"酗酒谓之德者，德有凶有吉，<u>韩子</u>所谓"道与德为虚位"是也。

周公曰:"呜呼!我闻曰:古之人犹胥训告,胥保惠,胥教诲,民无或胥谮张为幻。胥,相;训,诫;惠,顺;谮,谗;张,诞也。变名易实以眩观者曰幻。叹息言古人德业已盛,其臣犹且相与诫告之,相与保惠之,相与教诲之。"保惠"者,保养而将顺之,非特诫告而已也。教诲,则有规正成就之意,又非特保惠而已也。惟其若是,是以视听思虑无所蔽塞,好恶取予明而不悖,故当时之民无或敢谗诞为幻也。此厥不听,人乃训之,乃变乱先王之正刑,至于小大。民否则厥心违怨,否则厥口诅祝。"正刑,正法也。言成王于上文古人胥训告、保惠、教诲之事而不听信,则人乃法则之,君臣上下师师非度,必变乱先王之正法,无小无大,莫不尽取而纷更之。盖先王之法甚便于民,甚不便于纵侈之君。如省刑罚以重民命,民之所便也,而君之残酷者则必变乱之;如薄赋敛以厚民生,民之所便也,而君之贪侈者则必变乱之。"厥心违怨"者,怨之蓄于中也。"厥口诅祝"者,怨之形于外也。为人上而使民心口交恶,其国不危者,未之有也。此盖治乱存亡之机,故周公恳恳言之。

周公曰:"呜呼!自殷王中宗及高宗及祖甲及我周文王,兹四人迪哲。迪,蹈;哲,智也。孟子以知而弗去为"智之实"。"迪"云者,所谓"弗去"是也。人主知小人之依,而或怠戾之者,是不能蹈其知者也。惟中宗、高宗、祖甲、文王允蹈其知,故周公以"迪哲"称之。厥或告之曰:'小人怨汝、詈汝。'则皇自敬德,厥愆,曰:'朕之愆。'允若时不啻不敢含怒。詈,骂言也。其或有告之曰:小人怨汝、詈汝。汝则皇自敬德,反诸其身,不尤其人。其所诬毁之愆,安而受之,曰:是我之愆。允若时者,诚实若是,非止隐忍不敢藏怒也。盖三宗、文王于小民之依,心诚知之,故不暇责小人之过言,且因以察吾身之未至,怨詈之语乃所乐闻,是岂特止于隐忍含怒不发而已哉?此厥不听,人乃或诬张为幻。曰:'小人怨汝、詈汝。'则信之,则若时不永念厥辟,不宽绰厥心,乱罚无罪,杀无辜,怨有同,是丛于厥身。"绰,大;丛,聚也。言成王于上文三宗、文王迪哲之事不肯听信，则小人乃或诳诞，变置虚实，曰：小民怨汝、詈汝。汝则听信之，则如是不能永念其为君之道，不能宽大其心，以诳诞无实之言罗织疑似，乱罚无罪，杀戮无辜，天下之人受祸不同而同于怨，皆丛于人君之一身，亦何便于此哉？大抵无逸之书，以"知小人之依"为一篇纲领，而此章则申言既知小人之依，则当蹈其知也。三宗、文王能蹈其知，故其胸次宽平，人之怨詈不足以芥蒂其心，如天地之于万物，一于长育而已，其悍疾愤戾，天岂私怒于其间哉？天地以万物为心，人君以万民为心，故君人者要当以民之怨詈为己责，不当以民之怨詈为己怒。以为己责则民安而君亦安，以为己怒则民危而君亦危矣。吁！可不戒哉。

周公曰："呜呼！嗣王其监于兹。" 兹者，指上文而言也。无逸一篇七章，章首皆先致其咨嗟咏叹之意，然后及其所言之事。至此章，则于嗟叹之外更无他语，惟以"嗣王其监于兹"结之，所谓"言有尽而意则无穷"，成王得无深警于此哉！

君　奭

召公告老而去，周公留之，史氏录其告语为篇。亦诰体也。以周公首呼"君奭"，因以君奭名篇。篇中语多未详。今文、古文皆有。○按：此篇之作，史记谓召公疑周公当国践阼，唐孔氏谓召公以周公尝摄王政，今复在臣位，葛氏谓召公未免常人之情，以爵位先后介意，故周公作是篇以谕之。陋哉斯言！要皆为序文所误，独苏氏谓召公之意欲周公告老而归为近之。然详本篇旨意，乃召公自以盛满难居，欲避权位，退老厥邑，周公反复告谕以留之尔。熟复而详味之，其义固可见也。

周公若曰："君奭！ 君者，尊之之称。奭，召公名也。古人尚质，相与语多名之。**弗吊天降丧于殷，殷既坠厥命，我有周既受，我不敢知，曰厥基永孚于休。若天棐忱，我亦不敢知，曰其终出于不祥。** 不祥者，休之反也。天既下丧亡于殷，殷既失天命，我有周既受之矣,我不敢知,曰其基业长信于休美乎? 如天果辅我之诚耶,我亦不敢知,曰其终果出于不祥乎? 〇按:此篇周公留召公而作。此其言天命吉凶,虽曰我不敢知,然其恳恻危惧之意,天命吉凶之决,实主于召公留不留如何也。**呜呼! 君已曰:'时我。'我亦不敢宁于上帝命,弗永远念天威越我民罔尤违,惟人。在我后嗣子孙,大弗克恭上下,遏佚前人光,在家不知?** 尤,怨;违,背也。周公叹息言召公已尝曰:是在我而已。周公谓我亦不敢苟安天命,而不永远念天之威,于我民无尤怨背违之时也。天命民心去就无常,实惟在人而已。今召公乃忘前日之言,翻然求去,使在我后嗣子孙大不能敬天敬民,骄慢肆侈,遏绝佚坠文武光显,可得谓在家而不知乎? **天命不易,天难谌,乃其坠命,弗克经历嗣前人恭明德。** 天命不易,犹诗曰"命不易哉"。命不易保,天难谌信,乃其坠失天命者,以不能经历继嗣前人之恭明德也。吴氏曰:"弗克恭,故不能嗣前人之恭德。遏佚前人光,故不能嗣前人之明德。"**在今予小子旦,非克有正,迪惟前人光,施于我冲子。"** 吴氏曰:"小子,自谦之辞也。非克有正,亦自谦之辞也。言在今我小子旦,非能有所正也。凡所开导,惟以前人光大之德使益焜耀,而付于冲子而已,以前言'后嗣子孙遏佚前人光'而言也。"**又曰:"天不可信。我道惟宁王德延,天不庸释于文王受命。"** "又曰"者,以上文言"天命不易,天难谌",此又申言"天不可信",故曰"又曰"。天固不可信,然在我之道,惟以延长武王之德,使天不容舍文王所受之命也。

　　公曰:"君奭! 我闻在昔成汤既受命,时则有若伊尹,格于皇天。在太甲,时则有若保衡。在太戊,时则有若伊陟、臣扈,格于上帝,巫咸乂王家。在祖乙,时则有若巫贤。在武丁,时则有若甘盘。 时则有若者,言当其时有如此人也。保衡,即伊尹也,见说命。太戊,太甲之孙。伊陟,伊尹之子。臣扈,与汤时臣扈二人而同名者也。巫,氏;咸,名。祖乙,太戊之孙。巫贤,巫咸之子也。武丁，高宗也。甘盘见说命。吕氏曰："此章序商六臣之烈，盖勉召公匹休于前人也。伊尹佐汤，以圣辅圣，其治化与天无间。伊陟、臣扈之佐太戊，以贤辅贤，其治化克厌天心。自其遍覆言之谓之天，自其主宰言之谓之帝。书或称天，或称帝，各随所指，非有重轻。至此章对言之，则圣贤之分而深浅见矣。巫咸止言其'乂王家'者，咸之为治功在王室，精微之蕴犹有愧于二臣也。"亡书有咸乂四篇，其"乂王家"之实欤？巫贤、甘盘而无指言者，意必又次于巫咸也。○苏氏曰："殷有圣贤之君七，此独言五，下文云'殷礼陟配天'，岂配祀于天者止此五王，而其臣皆配食于庙乎？在武丁时不言傅说，岂傅说不配食于配天之王乎？其详不得而闻矣。"**率惟兹有陈，保乂有殷，故殷礼陟配天，多历年所。**陟，升退也。言六臣循惟此道有陈列之功，以保乂有殷，故殷先王终以德配天而享国长久也。**天惟纯佑命，则商实，百姓、王人罔不秉德明恤，小臣、屏侯甸矧咸奔走，惟兹惟德称，用乂厥辟。故一人有事于四方，若卜筮，罔不是孚。"**佑，助也。实，"虚实"之"实"，国有人则实，孟子言"不信仁贤，则国空虚"是也。称，举也，亦秉持之义。事，征伐、会同之类。承上章六臣辅君格天致治，遂言天佑命有商纯一而不杂，故商国有人而实，内之百官著姓与夫王臣之微者，无不秉持其德，明致其忧；外之小臣与夫藩屏侯甸矧皆奔走服役。惟此之故，惟德是举，用乂其君。故君有事于四方，如龟之卜，如蓍之筮，天下无不敬信之也。

公曰："君奭！天寿平格，保乂有殷。有殷嗣天，灭威。今汝永念，则有固命，厥乱明我新造邦。"吕氏曰："坦然无私之谓平。格者，通彻三极而无间者也。天无私寿，惟至平通格于天者则寿之。伊尹而下六臣，能尽平格之实，故能保乂有殷，多历年所。至于殷纣，亦嗣天位，乃骤罹灭亡之威，天曾不私寿之也。固命者，不坠之天命也。今召公勉为周家久永之念，则有天之固命，其治效亦赫然明著于我新造之邦，而身与国俱显矣。"

公曰："君奭！在昔上帝割，申劝宁王之德，其集大命于厥躬。申，重；劝，勉也。在昔上帝，降割于殷，申劝武王之德，而集大命于其身，使有天下也。**惟文王尚克修和我有夏，亦惟有若虢叔，有若闳夭，有若散宜生，有若泰颠，有若南宫括。"** 虢叔，文王弟。闳、散、泰、南宫，皆氏。夭、宜生、颠、括，皆名。言文王庶几能修治燮和我所有诸夏者，亦惟有虢叔等五臣为之辅也。康诰言"一二邦以修"，无逸言"用咸和万民"，即文王修和之实也。**又曰："无能往来兹，迪彝教，文王蔑德降于国人。** 蔑，无也。夏氏曰："周公前既言文王之兴本此五臣，故又反前意而言，曰若此五臣者，不能为文王往来奔走于此，导迪其常教，则文王亦无德降及于国人矣。周公反覆以明其意，故以'又曰'更端发之。"**亦惟纯佑秉德，迪知天威，乃惟时昭文王迪见冒闻于上帝，惟时受有殷命哉！** 言文王有此五臣者，故亦如殷为天纯佑命，百姓王人罔不秉德也。上既反言文王若无此五臣为迪彝教，则亦无德下及国人，故此又正言亦惟天乃纯佑文王，盖以如是秉德之臣蹈履至到，实知天威，以是昭明文王，启迪其德，使著见于上，覆冒于下，而升闻于上帝。惟是之故，遂能受有殷之天命也。**武王惟兹四人尚迪有禄。后暨武王诞将天威，咸刘厥敌。惟兹四人昭武王惟冒，丕单称德。** 虢叔先死，故曰四人。刘，杀也。单，尽也。武王惟此四人，庶几迪有天禄。其后暨武王尽杀其敌，惟此四人，能昭武王，遂覆冒天下，天下大〔一〕尽称武王之德，谓其达声教于四海也。文王冒西土而已，丕单称德惟武王为然。于文王言命，于武王言禄者，文王但受天命，至武王方富有天下也。吕氏曰："师尚父之事文武，烈莫盛焉，不预〔二〕五臣之列，盖一时议论，或详或略，随意而言，主于留召公而非欲为人物评也。"**今在予小子旦，若游大川，予往暨汝奭其济。小子同，未在位，诞无我责，收罔勖不及。耇造德不降，我则鸣鸟不闻，矧曰其有能格？"** 小子旦，自谦之称也。浮水曰游。周公言承文武之业，惧不克

181

〔一〕"大"，德星堂本、书传会选作"人"。
〔二〕"预"，德星堂本、纂疏、汇纂、四库本作"与"。案：二字古通用。增修东莱书说作"预"。

济,若浮大川,罔知津涯,岂能独济哉?予往与汝召公其共济可也。小子,成王
也。成王幼冲,虽已即位,与未即位同。诞,大也。"大无我责"上疑有阙文。
"收罔勖不及",未详。耇造德不降,言召公去,则耇老成人之德不下于民,在
郊之凤将不复得闻其鸣矣,况敢言进此而有感格乎?是时周方隆盛,鸣凤在
郊,卷阿"鸣于高冈"者乃咏其实,故周公云尔也。

公曰:"呜呼!君肆其监于兹。我受命无疆惟休,亦大
惟艰。告君乃猷裕,我不以后人迷。"肆,大;猷,谋也。兹,指上文
所言。周公叹息,欲召公大监视上文所陈也。我文武受命,固有无疆之美矣,
然迹其积累缔造,盖亦艰难之大者,不可不相与竭力保守之也。告君谋所以宽
裕之道,勿狭隘欲[一]去,我不欲后人迷惑而失道也。○吕氏曰:"大臣之位,百
责所萃。震撼击撞,欲其镇定;辛甘燥湿,欲其调齐;盘错棼结,欲其解纾;黯暗
污浊,欲其茹纳。自非旷度洪量,与夫患失于没者,未尝无翩然舍去之意。况
召公亲遭大变,破斧缺斨之时,屈折调护,心劳力瘁,又非平时大臣之比。顾以
成王未亲政,不敢乞身尔。一旦政柄有归,浩然去志,固人情之所必至。然思
文武王业之艰难,念成王守成之无助,则召公义未可去也。今乃汲汲然求去之
不暇,其迫切已甚矣,盍谋所以宽裕之道,图功收终,展布四体,为久大规模,使
君德开明,未可舍去,而听后人之迷惑也。"

公曰:"前人敷乃心,乃悉命汝,作汝民极。曰:汝明勖
偶王,在亶;乘兹大命,惟文王德,丕承无疆之恤。"偶,配也。
苏氏曰:"周公与召公同受武王顾命辅成王,故周公言前人敷乃心腹,以命汝
召公位三公,以为民极。且曰:汝当明勉辅孺子,如耕之有偶也,在于相信;如
车之有㪚也,并力一心,以载天命,念文考之旧德,以丕承无疆之忧。武王之言
如此,而可以去乎?"

公曰:"君!告汝朕允,保奭!其汝克敬以予,监于殷
丧大否,肆念我天威。大否,大乱也。告汝以我之诚,呼其官而名之。

〔一〕"欲",德星堂本、纂疏、汇纂、四库本作"求"。

言汝能敬以我所言,监视殷之丧亡大乱,可不大念我天威之可畏乎?**予不允惟若兹诰。予惟曰:'襄我二[一]人,汝有合哉?'言曰:'在时二人。天休滋至,惟时二人弗戡。'其汝克敬德,明我俊民,在让后人于丕时。**戡,胜也。戡、堪古通用。周公言我不信于人而若此告语乎?予惟曰:王业之成,在我与汝而已。汝闻我言而有合哉?亦曰在是二人。但天休滋至,惟是我二人,将不堪胜。汝若以盈满为惧,则当能自敬德,益加寅畏,明扬俊民,布列庶位,以尽大臣之职业,以答滋至之天休,毋徒惴惴而欲去为也。他日在汝推逊后人于大盛之时,超然肥遁,谁复汝禁?今岂汝辞位之时乎?**呜呼!笃棐时二人,我式克至于今日休。我咸成文王功于不怠,丕冒,海隅出日,罔不率俾。**周公复叹息言:笃于辅君者,是我二人,我用能至于今日休盛。然我欲与召公共成文王功业于不怠,大覆冒斯民,使海隅日出之地无不臣服,然后可也。周都西土去东为远,故以"日出"言。吴氏曰:"周公未尝有其功,以其留召公,故言之。盖叙其所已然,而勉其所未至,亦人所说而从者也。"

　　公曰:"君!予不惠,若兹多诰,予惟用闵于天越民。"周公言我不顺于理,而若兹谆复之多诰耶。予惟用忧天命之不终及斯民之无赖也。韩子言"畏天命而悲人穷",亦此意。前言"若兹诰",故此言"若兹多诰",周公之诰召公,其言语之际亦可悲矣。

　　公曰:"呜呼!君,惟乃知民德,亦罔不能厥初,惟其终。祗若兹,往敬用治!"上章言天命民心,而民心又天命之本也,故卒章专言民德以终之。周公叹息谓召公践历谙练之久,惟汝知民之德,民德谓民心之向顺,亦罔不能其初。今日固罔尤违矣,当思其终,则民之难保者尤可畏也。其祗顺此诰,往敬用治,不可忽也。此召公已留,周公饬遣就职之辞。厥后召公既相成王,又相康王,再世犹未释其政,有味于周公之言也夫。

〔一〕"二",原作"一",今据诸本改。

蔡仲之命

蔡,国名。仲,字,蔡叔之子也。叔没,周公以仲贤命诸成王,复封之蔡。此其诰命之词也。今文无,古文有。○按:此篇次叙当在洛诰之前。

惟周公位冢宰,正百工,群叔流言。乃致辟管叔于商,囚蔡叔于郭邻以车七乘,降霍叔于庶人,三年不齿。蔡仲克庸祗德,周公以为卿士。叔卒,乃命诸王邦之蔡。周公位冢宰,正百工,武王崩时也。郭邻,孔氏曰:"中国之外地名。"苏氏曰:"郭,虢也。周礼六遂'五家为邻'。"管霍,国名。武王崩,成王幼,周公居冢宰,百官总己以听者,古今之通道也。当是时,三叔以主少国疑,乘商人之不靖,谓可惑以非义,遂相与流言,倡乱以摇之。是岂周公一身之利害?乃欲颠覆社稷,涂炭生灵,天讨所加,非周公所得已也,故致辟管叔于商。致辟云者,诛戮之也。囚蔡叔于郭邻以车七乘,囚云者,制其出入而犹从以七乘之车也。降霍叔于庶人,三年不齿,三年之后,方齿录以复其国也。三叔刑罚之轻重,因其罪之大小而已。仲,叔之子,克常敬德,周公以为卿士。叔卒,乃命之成王而封之蔡也。周公留佐成王,食邑于圻内。圻内诸侯孟、仲二卿,故周公用仲为卿,非鲁之卿也。蔡,左传在淮汝之间,仲不别封而命邦之蔡者,所以不绝叔于蔡也。封仲以他国,则绝叔于蔡矣。吕氏曰:"象欲杀舜,舜在侧微,其害止于一身,故舜得遂其友爱之心。周公之位,则系于天下国家,虽欲遂友爱于三叔,不可得也。舜与周公易地皆然。史臣先书'惟周公位冢宰,正百工',而继以'群叔流言',所以结正三叔之罪也。后言蔡仲克庸祗德,周公以为卿士,叔卒,即命之王,以为诸侯,以见周公蹙然于三叔之刑,幸仲克庸祗德,则亟擢用分封之也。"吴氏曰:"此所谓'冢宰正百工',与诗所谓'摄政',皆在成王谅阇之时,非以幼冲而摄,而其摄也不过位冢宰之位而已,亦非如荀卿所谓'摄天子位'之事也。三年之丧,二十五月而毕,方其毕时,周公固未尝摄,亦非有七年而后还政之事也。百官总己以听冢宰,未知其所从始,如殷之高宗已然,不特周公行之。此皆论周公者所当先知也。"

王若曰："小子胡，惟尔率德改行，克慎厥猷，肆予命尔侯于东土。往即乃封，敬哉！胡，仲名。言仲循祖文王之德，改父蔡叔之行，能谨其道，故我命汝为侯于东土。往就汝所封之国，其敬之哉。吕氏曰："敬哉者，欲其毋〔一〕失此心也。命书之辞，虽称成王，实周公之意。"尔尚盖前人之愆，惟忠惟孝，尔乃迈迹自身，克勤无怠，以垂宪乃后。率乃祖文王之彝训，无若尔考之违王命。蔡叔之罪在于不忠不孝，故仲能掩前人之恶〔二〕者，惟在于忠孝而已。叔违王命，仲无所因，故曰"迈迹自身"。克勤无怠，所谓"自身"也。"垂宪乃后"，所谓"迈迹"也。"率乃祖文王之彝训，无若尔考之违王命"，上文所谓"率德改行"也。皇天无亲，惟德是辅。民心无常，惟惠之怀。为善不同，同归于治。为恶不同，同归于乱。尔其戒哉！此章与伊尹申诰太甲之言相类，而有深浅不同者，太甲、蔡仲之有间也。善固不一端而无不可行之善，恶亦不一端而无可为之恶，尔其可不戒之哉？慎厥初，惟厥终，终以不困。不惟厥终，终以困穷。惟，思也。穷，困之极也。思其终者，所以谨其初也。懋乃攸绩，睦乃四邻，以蕃王室，以和兄弟，康济小民。勉汝所立之功，亲汝四邻之国，蕃屏王家，和协同姓，康济小民。五者，诸侯职之所当尽也。率自中，无作聪明，乱旧章。详乃视听，罔以侧言改厥度，则予一人汝嘉。"率，循也。无、毋同。详，审也。中者，心之理而无过不及之差者也。旧章者，先王之成法；厥度者，吾身之法度，皆中之所出者。作聪明，则喜怒好恶皆出于私而非中矣，其能不乱先王之旧章乎？戒其本于己者然也。侧言，一偏之言也。视听不审，惑于一偏之说，则非中矣。其能不改吾身之法度乎？戒其徇于人者然也。仲能戒是，则我一人汝嘉矣。吕氏曰："作聪明

〔一〕"毋"，德星堂本、纂疏、汇纂、四库本作"无"。
〔二〕"恶"，德星堂本、纂疏、汇纂、四库本作"愆"。

者,非天之聪明,特沾沾小智耳。作与不作而天人判焉。"

王曰:"呜呼!小子胡,汝往哉,无荒弃朕命。"饬往就国,
戒其毋废弃我命汝所言也。

多 方

成王即政,奄与淮夷又叛,成王灭奄归,作此篇。按:费誓言"徂兹淮夷、
徐戎并兴",即其事也。疑当时扇乱不特殷人,如徐戎、淮夷,四方容或
有之,故及多方。亦诰体也。今文、古文皆有。○苏氏曰:"大诰、康诰、
酒诰、梓材、召诰、洛诰、多士、多方八篇,虽所诰不一,然大略以殷人心
不服周而作也。予读泰誓、武成,常怪周取殷之易,及读此八篇,又怪周
安殷之难也。多方所告不止殷人,乃及四方之士,是纷纷焉不心服者非
独殷人也。予乃今知汤以下七王之德深矣。方殷之虐,人如在膏火中,
归周如流,不暇念先王之德。及天下粗定,人自膏火中出,即念殷先七
王如父母,虽以武王、周公之圣相继抚之,而莫能禁〔一〕也。夫以西汉道
德比之殷,犹碔砆之与美玉,然王莽、公孙述、隗嚣之流终不能使人忘
汉,光武成功若建瓴然。使周无周公,则亦殆矣〔二〕。此周公之所以畏
而不敢去也。"

惟五月丁亥,王来自奄,至于宗周。成王即政之明年,商奄
又叛,成王征灭之。杜预云:"奄,不知所在。"宗周,镐京也。吕氏曰:"王者定
都,天下之所宗。东迁之后,定都于洛,则洛亦谓之宗周。卫孔悝之鼎铭曰:
'随难于汉阳,即宫于宗周。'是时镐已封秦,宗周盖指洛也。然则宗周初无定
名,随王者所都而名耳。"周公曰:"王若曰:猷!告尔四国多方,
惟尔殷侯尹民,我惟大降尔命,尔罔不知。吕氏曰:"先曰'周公

〔一〕"禁",东坡书传同,德星堂本、纂疏、汇纂、四库本作"御"。
〔二〕"则亦殆矣",东坡书传作"则殷之复兴也必矣"。

曰',而复曰'王若曰',何也? 明周公传王命而非周公之命也。周公之命诰,终于此篇,故发例于此,以见大诰诸篇凡称王曰者,无非周公传成王之命也。"成王灭奄之后,告谕四国殷民,而因以晓天下也。所主殷民,故又专提殷侯之正民者告之。言殷民罪应诛戮,我大降宥尔命,尔宜无不知也。**洪惟图天之命,弗永寅念于祀。** 图,谋也。言商奄大惟私意图谋天命,自底灭亡,不深长敬念,以保其祭祀。吕氏曰:"天命可受而不可图,图则人谋之私,而非天命之公矣。此盖深示以天命不可妄干,乃多方一篇之纲领也。下文引夏、商所以失天命、受天命者以明示之。"**惟帝降格于夏,有夏诞厥逸,不肯戚言于民,乃大淫昏,不克终日,劝于帝之迪,乃尔攸闻。** 言帝降灾异以谴告桀,桀不知戒惧,乃大肆逸豫,忧民之言尚不肯出诸口,况望其有忧民之实乎? 劝,勉也。迪,启迪也。视听动息,日用之间,洋洋乎皆上帝所以启迪开导斯人者。桀乃大肆淫昏,终日之间,不能少勉,于是天理或几乎息矣,况望有惠迪而不违乎? 此乃尔之所闻,欲其因桀而知纣也。"厥逸"与多士"引逸"不同者,犹乱之为乱、为治耳。逸豫以民言,淫昏以帝言,各以其义也。此章上疑有阙文。

"**厥图帝之命,不克开于民之丽,乃大降罚,崇乱有夏。因甲于内乱,不克灵承于旅。罔丕惟进之恭,洪舒于民。亦惟有夏之民,叨懫日钦,劓割夏邑。** 此章文多未详。丽,犹"日月丽乎天"之"丽"。谓民之所依以生者也,依于土、依于衣食之类。甲,始也。言桀矫诬上天,图度帝命,不能开民衣食之原,于民依恃以生者一皆抑塞遏绝之,犹乃大降威虐于民,以增乱其国。其所因则始于内嬖蛊其心,败其家,不能善承其众,不能大进于恭,而大宽裕其民,亦惟夏邑之民贪叨忿懫者,则日钦崇而尊用之,以戕害于其国也。**天惟时求民主,乃大降显休命于成汤,刑殄有夏。** 言天惟是为民求主耳,桀既不能为民之主,天乃大降显休命于成汤,使为民主而伐夏,殄灭之也。○吕氏曰:"曰求、曰降,岂真有求之降之者哉? 天下无统,涣散漫流,势不得不归其所聚,而汤之一德,乃所谓显休命之实,一众离而聚之者。民不得不聚于汤,汤不得不受斯民之聚,是岂人为之私哉？故曰天求之，天降之也。"惟天不畀纯，乃惟以尔多方之义民，不克永于多享。惟夏之恭多士，大不克明保享于民，乃胥惟虐于民，至于百为，大不克开。纯，大也。义民，贤者也。言天不与桀者大，乃以尔多方贤者不克永于多享，以至于亡也。言桀于义民不能用，其所敬之多士率皆不义之民，上文所谓"叨懫日钦"者，同恶相济，大不能明保享于民，乃相与播虐于民，民无所措其手足。凡百所为，无一能达，上文所谓"不克开于民之丽"者，政暴民穷，所以"速其亡"也。此虽指桀多士，尔殷侯尹民〔一〕尝逮事纣者，宁不惕然内愧乎？乃惟成汤，克以尔多方简代夏作民主。简，择也。民择汤而归之。慎厥丽，乃劝；厥民刑，用劝。汤深谨其所依，以劝勉其民，故民皆仪刑而用劝勉也。人君之于天下，仁而已矣。仁者，君之所依也，君仁则莫不仁矣。以至于帝乙，罔不明德慎罚，亦克用劝。明德则民爱慕之，谨罚则民畏服。自成汤至于帝乙，虽历世不同，而皆知明其德、谨其罚，故亦能用以劝勉其民也。明德、谨罚，所以谨厥丽也。明德，仁之本也。谨罚，仁之政也。要囚殄戮多罪，亦克用劝。开释无辜，亦克用劝。德，明之而已。罚有辟焉，有宥焉，故再言辟而当罪，亦能用以劝勉；宥而赦过，亦能用以劝勉。言辟与宥，皆足以使人勉于善也。今至于尔辟，弗克以尔多方享天之命。吕氏曰："尔辟，谓纣也。商先哲王世传家法，积累维持如此，今一旦至于汝君，乃以尔全盛之多方，不克坐享天命而亡之，是诚可悯也。天命至公，操则存，舍则亡。以商先王之多，基图之大，纣曾不得席其余荫，其亡忽焉。危微操舍之几，周公所以示天下深矣，岂徒曰慰解之而已哉？"

"呜呼！王若曰：诰告尔多方，非天庸释有夏，非天庸释有殷。先言"呜呼"而后言"王若曰"者，唐孔氏曰："周公先自叹息而后称王命以诰之也。"庸，用也，有心之谓。释，去之也。上文言夏殷之亡，因言

书集传

188

〔一〕"民"，原作"氏"，今据德星堂本、纂疏、汇纂、四库本及增修东莱书说改。

非天有心于去夏,亦非天有心于去殷,下文遂言乃惟桀纣自取亡灭也。○吕氏曰:"周公先自叹息而始宣布成王之诰,告以见周公未尝称王也。又[一]此篇之始,'周公曰:王若曰',复语相承,书无此体也。至于此章,先'呜呼'而后'王若曰',书亦无此体也。周公居圣人之变,史官豫忧来世,传疑袭误,盖有窃之为口实矣,故于周公诰命终篇发新例二,著周公实未尝称王,所以别嫌明微,而谨万世之防也。"**乃惟尔辟以尔多方大淫,图天之命,屑有辞。**纣以多方之富,大肆淫泆,图度天命,琐屑有辞。与多士言"桀大淫泆有辞"义同。殷之亡非自取乎?以下二章推之,此章之上当有阙文。**乃惟有夏图厥政,不集于享,天降时丧,有邦间之。**集,萃也。享,"享有"之"享"。桀图其政,不集于享而集于亡,故天降是丧乱,而俾有殷代之,夏之亡非自取乎?**乃惟尔商后王逸厥逸,图厥政,不蠲烝,天惟降时丧。**蠲,洁;烝,进也。纣以逸居逸,淫湎无度,故其为政,不蠲洁而秽恶,不烝进而怠惰,天以是降丧亡于殷,殷之亡非自取乎?此上三节,皆应上文"非天庸释"之语。**惟圣罔念作狂,惟狂克念作圣。天惟五年须暇之子孙,诞作民主,罔可念听。**圣,通明之称。言圣而罔念则为狂矣,愚而能念则为圣矣。纣虽昏愚,亦有可改过迁善之理。故天又未忍遽绝之,犹五年之久,须待暇宽于纣,觊其克念大为民主,而纣无可念可听者,五年必有指实而言。孔氏牵合岁月者非是。或曰狂而克念,果可为圣乎?曰圣固未易为也,狂而克念,则作圣之功,知所向方,太甲其庶几矣。圣而罔念,果至于狂乎?曰圣固无所谓罔念也。禹戒舜曰:"无若丹朱傲,惟慢游是好。"一念之差,虽未至于狂,而狂之理亦在是矣。此人心惟危,圣人拳拳告戒,岂无意哉?**天惟求尔多方,大动以威,开厥顾天。惟尔多方罔堪顾之。**纣既罔可念听,天于是求民主于尔多方,大警动以祸祥谴告之威,以开发其能受眷顾之命者,而尔多方之众皆不足以堪眷顾之命也。**惟我周王灵承于旅,克堪用德,惟典神天。天惟式教我用休,简畀殷**

〔一〕"又",原作"人",今据德星堂本、纂疏、汇纂、四库本及增修东莱书说改。

命，尹尔多方。典，主；式，用也。克堪者，能胜之谓也。"德辅如毛，民鲜克举之"，言德举者莫能胜也。文武善承其众，克堪用德，是诚可以为神天之主矣。故天式教文武用以休美，简择畀付殷命，以正尔多方也。吕氏曰："式教用休者，如之何而教之也。文武既得乎天，天德^{〔一〕}日新，左右逢原，其思也若或起之，其行也若或翼之，乃天之所以教而用以昌大休明者也，非谆谆然而教之也。此章深论天下向者天命未定，眷求民主之时，能者则得之，孰有遏汝者，乃无一能当天之眷，今天既命我周而定于一矣，尔犹汹汹不靖，欲何为耶？明指天命而詟服四海奸雄之心者，莫切于是。"**今我曷敢多诰？我惟大降尔四国民命。**言今我何敢如此多诰，我惟大降宥尔四国民命。举其宥过之恩，而责其迁善之实也。**尔曷不忱裕之于尔多方？尔曷不夹介乂我周王享天之命？今尔尚宅尔宅，畋尔田，尔曷不惠王熙天之命？**夹，"夹辅"之"夹"。介，"宾介"之"介"。尔何不诚信宽裕于尔之多方乎？尔何不夹辅介助我周王享天之命乎？尔之叛乱，据法定罪，则潴其宅，收其田，可也。今尔犹得居尔宅，耕尔田，尔何不顺我王室，各守尔典，以广天命乎？此三节责其何不如此也。**尔乃迪屡不静，尔心未爱；尔乃不大宅天命，尔乃屑播天命，尔乃自作不典，图忱于正。**尔乃屡蹈不静，自取亡灭，尔心其未知所以自爱耶？尔乃大不安天命耶？尔乃轻弃天命耶？尔乃自为不法，欲图见信于正者，以为当然耶？此四节责其不可如此也。**我惟时其教告之，我惟时其战要囚之，至于再，至于三，乃有不用我降尔命，我乃其大罚殛之。非我有周秉德不康宁，乃惟尔自速辜。**我惟是教告而诲谕之，我惟是戒惧而要囚之，今至于再，至于三矣。尔不用我降尔命，而犹狃于叛乱反覆，我乃其大罚殛杀之，非我有周持德不安静，乃惟尔自为凶逆，以速其罪尔。

王曰："呜呼！猷！告尔有方多士暨殷多士，今尔奔走

〔一〕"德"，增修东莱书说作"理"。

臣我监五祀。 监，监洛邑之迁民者也。犹诸侯之分民，有君道焉，所以谓之"臣我监"也。言商士迁洛，奔走臣服我监，于今五年矣。不曰"年"而曰"祀"者，因商俗而言也。又按：成周既成而成王即政，成王即政而商奄继叛，事皆相因，才一二年耳。今言五祀，则商民之迁固在作洛之前矣，尤为明验。

越惟有胥伯小大多正，尔罔不克臬。 臬，事也。周官多以胥、以伯、以正为名，胥伯小大众多之正也。盖殷多士授职于洛，共长治迁民者也。其奔走臣我监亦久矣，宜相体悉，竭力其职，无或反侧偷惰而不能事也。**自作不和，尔惟和哉！尔室不睦，尔惟和哉！尔邑克明，尔惟克勤乃事。** 心不安静，则身不和顺矣；身不安静，则家不和顺矣。言"尔惟和哉"者，所以劝勉之也。和其身，睦其家，而后能协于其邑，骧然有恩以相爱，粲然有文以相接，尔邑克明，始为不负其职，而可谓"克勤乃事"矣。前既戒以"罔不克臬"，故以"克勤乃事"期之也。**尔尚不忌于凶德，亦则以穆穆在乃位，克阅于乃邑谋介。** 忌，畏也。穆穆，和敬貌。顽民诚可畏矣，然如上文所言，尔多士庶几不至畏忌顽民凶德，亦则以穆穆和敬，端处尔位，以潜消其悍逆悖戾之气，又能简阅尔邑之贤者以谋其助，则民之顽者且革而化矣，尚何可畏之有哉？成王诱掖商士之善，以化服商民之恶，其转移感动之机，微矣哉！**尔乃自时洛邑尚永力畋尔田，天惟畀矜尔。我有周惟其大介赉尔，迪简在王庭。尚尔事，有服在大僚。"** 尔乃自时洛邑庶几可以保有其业，力畋尔田，天亦将畀予矜怜于尔。我有周亦将大介助赉锡于尔，启迪简拔置之王朝矣，其庶几勉尔之事，有服在大僚，不难至也。多士篇商民尝以"夏迪简在王庭，有服在百僚"为言，故此因以劝厉之也。

王曰："呜呼！多士。尔不克劝忱我命，尔亦则惟不克享。凡民惟曰不享，尔乃惟逸惟颇，大远王命，则惟尔多方探天之威，我则致天之罚，离逖尔土。"诰告将终，乃叹息言尔多士，如不能相劝，信我之诰命，尔亦则惟不能享上。凡尔之民亦惟曰上不必享矣，尔乃放逸颇僻，大违我命，则惟尔多士自取天威，我亦致天之罚，播流荡析，俾尔离远尔土矣。尔虽欲宅尔宅，畋尔田，尚可得哉？“多方”疑当作“多士”。上章既“劝之以休”，此章则“董之以威”，商民不惟有所慕而不敢违越，且有所畏而不敢违越矣。

王曰：“我不惟多诰，我惟祇告尔命。”我岂若是多言哉？我惟敬告尔以上文劝勉之命而已。**又曰：“时惟尔初，不克敬于和，则无我怨。”**与之更始，故曰“时惟尔初”也。尔民至此，苟又不能敬于和，犹复乖乱，则自底诛戮，毋我怨尤矣。开其为善，禁其为恶，周家忠厚之意，于是篇尤为可见。○吕氏曰：“又曰二字，所以形容周公之惓惓斯民，会已毕而犹有余情，诰已终而犹有余语，顾盼之光，犹晔然溢于简册也。”

立　政

吴氏曰：“此书戒成王以任用贤才之道，而其旨意则又上^{〔一〕}戒成王专择百官有司之长，如所谓常伯、常任、准人等云者。盖古者外之诸侯，一卿已命于君，内之卿大夫则亦自择其属，如周公以蔡仲为卿士，伯冏‘谨简乃僚’之类。其长既贤，则其所举用无不贤者矣。”葛氏曰：“诰体也。”今文、古文皆有。

周公若曰：“拜手稽首，告嗣天子王矣。”用咸戒于王，曰：“王左右常伯、常任、准人、缀衣、虎贲。”周公曰：“呜呼！休兹，知恤鲜哉！此篇周公所作，而记之者周史也，故称“若曰”，言周公帅群臣进戒于王，赞之曰“拜手稽首，告嗣天子王矣”。群臣用皆进戒曰：王左右之臣，有牧民之长曰常伯，有任事之公卿曰常任，有守法之有司曰准人，三事之外，掌服器者曰缀衣，执射御者曰虎贲，皆任用之所当谨者。周公于是叹息言曰：美矣此官，然知忧恤者鲜矣。言五等官职之美，而知忧其得人者

少也。吴氏曰："缀衣、虎贲,近臣之长也。"葛氏曰："缀衣,周礼司服之类。虎贲,周礼之虎贲氏也。"**古之人迪惟有夏,乃有室大竞,吁俊尊上帝,迪知忱恂于九德之行,乃敢告教厥后,曰:'拜手稽首后矣。'曰:'宅乃事,宅乃牧,宅乃准,兹惟后矣。'谋面,用丕训德,则乃宅人,兹乃三宅无义民。**古之人有行此道者,惟有夏之君,当王室大强之时,而求贤以为事天之实也。迪知者,蹈知而非苟知也。忱恂者,诚信而非轻信也。言夏之臣蹈知诚信于九德之行,乃敢告教其君。"曰拜手稽首后矣"云者,致敬以尊其为君之名也。"曰宅乃事,宅乃牧,宅乃准,兹惟后矣"云者,致告以叙其为君之实也。兹者,此也。言如此而后可以为君也,即〔一〕皋陶与禹言〔二〕九德之事。谋面者,谋人之面貌也。言非迪知、忱恂于九德之行,而徒谋之面貌,用以为大顺于德,乃宅而任之,如此则三宅之人岂复有贤者乎? 苏氏曰:"事则向所谓'常任'也,牧则向所谓'常伯'也,准则向所谓'准人'也,一篇之中所论宅俊者参差不齐,然大要不出是三者,其余则皆小臣百执事也。"吴氏曰:"古者凡以善言语人皆谓之教,不必自上教下而后谓之教也。"**桀德惟乃弗作往任,是惟暴德,罔后。**夏桀恶德,弗作往昔先王任用三宅,而所任者乃惟暴德之人,故桀以丧亡无后。**亦越成汤陟丕厘上帝之耿命,乃用三有宅,克即宅,曰三有俊,克即俊。严惟丕式,克用三宅三俊。其在商邑,用协于厥邑。其在四方,用丕式见德。**亦越者,继前之辞也。耿,光也。汤自七十里升为天子,典礼命讨,昭著于天下,所谓陟丕厘上帝之光命也。三宅,谓居常伯、常任、准人之位者。三俊,谓有常伯、常任、准人之才者。克即者,言汤所用三宅实能就是位而不旷其职,所称三俊实能就是德而不浮其名也。三俊,说者谓他日次补三宅者。详宅以位言,俊以德言,意其储养待用,或如说者所云也。惟,思;式,法也。汤于三宅三俊严思而丕法之,故能尽其宅俊之用,而宅者得以效

〔一〕"即",德星堂本、纂疏作"犹"。
〔二〕"言",原脱,今据诸本补。

其职，俊者得以著其才，贤智奋庸，登于至治。"其在商邑，用协于厥邑"，近者察之详，其情未易齐，畿甸之协，则纯之至也。"其在四方，用丕式见德"，远者及之难，其德未易遍，观法之同，则大之至也。至纯至大，治道无余蕴矣。曰邑、曰四方者，各极其远近而言耳。**呜呼！其在受德暋，惟羞刑暴德之人，同于厥邦；乃惟庶习逸德之人，同于厥政。帝钦罚之，乃伻我有夏，式商受命，奄甸万姓。**羞刑，进任刑戮者也。庶习，备诸众丑者也。言纣德强暴，又所与共国者，惟羞刑暴德之诸侯；所与共政者，惟庶习逸德之臣下。上帝敬致其罚，乃使我周有此诸夏，用商所受之命而奄甸万姓焉。甸者，井牧其地，什伍其民也。**亦越文王、武王克知三有宅心，灼见三有俊心，以敬事上帝，立民长伯。**三宅、三俊，文武克知灼见，皆曰心者，即所谓"迪知忱恂"而非"谋面"也。三宅已授之位，故曰"克知"。三俊未任以事，故曰"灼见"。以是敬事上帝，则天职修而上有所承。以是立民长伯，则体统立而下有所寄。人君位天人之两间而俯仰无怍者，以是也。夏之尊帝，商之丕厘，周之敬事，其义一也。长，如王制所谓"五国以为属，属有长"。伯，如王制所谓"二百一十国以为州，州有伯"是也。**立政：任人、准夫、牧作三事；**言文武立政三宅之官也。任人，常任也。准夫，准人也。牧，常伯也。以职言，故曰事。**虎贲、缀衣、趣马、小尹、左右携仆、百司、庶府；**此侍御之官也。趣马，掌马之官。小尹，小官之长。携仆，携持仆御之人。百司，若司裘、司服。庶府，若内府、大府之属也。**大都、小伯、艺人、表臣百司、太史、尹伯，庶常吉士。**此都邑之官也。吕氏曰："大都、小伯者，谓大都之伯、小都之伯也。大都言都不言伯，小伯言伯不言都，互见之也。艺人者，卜祝巫匠执技以事上者。表臣百司，表外也。表，对里之词。上文百司，盖内百司，若内府、内司服之属，所谓里臣也。此百司，盖外百司，若外府、外司服之属，所谓表臣也。太史者，史官也。尹伯者，有司之长，如庖人、内饔、膳夫，则是数尹之伯也。钟师尹钟、磬师尹磬、大师司乐，则是数尹之伯也。凡所谓官吏，莫不在内外百司之中，至于特见其名者，则皆有意焉。虎贲、缀衣、趣马、小尹、左右携仆，以扈卫亲近而见；庶府，以冗贱人所易忽而见；艺人，恐其或兴淫巧机诈以荡上心而见；太史以奉讳恶，公天下后世之是非而见；尹伯以大小相维，体统所系而见；若大都小伯则分治郊畿，不预百司之数者。既条陈历数**文武**之众职，而总结之曰：庶常吉士。庶，众也。言在**文武**之廷，无非常德吉士也。"**司徒、司马、司空、亚旅**；此诸侯之官也。司徒主邦教，司马主邦政，司空主邦土，余见**牧誓**。言诸侯之官莫不得人也。诸侯之官独举此者，以其名位通于天子欤？**夷、微、卢、烝、三亳阪尹**。此王官之监于诸侯四夷者也。**微、卢**见经，亳见史。**三亳**，蒙为北亳，谷熟为南亳，偃师为**西亳**。烝，或以为众，或以为夷名。阪，未详。古者险危之地，封疆之守，或不以封，而使王官治之，参错于五服之间，是之谓尹。**地志**载王官所治非一，此特举其重者耳。自诸侯三卿以降，唯列官名而无他语，承上"庶常吉士"之文，以内见外也。夫上自王朝，内而都邑，外而诸侯，远而夷狄，莫不皆得人以为官使，何其盛欤？

"**文王惟克厥宅心，乃克立兹常事司牧人，以克俊有德。文王**惟能其三宅之心。能者，能之也，知之至信之笃之谓。故能立此常任、常伯，用能俊有德也。不言准人者，因上章言**文王**用人，而申"克知三有宅心"之说，故略之也。**文王罔攸兼于庶言、庶狱、庶慎，惟有司之牧夫是训用违，**庶言，号令也。庶狱，狱讼也。庶慎，国之禁戒储备也。有司，有职主者。牧夫，牧人也。**文王**不敢下侵庶职，惟于有司牧夫，训敕用命及违命者而已。汉孔氏曰："劳于求才，逸于任贤。"**庶狱庶慎文王罔敢知于兹**。上言"罔攸兼"，则犹知之，特不兼其事耳。至此"罔敢知"，则若未尝知有其事。盖信任之益专也。上言"庶言"，此不及者，号令出于君，有不容不知者故也。**吕氏**曰："不曰'罔知于兹'而曰'罔敢知于兹'者，徒言罔知，则是**庄老**之无为也。惟言'罔敢知'，然后见**文王**敬畏，思不出位之意。毫厘之辨，学者宜精察之。"

"**亦越武王率惟敉功，不敢替厥义德，率惟谋，从容德，以并受此丕丕基**。率，循也。敉功，安天下之功。义德，义德之人。容德，容德之人。盖义德者，有拨乱反正之才；容德者，有休休乐善之量，皆成德之人也。<u>周公</u>上文言<u>武王</u>率循<u>文王</u>之功，而不敢替其所用乂德之人；率循<u>文王</u>之谋，而不敢违其容德之士，意如<u>虢叔</u>、<u>闳夭</u>、<u>散宜生</u>、<u>泰颠</u>、<u>南宫适</u>之徒所以辅成王业者，<u>文</u>用之于前，<u>武</u>任之于后，故<u>周公</u>于<u>君奭</u>言"五臣克昭，<u>文王</u>受有<u>殷</u>命"，<u>武王</u>"惟兹四人，尚迪有禄"，正犹此叙<u>文</u><u>武</u>用人而言"并受此丕丕基"也。

"呜呼！孺子王矣，继自今我其立政立事、准人、牧夫，我其克灼知厥若。丕乃俾乱，相我受民，和我庶狱庶慎，时则勿有间之。我者，指王而言。若，顺也。<u>周公</u>既述<u>文</u><u>武</u>基业之大，叹息而言曰：孺子，今既为王矣，继此以往，王其于立政立事、准人、牧夫之任，当能明知其所顺。顺者，其心之安也。<u>孔子</u>曰："察其所安，人焉廋哉？"察其所顺者，知人之要也。夫既明知其所顺，果正而不他，然后推心而大委任之，使展布四体以为治，相助左右所受之民，和调均齐狱慎之事，而又戒其勿以小人间之，使得终始其治，此任人之要也。民而谓之受者，言民者乃受之于天，受之于祖宗，非<u>成王</u>之所自有也。自一话一言，我则末惟成德之彦，以乂我受民。末，终；惟，思也。自一话一言之间，我则终思成德之美士，以治我所受之民，而不敢斯须忘也。

"呜呼！予<u>旦</u>已受人之徽言，咸告孺子王矣。继自今文子文孙，其勿误于庶狱庶慎，惟正是乂之。前所言<u>禹</u>、<u>汤</u>、<u>文</u>、<u>武</u>任人之事，无非至美之言。我闻之于人者，已皆告孺子王矣。文子文孙者，<u>成王</u>，<u>武王</u>之文子，<u>文王</u>之文孙也。<u>成王</u>之时，法度彰，礼乐著，守成尚文，故曰文。误，失也。有所兼，有所知，不付之有司，而以己误之也。正，犹<u>康诰</u>所谓"正人"，与"宫正"、"酒正"之正，指当职者为言。不以己误庶狱庶慎，惟当职之人是治也。下文言"其勿误庶狱，惟有司之牧夫"即此意。自古商人，亦越我<u>周</u><u>文王</u>立政立事、牧夫、准人，则克宅之，克由绎之，兹乃俾乂。自古及<u>商</u>人及我<u>周</u><u>文王</u>于立政所以用三宅之道，则克宅之者，能得贤以居其职也；克由绎之者，能绅绎用之而尽其才也。既能宅其才以安其职，又能绎其才以尽其用，兹其所以能俾乂也欤？国则罔有立政用憸人，不训于德，是罔显在厥世。继自今立政，其勿以憸人，

其惟吉士,用劢相我国家。自古为国,无有立政用憸利小人者。小人而谓之憸者,形容其沾沾便捷之状也。憸利小人,不顺于德,是无能光显,以在厥世,王当继今以往,立政勿用憸利小人,其惟用有常吉士,使勉力以辅相我国家也。吕氏曰:"君子阳类,用则升其国于明昌;小人阴类,用则降其国于晻昧。阴阳升降,亦各从其类也。"**今文子文孙孺子王矣,其勿误于庶狱,惟有司之牧夫。**始言"和我庶狱庶慎,时则勿有间之",继言"其勿误于庶狱庶慎,惟正是乂之",至是独曰"其勿误于庶狱,惟有司之牧夫",盖刑者天下之重事,挈其重而独举之,使成王尤知刑狱之可畏,必专有司牧夫之任,而不可以己误之也。**其克诘尔戎兵,以陟禹之迹,方行天下,至于海表,罔有不服,以觐文王之耿光,以扬武王之大烈。**诘,治也。治尔戎服兵器也。陟,升也。禹迹,禹服旧迹也。方,四方也。海表,四裔也。言德威所及,无不服也。觐,见也。耿光,德也。大烈,业也。于文王称德,于武王称业,各于其盛者称之。吕氏曰:"兵,刑之大也,故既言庶狱,而继以治兵之戒焉。或曰周公之训,稽其所敝,得无启后世好大喜功之患乎?曰周公诘兵之训,继'勿误庶狱'之后,犴狱之间尚恐一刑之误,况六师万众之命,其敢不审而误举乎?推'勿误庶狱'之心,而奉'克诘戎兵'之戒,必非得已不已而轻用民命者也。"**呜呼!继自今后王立政,其惟克用常人。"**并周家后王而戒之也。常人,常德之人也。皋陶曰:"彰厥有常,吉哉。"常人与吉士同实而异名者也。

周公若曰:"太史,司寇苏公,式敬尔由狱,以长我王国。兹式有慎,以列用中罚。"此周公因言慎罚,而以苏公敬狱之事告之太史,使其并书,以为后世司狱之式也。苏,国名也,左传苏忿生以温为司寇。周公告太史以苏忿生为司寇,用能敬其所由之狱,培植基本,以长我王国,令于此取法而有谨焉,则能以轻重条列,用其中罚,而无过差之患矣。

书集传卷六

周 官

成王训迪百官,史录其言,以周官名之,亦训体也。今文无,古文有。○
按:此篇与今周礼不同,如三公三孤,周礼皆不载,或谓公、孤兼官,无正
职,故不载。然三公论道经邦,三孤贰公弘化,非职乎?职任之大,无逾
此矣。或又谓师氏即太师,保氏即太保,然以师、保之尊而反属司徒之
职,亦无是理也。又此言"六年,五服一朝",而周礼六服诸侯有一岁一
见者,二岁一见者,三岁一见者,亦与此不合。是固可疑。然周礼非圣
人不能作也。意周公方条治事之官而未及师保之职,所谓未及者,郑重
而未及言之也。书未成而公亡,其间法制,有未施用,故与此异,而冬官
亦阙。要之,周礼首末未备,周公未成之书也。惜哉!读书者参互而考
之,则周公经制可得而论矣。

惟周王抚万邦,巡侯甸,四征弗庭,绥厥兆民,六服群
辟,罔不承德。归于宗周,董正治官。此书之本序也。庭,直也。
葛氏曰:"弗庭,弗来庭者。"六服,侯、甸、男、采、卫并畿内为六服也。禹贡五
服通畿内,周制五服在王畿外也。周礼又有九服,侯、甸、男、采、卫、蛮、夷、镇、
蕃,与此不同。宗周,镐京也。董,督也。治官,凡治事之官也。言成王抚临万
国,巡狩侯甸,四方征讨不庭之国,以安天下之民。六服诸侯之君,无不奉承周
德。成王归于镐京,督正治事之官。外攘之功举,而益严内治之修也。唐孔氏
曰:"周制无万国,惟伐淮夷,非四征也。大言之尔。"

王曰:"若昔大猷,制治于未乱,保邦于未危。"若昔大道

之世，制治保邦于未乱、未危之前，即下文"明王立政"是也。曰："唐虞稽古，建官惟百，内有百揆四岳，外有州牧侯伯，庶政惟和，万国咸宁。夏商官倍，亦克用乂。明王立政，不惟其官，惟其人。百揆，无所不总者。四岳，总其方岳者。州牧，各总其州者。侯伯，次州牧而总诸侯者也。百揆、四岳总治于内，州牧、侯伯总治于外，内外相承，体统不紊，故庶政惟和，而万国咸安。夏商之时，世变事繁，观其会通，制其繁简，官数加倍，亦能用治。明王立政，不惟其官之多，惟其得人而已。今予小子，祗勤于德，夙夜不逮。仰惟前代时若，训迪厥官。逮，及；时，是；若，顺也。成王祗勤于德，早夜若有所不及然。盖修德者，任官之本也。立太师、太傅、太保，兹惟三公，论道经邦，燮理阴阳。官不必备，惟其人。立，始辞也。三公非始于此，立为周家定制，则始于此也。贾谊曰："保者保其身体，傅者传之德义，师[一]道之教训。此所谓三公也。"阴阳以气言。道者，阴阳之理恒而不变[二]者也，易曰"一阴一阳之谓道"是也。论者，讲明之谓。经者，经纶之谓。燮理者，和调之也。非经纶天下之大经、参天地之化育者，岂足以任此责？故官不必备，惟其人也。少师、少傅、少保曰三孤，贰公弘化，寅亮天地，弼予一人。孤，特也。三少虽三公之贰而非其属官，故曰孤。天地以形言。化者，天地之用运而无迹者也，易曰"范围天地之化"是也。弘者，张而大之。寅亮者，敬而明之也。公论道，孤弘化；公燮理阴阳，孤寅亮天地；公论于前，孤弼于后，公、孤之分如此。冢宰掌邦治，统百官，均四海。冢，大；宰，治也。天官卿，治官之长，是为冢宰，内统百官，外均四海，盖天子之相也。百官异职，管摄使归于一，是之谓统；四海异宜，调剂使得其平，是之谓均。司徒掌邦教，敷五典，扰兆民。扰，驯也。地官卿，主国教化，敷君臣、父子、夫妇、长幼、朋友五者之

〔一〕"师"下，书传会选、大全有"者"字，新书及大戴礼保傅篇并上二"者"字俱无。
〔二〕"变"，原作"穷"，今据诸本改。

教,以驯扰兆民之不顺者而使之顺也。<u>唐虞</u>司徒之官,固已职掌如此。**宗伯掌邦礼,治神人,和上下**。春官卿,主邦礼,治天神、地祇、人鬼之事,和上下尊卑等列。春官于四时之序为长,故其官谓之宗伯。<u>成周</u>合乐于礼官,谓之和者,盖以乐而言也。**司马掌邦政,统六师,平邦国**。夏官卿,主戎马之事,掌国征伐,统御六军,平治邦国。平,谓强不得陵弱,众不得暴寡,而人皆得其平也。军政莫急于马,故以司马名官。何莫非政?独戎政谓之政者,用以征伐而正彼之不正,王政之大者也。**司寇掌邦禁,诘奸慝,刑暴乱**。群行攻劫曰寇〔一〕。秋官卿,主寇贼法禁,诘奸恶〔二〕,刑强暴作乱者。掌刑不曰刑而曰禁者,禁于未然也。<u>吕氏</u>曰:"奸慝隐而难知,故谓之诘,推鞫穷诘而求其情也。暴乱显而易见,直刑之而已。"**司空掌邦土,居四民,时地利**。冬官卿,主国空土,以居士农工商四民,顺天时以兴地利。按:<u>周礼</u>冬官则记考工之事,与此不同。盖本阙冬官,<u>汉</u>儒以考工记当之也。**六卿分职,各率其属,以倡九牧,阜成兆民**。六卿分职,各率其属官,以倡九州之牧,自内达之于外,政治明,教化洽,兆民之众莫不阜厚,而化成也。按:<u>周礼</u>每卿六十属,六卿三百六十属也。<u>吕氏</u>曰:"冢宰相天子,统百官,则司徒以下无非冢宰所统,乃均列一职而并数之为六者,纲在网中也。乾坤之与六子,并列于八方。冢宰之与五卿,并列于六职也〔三〕。"**六年,五服一朝。又六年,王乃时巡,考制度于四岳,诸侯各朝于方岳,大明黜陟**。"五服,侯、甸、男、采、卫也,六年一朝会京师。十二年,王一巡狩。时巡者,犹<u>舜</u>之四仲巡狩也。考制度者,犹<u>舜</u>之协时月正日、同律度量衡等事也。诸侯各朝方岳者,犹<u>舜</u>之"肆觐东后"也。大明黜陟者,犹<u>舜</u>之"黜陟幽明"也。疏数异时,繁简异制,帝王之治,因时损益者可见矣。

王曰:"呜呼!凡我有官君子,钦乃攸司,慎乃出令,令

〔一〕此句,原在下"法禁"后,今据<u>尚书正义</u>乙正。
〔二〕"恶",<u>德星堂</u>本、<u>纂疏</u>、<u>汇纂</u>、<u>四库</u>本及<u>周礼</u>作"慝"。
〔三〕"职也"下,<u>增修东莱书说</u>有"一也"二字。

出惟行，弗惟反。以公灭私，民其允怀。建官之体统，前章既训迪之矣，此则居守官职者咸在，曰：凡有官君子者，合尊卑小大而同训之也。反者，令出不可行而壅逆之谓。言敬汝所主之职，谨汝所出之令，令出欲其行，不欲其壅逆而不行也。以天下之公理灭一己之私情，则令行而民莫不敬信怀服矣。学古入官，议事以制，政乃不迷。其尔典常作之师，无以利口乱厥官。蓄疑败谋，怠忽荒政，不学墙面，莅事惟烦。学古，学前代之法也。制，裁度也。迷，错缪也。典常，当代之法也。周家典常，皆<u>文</u>、<u>武</u>、<u>周公</u>之所讲画，至精至备，凡莅官者谨师之而已，不可喋喋利口，更改而纷乱之也。积疑不决，必败其谋；怠惰忽略，必荒其政。人而不学，其犹正墙面而立，必无所见，而举错烦扰也。○苏氏曰："<u>郑子产</u>铸刑书，<u>晋叔向</u>讥之曰：昔先王议事以制，不为刑辟。其言盖取诸此。先王人法并任，而任人为多，故律设大法而已。其轻重之详，则付之人。临事而议，以制其出入，故刑简而政清。自<u>唐</u>以前，治罪科条，止于今律令而已。人之所犯，日变无穷，而律令有限，以有限治无穷，不闻有所阙，岂非人法兼行，吏犹得临事而议乎？今律令之外，科条数万，而不足于用，有司请立新法者日益不已。呜呼！任法之弊一至于此哉！"戒尔卿士，功崇惟志，业广惟勤，惟克果断，乃罔后艰。此下申戒卿士也。<u>王氏</u>曰："功以智〔一〕崇，业以仁广，断以勇克。此三者，天下之达道也。"<u>吕氏</u>曰："功者，业之成也。业者，功之积也。崇其功者存乎志，广其业者存乎勤。勤由志而生，志待勤而遂。虽有二者当几而不能果断，则志与勤虚用，而终蹈后艰矣。"位不期骄，禄不期侈，恭俭惟德，无载尔伪。作德，心逸日休；作伪，心劳日拙。贵不与骄期而骄自至，禄不与侈期而侈自至。故居是位，当知所以恭；飨是禄，当知所以俭。然恭俭岂可以声音笑貌为哉？当有实得于己，不可从事于伪。作德则中外惟一，故心逸而日休休焉。作伪则撝护不暇，故心劳而日著其拙矣。或曰：期，待也。位所以崇德，非期于为骄；禄所以报功，非期于为侈。亦通。居宠

〔一〕"智"，<u>德星堂本</u>、<u>南涧书堂本</u>、<u>汇纂</u>、四库本作"志"，义逊。

思危，罔不惟畏，弗畏人畏。居宠盛则思危辱，当无所不致其祗畏。苟不知祗畏，则入于可畏之中矣。后之患失者，与思危相似，然思危者以宠利为忧，患失者以宠利为乐，所存大不同也。**推贤让能，庶官乃和，不和政庞。举能其官，惟尔之能。称匪其人，惟尔不任。**"贤，有德者也。能，有才者也。王氏曰："道二，义、利而已。推贤让能，所以为义。大臣出于义，则莫不出于义，此庶官所以不争而和。蔽贤害能，所以为利。大臣出于利，则莫不出于利，此庶官所以争而不和。庶官不和，则政必杂乱而不理矣。称，亦举也。所举之人能修其官，是亦尔之所能。举非其人，是亦尔不胜任。古者大臣以人事君，其责如此。"

王曰："呜呼！**三事暨大夫，敬尔有官，乱尔有政，以佑乃辟，永康兆民，万邦惟无斁。**"三事，即立政三事也。乱，治也。篇终叹息，上自三事，下至大夫，而申戒敕之也。其不及公孤者，公孤德尊位隆，非有待于戒敕也。

君　陈

君陈，臣名。唐孔氏曰："周公迁殷顽民于下都，周公亲自监之。周公既殁，成王命君陈代周公。此其策命之词。史录其书，以君陈名篇。"今文无，古文有。

王若曰："**君陈，惟尔令德孝恭，惟孝友于兄弟，克施有政。命汝尹兹东郊，敬哉！**"言君陈有令德，事亲孝，事上恭，惟其孝友于家，是以能施政于邦。孔子曰："居家理，故治可移于官。"陈氏曰："天子之国，五十里为近郊，自王城言之，则下都乃东郊之地。故君陈、毕命，皆指下都为东郊。"**昔周公师保万民，民怀其德。往，慎乃司，兹率厥常，懋昭周公之训，惟民其乂。**周公之在东郊，有师之尊，有保之亲，师教之，保安之，民怀其德。君陈之往，但当谨其所司，率循其常，勉明周公之旧训，则民

其治矣。盖周公既殁，民方思慕周公之训，君陈能发明而光大之，固其翕然听顺

也。**我闻曰：'至治馨香，感于神明。黍稷非馨，明德惟馨。'**

尔尚式时周公之猷训，惟日孜孜，无敢逸豫。吕氏曰："成王既勉

君陈昭周公之训，复举周公精微之训以告之。'至治馨香'以下四语，所谓周公

之训也。既言此而揭之以'尔尚式时周公之猷训'，则是四言为周公之训明矣。

物之精华，固无二体，然形质止而气臭升，止者有方，升者无间，则馨香者，精华

之上达者也。至治之极，馨香发闻，感格神明，不疾而速。凡昭荐黍稷之苾芬，

是岂黍稷之馨哉？所以苾芬者，实明德之馨也。至治举其成，明德循其本，非有

二馨香也。周公之训，固为精微，而举以告君陈，尤当其可。自殷顽民言之，欲

其感格，非可刑驱而势迫。所谓洞达无间者，盖当深省也。自周公法度言之，典

章虽具，苟无前人之德，则索然菱苶〔一〕，徒为陈迹也。故勉之以用是猷训，惟日

孜孜，无敢逸豫焉。是训也，至精至微，非日新不已，深致敬笃之功，孰能与于

斯？"**凡人未见圣，若不克见。既见圣，亦不克由圣。尔其戒**

哉！尔惟风，下民惟草。未见圣，如不能得见；既见圣，亦不能由圣，人

情皆然。君陈亲见周公，故特申戒于此。"君子之德，风也；小人之德，草也。草

上之风必偃。"君陈克由周公之训，则商民亦由君陈之训矣。**图厥政，莫或**

不艰，有废有兴，出入自尔师虞，庶言同则绎。师，众；虞，度也。

言图谋其政，无小无大，莫或不致其难。有所当废，有所当兴，必出入反覆，与众

共虞度之，众论既同，则又绎绎而深思之而后行也。盖"出入自尔师虞"者，所以

合乎人之同；"庶言同则绎"者，所以断于己之独。孟子曰："国人皆曰贤，然后察

之。国人皆曰可杀，然后察之"，"庶言同则绎"之谓也。**尔有嘉谋嘉猷，则**

入告尔后于内，尔乃顺之于外，曰：'斯谋斯猷，惟我后之

德。'呜呼！臣人咸若时，惟良显哉！"言切于事谓之谋，言合于道谓

之猷。道与事非二也，各举其甚者言之。良以德言，显以名言。或曰："成王举

君陈前日已陈之善而叹息以美之也。"○葛氏曰："成王殆失斯言矣。欲其臣善

〔一〕"苶"，增修东莱书说作"蕳"。

则称君,人臣之细行也。然君既有是心,至于有过,则将使谁执哉?<u>禹</u>闻善言则拜,<u>汤</u>改过不吝,端不为此言矣。呜呼!此其所以为<u>成王</u>欤?"

王曰:"**君陈**,尔惟弘**周公**丕训,无依势作威,无倚法以削,宽而有制,从容以和。此篇言周公训者三:曰"懋昭"、曰"式时",至此则"弘周公之丕训",欲其益张而大之也。**君陈**何至依势以为威,倚法以侵削者,然势我所有也,法我所用也,喜怒予夺,毫发不于人而于己,是私意也,非公理也,安能不作威以削乎?**君陈**之世,当宽和之时也,然宽不可一于宽,必宽而有其制;和不可一于和,必从容以和之,而后可以和厥中也。**殷民在辟,予曰辟,尔惟勿辟;予曰宥,尔惟勿宥,惟厥中。**上章<u>成王</u>虑君陈之徇己,此则虑君陈之徇君也。言殷民之在刑辟者,不可徇君以为生杀,惟当审其轻重之中也。**有弗若于汝政,弗化于汝训,辟以止辟,乃辟。**其有不顺于汝之政,不化于汝之训,刑之可也。然刑期无刑,刑而可以止刑者,乃刑之。此终上章之"辟"。**狃于奸宄,败常乱俗,三细不宥。**狃,习也。常,典常也。俗,风俗也。狃于奸宄,与夫毁败典常,坏乱风俗,人犯此三者,虽小罪亦不可宥,以其所关者大也。此终上章之"宥"。**尔无忿疾于顽,无求备于一夫。**无忿疾人之所未化,无求备人之所不能。**必有忍,其乃有济;有容,德乃大。**<u>孔子</u>曰:"小不忍,则乱大谋。"必有所忍,而后能有所济。然此犹有坚制力蓄之意,若洪裕宽绰,恢恢乎有余地者,斯乃德之大也。忍言事,容言德,各以深浅言也。**简厥修,亦简其或不修;进厥良,以率其或不良。**<u>王氏</u>曰:"修谓其职业,良谓其行义。职业有修与不修,当简而别之,则人劝功。进行义之良者,以率其不良,则人励行。"**惟民生厚,因物有迁。违上所命,从厥攸好。尔克敬典在德,时乃罔不变,允升于大猷。惟予一人,膺受多福,其尔之休,终有辞于永世。"**言斯民之生,其性本厚,而所以浇薄者,以诱于习俗,而为物所迁耳。然厚者既可迁而薄,则薄者岂不可反而厚乎?反其归厚,特非声音笑貌之所能为尔。民之于上,固不从其令而从其好。<u>大学</u>

言"其所令反其所好,则民不从",亦此意也。敬典者,敬其君臣、父子、兄弟、夫妇、朋友之常道也。在德者,得其典常之道而著之于身也。盖知敬典而不知在德,则典与我犹二也。惟敬典而在德焉,则所敬之典无非实有诸己。实之感人,捷于桴鼓,所以"时乃罔不变",而信升于大猷也。如是,则君受其福,臣成其美,而有令名于永世矣。

顾 命

顾,还视也。<u>成王</u>将崩,命群臣立<u>康王</u>,史序其事为篇。谓之顾命者,<u>郑玄</u>云:"回首曰顾,临死回顾而发命也。"今文、古文皆有。〇<u>吕氏</u>曰:"<u>成王</u>经三监之变,王室几摇,故此正其终始,特详焉。顾命,<u>成王</u>所以正其终。<u>康王之诰,康王</u>所以正其始。"

惟四月哉生魄,王不怿。 始生魄,十六日。王有疾,故不悦怿。**甲子,王乃洮颒水,相被冕服,凭玉几。** 王发大命,临群臣,必齐戒沐浴。今疾病危殆,故但洮盥颒面,扶相者被以[一]衮冕,凭玉几,以发命。**乃同召太保奭、芮伯、彤伯、毕公、卫侯、毛公、师氏、虎臣、百尹、御事。** 同召六卿,下至御治事者。太保、<u>芮伯</u>、<u>彤伯</u>、<u>毕公</u>、<u>卫侯</u>、<u>毛公</u>,六卿也。冢宰第一,<u>召公</u>领之。司徒第二,<u>芮伯</u>为之。宗伯第三,<u>彤伯</u>为之。司马第四,<u>毕公</u>领之。司寇第五,<u>卫侯</u>为之。司空第六,<u>毛公</u>领之。太保、<u>毕</u>、<u>毛</u>,三公,兼也。<u>芮</u>、<u>彤</u>、<u>毕</u>、<u>卫</u>、<u>毛</u>,皆国名,入为天子公卿。师氏,大夫官。虎臣,虎贲氏。百尹,百官之长及诸御治事者。平时则召六卿,使帅[二]其属。此则将发顾命,自六卿至御事同以王命召也。

王曰:"呜呼!疾大渐,惟几,病日臻。既弥留,恐不获誓言嗣,兹予审训命汝。 此下<u>成王</u>之顾命也。自叹其疾大进,惟危殆,

---

〔一〕"以"字,原脱,今据<u>德星堂</u>本、<u>纂疏</u>、<u>汇纂</u>、<u>四库</u>本及<u>尚书正义</u>补。
〔二〕"帅",<u>德星堂</u>本、<u>纂疏</u>、<u>汇纂</u>、<u>四库</u>本作"率"。

病日至。既弥甚而留连，恐遂死不得誓言，以嗣续我志，此我所以详审发训命汝。统言曰疾，甚言曰病。**昔君文王、武王宣重光，奠丽陈教则肆，肆不违，用克达殷，集大命。**武犹文谓之重光，犹舜如尧谓之重华也。奠，定；丽，依也。言文武宣布重明之德，定民所依，陈列教条，则民习，服习而不违，天下化之，用能达于殷邦，而集大命于周也。**在后之侗，敬迓天威，嗣守文武大训，无敢昏逾。**侗，愚也，成王自称，言其敬迎上天威命而不敢少忽，嗣守文武大训而无敢昏逾。天威，天命也。大训，述天命者也。于天言天威，于文武言大训，非有二也。**今天降疾，殆弗兴弗悟。尔尚明时朕言，用敬保元子钊，弘济于艰难。**钊，康王名。成王言今天降疾我身，殆将必死，弗兴弗悟。尔庶几明是我言，用敬保元子钊，大济于艰难。曰"元子"者，正其统也。**柔远能迩，安劝小大庶邦。**怀来、驯扰、安宁、劝导，皆君道所当尽者。合远迩小大而言，又以见君德所施公平周溥，而不可有所偏滞也。**思夫人自乱于威仪，尔无以钊冒贡于非几。"**乱，治也。威者，有威可畏；仪者，有仪可象，举一身之则而言也。盖"人受天地之中以生，是以有动作威仪之则"。成王思夫人之所以为人者，自治于威仪耳。自治云者，正其身而不假于外求也。贡，进也。成王又言群臣其无以元子而冒进于不善之几也。盖几者动之微，而善恶之所由分也，非几则发于不善而陷于恶矣。威仪，举其著于外者而勉之也。非几，举其发于中者而戒之也。威仪之治皆本一念一虑之微，可不谨乎？孔子所谓"知几"，子思所谓"谨独"，周子所谓"几善恶"者，皆致意于是也。成王垂绝之言而拳拳及此，其有得于周公者亦深矣。○苏氏曰："死生之际，圣贤之所甚重也。成王将崩之一日，被冕服以见百官，出经远保世之言，其不死于燕安妇人之手也，明矣。其致刑措，宜哉。"

　　兹既受命还，出缀衣于庭。越翼日乙丑，王崩。缀衣，幄帐也。群臣既退，彻出幄帐于庭，丧大记云"疾病，君彻悬，东首于北牖下"是也。于其明日，王崩。**太保命仲桓、南宫毛俾爰齐侯吕伋以**

二干戈、虎贲百人,**逆子钊于南门之外,延入翼室,恤宅宗。** 桓、毛,二臣名。伋,太公望子,为天子虎贲氏。延,引也。翼室,路寝旁左右翼室也。太保以冢宰摄政,命桓、毛二臣使齐侯吕伋以二干戈、虎贲百人逆太子钊于路寝门外,引入路寝翼室,为忧居宗主也。吕氏曰:"发命者冢宰,传命者两朝臣,承命者勋戚显诸侯,体统尊严,枢机周密,防危虑患之意深矣。入自端门,万姓咸睹,与天下共之也。延入翼室,为忧居之宗,示天下不可一日无统也。唐穆、敬、文、武以降,阉寺执国命,易主于宫掖,而外廷犹不闻,然后知周家之制,曲尽备豫,虽一条一节亦不可废也。"**丁卯,命作册度。** 命史为册,书法度,传顾命于康王。**越七日癸酉,伯相命士须材。** 伯相,召公也。召公以西伯为相。须,取也。命士取材木,以供丧用。**狄设黼扆、缀衣。** 狄,下士。祭统云:"狄者,乐吏之贱者也。"丧大记:"狄人设阶。"盖供丧役而典设张之事者也。黼扆,屏风画为斧文者也。设黼扆幄帐,如成王生存之日也。**牖间南向,敷重篾席,黼纯,华玉仍几。** 此平时见群臣、觐诸侯之坐也。敷设重席,所谓"天子之席三重"者也。篾席,桃竹枝席也。黼,白黑杂缯。纯,缘也。华,彩色也。华玉以饰几。仍,因也,因生时所设也,周礼"吉事变几,凶事仍几"是也。**西序东向,敷重底席,缀纯,文贝仍几。** 此旦夕听事之坐也。东西厢谓之序。底席,蒲席也。缀,杂彩。文贝,有文之贝,以饰几也。**东序西向,敷重丰席,画纯,雕玉仍几。** 此养国老、飨群臣之坐也。丰席,莞席也。画,彩色。雕,刻镂也。**西夹南向,敷重笋席,玄纷纯,漆仍几。** 此亲属私燕之坐也,西厢夹室之前。笋席,竹席也。纷,杂也。以玄黑之色杂为之缘。漆,漆几也。牖间,两序西夹,其席有四。牖户之间谓之扆。天子负扆,朝诸侯,则牖间南向之席,坐之正也。其三席各随事以时设也。将传先王顾命,知神之在此乎,在彼乎,故兼设平生之坐也。**越玉五重,陈宝:赤刀、大训、弘璧、琬琰,在西序;大玉、夷玉、天球、河图,在东序;胤之舞衣、大贝、鼖鼓,在西房;兑之**

戈、和之弓、垂之竹矢，在东房。于东西序坐北列玉五重及陈先王所宝器物。赤刀，赤削也。大训，三皇五帝之书，训诂亦在焉。文武之训亦曰大训。弘璧，大璧也。琬琰，圭名。夷，常也。球，鸣球也。河图，伏羲时龙马负图，出于河，"一、六位北，二、七位南，三、八位东，四、九位西，五、十居中"者，易大传所谓"河出图"是也。胤，国名。胤国所制舞衣。大贝，如车渠。鼖鼓，长八尺。兑、和，皆古之巧工。垂，舜时共工。舞衣、鼖鼓、戈、弓、竹矢，皆制作精巧，中法度，故历代传宝之。孔氏曰："弘璧、琬琰、大玉、夷玉、天球，玉之五重也。"吕氏曰："西序所陈，不惟赤刀、弘璧，而大训参之；东序所陈，不惟大玉、夷玉，而河图参之，则其所宝者，断可识矣。"愚谓：宝玉器物之陈，非徒以为国容观美。意者成王平日之所观阅，手泽在焉，陈之，以象其生存也。杨氏中庸传曰："宗器于祭陈之，示能守也；于顾命陈之，示能传也。"**大辂在宾阶面，缀辂在阼阶面，先辂在左塾之前，次辂在右塾之前。**大辂，玉辂也。缀辂，金辂也。先辂，木辂也。次辂，象辂、革辂也。王之五辂，玉辂以祀不以封，为最贵；金辂以封同姓，为次之；象辂以封异姓，为又次之；革辂以封四卫，为又次之；木辂以封蕃国，为最贱。其行也，贵者宜自近，贱者宜远。王乘玉辂，缀之者金辂也，故金辂谓之缀辂。最远者木辂也，故木辂谓之先辂。以木辂为先辂，则革辂、象辂为次辂矣。宾阶，西阶也。阼阶，东阶也。面，南向也。塾，门侧堂也。五辂陈列，以象成王之生存也。周礼典路云："若有大祭祀，则出路。大丧、大宾客亦如之。"是大丧出辂为常礼也。又按：所陈宝玉器物，皆以西为上者，成王殡在西序故也。

　　二人雀弁，执惠，立于毕门之内。四人綦弁，执戈上刃，夹两阶戺。一人冕，执刘，立于东堂。一人冕，执钺，立于西堂。一人冕，执戣，立于东垂。一人冕，执瞿，立于西垂。一人冕，执锐，立于侧阶。弁，士服。雀弁，赤色弁也。綦弁，以文鹿子皮为之。惠，三隅矛。路寝门，一名毕门。上刃，刃外向也。堂廉曰戺。冕，大夫服。刘、钺属。戣、瞿，皆戟属。锐，当作鈗，说文曰："鈗，侍臣所执兵，从金允声。周书曰：'一人冕，执鈗。'读若允。"东西堂，路寝东西厢之前堂

书集传

208

也。东西垂,路寝东西序〔一〕之阶上也。侧阶,北陛〔二〕之阶上也。〇吕氏曰:"古者执戈戟以宿卫王宫,皆士大夫之职。无事而奉燕私,则从容养德而有膏泽之润。有事而司御侮,则坚明守义而无腹心之虞。下及秦汉,陛楯执戟,尚余一二。此制既废,人主接士大夫者仅有视朝数刻,而周庐陛楯或环以椎埋嚚悍之徒,有志于复古者,当深绎也。"

王麻冕黼裳,由宾阶隮。卿士、邦君麻冕蚁裳,入即位。 麻冕,三十升布〔一〕为冕也。隮,升也。康王吉服,自西阶升堂,以受先王之命,故由宾阶也。蚁,玄色。公卿大夫及诸侯皆同服,亦庙中之礼。不言升阶者,从王宾阶也。入即位者,各就其位也。〇吕氏曰:"麻冕黼裳,王祭服也。卿士邦君祭服之裳皆纁,今蚁裳者,盖无事于奠祝,不欲纯用吉服;有位于班列,不可纯用凶服,酌吉凶之间,示礼之变也。"**太保、太史、太宗皆麻冕彤裳。太保承介圭,上宗奉同瑁,由阼阶隮。太史秉书,由宾阶隮,御王册命。** 太宗,宗伯也。彤,缥也。太保受遗,太史奉册,太宗相礼,故皆祭服也。介,大也。大圭,天子之守,长尺有二寸。同,爵名,祭以酌酒者。瑁,方四寸,邪刻之,以冒诸侯之珪璧,以齐瑞信也。太保、宗伯以先王之命奉符宝以传嗣君,有主道焉,故升自阼阶。太史以册命御王,故持书由宾阶以升。苏氏曰:"凡王所临所服用皆曰御。"**曰:"皇后凭玉几,道扬末命,命汝嗣训,临君周邦,率循大卞,燮和天下,用答扬文武之光训。"** 成王顾命之言书之册矣,此太史口陈者也。皇,大;后,君也。言大君成王力疾,亲凭玉几,道扬临终之命,命汝嗣守文武大训。曰汝者,父前子名之义。卞,法也。临君周邦,位之大也。率循大卞,法之大也。燮和天下,和之大也。居大位,由大法,致大和,然后可以对扬文武之光训也。**王再拜,兴,答曰:"眇眇予末小子,其能而乱四方,以敬忌天威。"** 眇,小;而,如;乱,治也。王拜受顾命,起,答太史曰:眇眇然予微末小子,其能如父祖治四方,以敬忌天威

〔一〕"序",原作"厢",今据诸本及旁通改。
〔二〕"陛",原作"升",今据诸本改。
〔三〕"布",原作"麻",今据旁通改。蔡传系抄东坡书传而误。

乎？谦辞退托于不能也。顾命有"敬迓天威，嗣守**文武大训**"之语，故太史所告，<u>康王</u>所答，皆于是致意焉。**乃受同瑁，王三宿，三祭，三咤。上宗曰："飨。"**王受瑁为主，受同以祭。宿，进爵也。祭，祭酒也。咤，奠爵也。礼成于三，故三宿、三祭、三咤。葛氏曰："受上宗同瑁，则受太保介圭可知。宗伯曰飨者，传神命以飨告也。"**太保受同，降，盥，以异同秉璋以酢。授宗人同，拜。王答拜。**太保受王所咤之同而下堂盥洗，更用他同秉璋以酢。酢，报祭也。<u>祭礼</u>："君执圭瓒祼尸，大宗执璋瓒亚祼。"报祭，亦亚祼之类，故亦秉璋。以同授宗人而拜尸，王答拜者，代尸拜也。宗人，小宗伯之属，相太保酢者也。大宗供王，故宗人供太保。**太保受同，祭嚌宅，授宗人同，拜。王答拜。**以酒至齿曰嚌。太保复受同以祭，饮福至齿。宅，居也。太保退居其所，以同授宗人，又拜。王复答拜。太保饮福至齿者，方在丧疚，歆神之赐而不甘其味也。若王，则丧之主，非徒不甘味，虽饮福亦废也。**太保降，收。诸侯出庙门，俟。**太保下堂，有司收彻器用。庙门，路寝之门也，<u>成王</u>之殡在焉，故曰庙。言诸侯，则卿士以下可知。俟者，俟见新君也。

康王之诰

今文、古文皆有，但今文合于<u>顾命</u>。

王出在应门之内，太保率西方诸侯入应门左，毕公率东方诸侯入应门右，皆布乘黄朱。宾称奉圭兼币，曰："一二臣卫，敢执壤奠。"皆再拜稽首。王义嗣德，答拜。汉孔氏曰："王出毕门，立应门内。"<u>郑氏</u>[一]："周礼五门：一曰皋门，二曰雉门，三曰库门，

〔一〕"郑氏"下，纂疏、汇纂、四库本有"曰"字。此系蔡氏抄增修东莱书说，改"众"为"氏"，亦无"曰"字。

四曰应门，五曰路门。路门，一曰毕门。外朝在路门外，则应门之内盖外〔一〕朝所在也。周中分天下，诸侯主以二伯，自<u>陕</u>以东，<u>周公</u>主之；自<u>陕</u>以西，<u>召公</u>主之。<u>召公</u>率西方诸侯，盖西伯旧职。<u>毕公</u>率东方诸侯，则继<u>周公</u>为东伯矣。诸侯入应门，列于左右。布，陈也。乘，四马也。诸侯皆陈四黄马而朱其鬣，以为庭实。或曰黄朱，若"篚厥玄黄"之类。宾，诸侯也。称，举也。诸侯举所奉圭兼币。曰一二臣卫，一二，见非一也。为王藩卫，故曰臣卫。敢执壤地所出奠贽，皆再拜稽首至地以致敬。义，宜也。"义嗣德"云者，史氏之辞也。<u>康王</u>宜嗣前人之德，故答拜也。<u>吴氏</u>曰："<u>穆公</u>使人吊公子<u>重耳</u>，<u>重耳</u>稽颡而不拜。<u>穆公</u>曰：'仁夫公子！稽颡而不拜，则未为后也。'盖为后者拜，不拜故未为后也。吊者、含者、襚者，升堂致命，主孤拜稽颡，成为后者也。<u>康王</u>之见诸侯，若以为不当拜而不拜，则疑未为后也，且纯乎吉也。答拜既正其为后，且知其以丧见也。"**太保暨芮伯咸进，相揖，皆再拜稽首，曰："敢敬告天子，皇天改大邦殷之命，惟周文、武诞受羑若，克恤西土。**冢宰及司徒与群臣皆进，相揖定位，又皆再拜稽首，陈戒于王。曰敢敬告天子，示不敢轻。告且尊称之，所以重其听也。曰大邦殷者，明有天下不足恃也。羑若，未详。<u>苏氏</u>曰："羑，羑里也。<u>文王</u>出羑里之囚，天命自是始顺。"或曰：羑若，即下文之"厥若"也。羑、厥，或字有讹谬。西土，<u>文武</u>所兴之地。言<u>文武</u>所以大受命者，以其能恤西土之众也。进告不言诸侯，以内见外。**惟新陟王毕协赏罚，戡定厥功，用敷遗后人休。今王敬之哉！张皇六师，无坏我高祖寡命。"**陟，升遐也。<u>成王</u>初崩，未葬，未谥，故曰"新陟王"。毕，尽；协，合也。好恶在理不在我，故能尽合其赏之所当赏，罚之所当罚，而克定其功用，施及后人之休美。今王嗣位，其敬勉之哉？皇，大也。张皇六师，大戒戎备，无废坏我<u>文武</u>艰难寡得之基命也。按：<u>召公</u>此言，若导王以尚威武者。然守成之世，多溺宴安而无立志，苟不诘尔戎兵，奋扬武烈，则废弛怠惰，而陵迟之渐见矣。<u>成康</u>之时，病正在是。故<u>周公</u>于<u>立政</u>亦恳恳言之。后世

〔一〕"外"，原作"内"，今据旁通及增修东莱书说改。此系蔡氏抄吕氏而误改者。按：此条清人阎若璩尚书古文疏证、王鸣盛蛾术编均有辩证，此处不缕述。

坠先王之业，忘祖父之雠，上下苟安，甚至于口不言兵，亦异于召公之见矣。可胜叹哉！

王若曰："庶邦侯、甸、男、卫，惟予一人钊报诰。报诰而不及群臣者，以外见内。康王在丧，故称名。春秋嗣王在丧，亦书名也。昔君文武，丕平富，不务咎，厎至齐信，用昭明于天下。则亦有熊罴之士，不二心之臣，保乂王家，用端命于上帝。皇天用训厥道，付畀四方。丕平富者，溥博均平，薄敛富民，言文武德之广也。不务咎者，不务咎恶，轻省刑罚，言文武罚之谨也。厎至者，推行而厎其至也。齐信者，兼尽而极其诚也。文武务德不务罚之心，推行而厎其至，兼尽而极其诚，内外充实，故光辉发越，用昭明于天下。盖诚之至者，不可揜也。而又有熊罴武勇之士，不二心忠实之臣，戮力同心，保乂王室，文武用受正命于天下，上天用顺文武之道，而付之以天下之大也。康王言此者，求助群臣诸侯之意。乃命建侯树屏，在我后之人。今予一二伯父，尚胥暨顾绥尔先公之臣服于先王，虽尔身在外，乃心罔不在王室，用奉恤厥若，无遗鞠子羞。"天子称同姓诸侯曰伯父。康王言文武所以命建侯邦、植立藩屏者，意盖在我后之人也。今我一二伯父，庶几相与顾绥尔祖考所以臣服于我先王之道，虽身守国在外，乃心当常在王室，用奉上之忧勤其顺承之，毋遗我稚子之耻也。

群公既皆听命，相揖，趋出。王释冕，反丧服。始相揖者，揖而进也。此相揖者，揖而退也。苏氏曰："成王崩，未葬，君臣皆冕服，礼欤？曰：非礼也。谓之变礼，可乎？曰：不可。礼变于不得已，嫂非溺，终不援也。三年之丧，既成服，释之而即吉，无时而可者。曰：成王顾命，不可以不传。既传，不可以丧服受也。曰：何为其不可也？孔子：'将冠子，未及期日，而有齐衰大功之丧，则因丧服而冠。'冠，吉礼也，犹可以丧服行之。受顾命，见诸侯，独不可以丧服乎？太保使太史奉册授王于次，诸侯入哭于路寝而见王于次，王丧服受教戒谏，哭踊答拜。圣人复起，不易斯言矣。春秋传曰：'郑子皮如晋，葬晋平公，将以币行。子产曰："丧安用币？"子皮固请以行。既葬，诸侯之大夫欲因见新君。叔向辞之，曰："大夫之事毕矣，而又命孤，孤斩焉在衰绖之中，其以嘉服见，则丧礼未毕；其以丧服见，是重受吊也。大夫将若之何？'皆无辞以退。'今康王既以嘉服见诸侯，而又受乘黄、玉帛之币。使周公在，必不为此。然则，孔子何取此书也？曰：至矣！其父子君臣之间，教戒深切著明，足以为后世法。孔子何为不取哉？然其失礼，则不可不辩。"

毕　命

康王以成周之众，命毕公保厘，此其册命也。今文无，古文有。○唐孔氏曰："汉律历志云：'康王毕命丰刑曰：惟十有二年六月庚午胐，王命作册书丰刑。'此伪作者传闻旧语，得其年月，不得以下之辞，妄言作丰刑耳，亦不知丰刑之言何所道也。"

惟十有二年六月庚午胐，越三日壬申，王朝步自宗周，至于丰，以成周之众，命毕公保厘东郊。康王之十二年也。毕公尝相文王，故康王就丰文王庙命之。成周，下都也。保，安；厘，理也。保厘，即下文"旌别淑慝"之谓。盖一代之治体，一篇之宗要也。

王若曰："呜呼！父师。惟文王、武王敷大德于天下，用克受殷命。毕公代周公为太师也。文王、武王布大德于天下，用能受殷之命。言得之之难也。惟周公左右先王，绥定厥家，毖殷顽民，迁于洛邑，密迩王室，式化厥训。既历三纪，世变风移，四方无虞，予一人以宁。十二年曰纪。父子曰世。周公左右文、武、成王，安定国家，谨毖顽民，迁于洛邑，密近王室，用化其教。既历三纪，世已变而风始移，今四方无可虞度之事，而予一人以宁。言化之之难也。道有升降，政由俗革，不臧厥臧，民罔攸劝。有升有降，犹言有隆有污也。周公当世道方降之时，至君陈、毕公之世，则将升于大猷矣。为政者因俗变革，故周公毖殷而谨厥始，君陈有容而和厥中，皆由俗为政者。当今之政，旌别淑慝之时也，苟不善其善，则民无所劝慕矣。**惟公懋德，克勤小物，弼亮四世，正色率下，罔不祗师言，嘉绩多于先王，予小子垂拱仰成。**懋，盛大之义，"予懋乃德"之"懋"。小物，犹言细行也。言<u>毕公</u>既有盛德，又能勤于细行，辅导四世，风采凝峻，表仪朝著，若大若小，罔不祗服师训，休嘉之绩盖多于先王之时矣。今我小子，复何为哉？垂衣拱手以仰其成而已。<u>康王</u>将付<u>毕公</u>以保厘之寄，故叙其德业之盛而归美之也。

　　王曰："呜呼！父师，今予祗命公以<u>周公</u>之事，往哉！今我敬命公以<u>周公</u>化训顽民之事，公其往哉。言非<u>周公</u>所为，不敢屈公以行也。**旌别淑慝，表厥宅里，彰善瘅恶，树之风声。弗率训典，殊厥井疆，俾克畏慕。申画郊圻，慎固封守，以康四海。**淑，善；慝，恶；瘅，病也。旌善别恶，<u>成周</u>今日由俗革之政也。表异善人之居里，如后世旌表门闾之类，显其为善者，而病其为不善者，以树立为善者风声，使显于当时而传于后世，所谓"旌淑"也。其不率训典者，则殊异其井里疆界，使不得与善者杂处。<u>礼记</u>曰"不变，移之郊；不变，移之遂"，即其法也。使能畏为恶之祸而慕为善之福，所谓"别慝"也。圻与畿同。郊圻之制，昔固规画矣，曰申云者，申明之也。封域之险，昔固有守矣，曰谨云者，戒严之也。疆域障塞，岁久则易湮，世平则易玩，时绵而屡省之，乃所以尊严王畿，王畿安则四海安矣。**政贵有恒，辞尚体要，不惟好异。商俗靡靡，利口惟贤，余风未殄，公其念哉！**对暂之谓恒，对常之谓异。趣〔一〕完具而〔二〕已之谓体。众体所会之谓要。政事纯一，辞令简实，深戒作聪明、趋浮末好异之事。凡论治体者皆然，而在商俗则尤为对病之药也。<u>苏氏</u>曰："<u>张释之</u>谏<u>汉文帝</u>：'<u>秦</u>任刀笔之吏，争以亟疾苛察相高，其弊徒文具，无恻隐之实。以故不闻其过，陵夷至于二世，天下土崩。今以啬夫口辩而超迁之，臣恐天下随风靡，争口辩，无其实。'凡<u>释之</u>所论，则<u>康王</u>以告<u>毕公</u>者也。"**我闻曰：'世禄之家，**

〔一〕"趣"，原为墨丁，今据诸本补。
〔二〕"而"，原作"于"，今据诸本改。

鲜克由礼。'以荡陵德，实悖天道，敝化奢丽，万世同流。古人论世禄之家，逸乐豢养，其能由礼者鲜矣。既不由礼，则心无所制，肆其骄荡，陵蔑有德，悖乱天道，敝坏风化，奢侈美丽，万世同一流也。康王将言殷士怙侈灭义之恶，故先取古人论世族者发之。兹殷庶士，席宠惟旧，怙侈灭义，服美于人，骄淫矜侉，将由恶终。虽收放心，闲之惟艰。吕氏曰："殷士凭借光宠，助发其私欲者，有自来矣。私欲公义相为消长，故怙侈必至灭义，义灭则无复羞恶之端。徒以服饰之美侉之于人，而身之不美则莫之耻也。流而不反，骄淫矜侉，百邪并见，将以恶终矣。洛邑之迁，式化厥训，虽已收其放心，而其所以防闲其邪者，犹甚难也。"资富能训，惟以永年。惟德惟义，时乃大训。不由古训，于何其训？"言殷士不可不训之也。资，资财。资富而能训，则心不迁于外物，而可全其性命之正也。然训非外立教条也，惟德惟义而已。德者心之理，义者理之宜也，德义，人所同有也，惟德义以为训，是乃天下之大训。然训非可以己私言也，当稽古以为之说。盖善无证，则民不从。不由古以为训，于何以为训乎？

王曰："呜呼！父师。邦之安危，惟兹殷士。不刚不柔，厥德允修。是时四方无虞矣，蕞尔殷民，化训三纪之余，亦何足虑？而康王拳拳以邦之安危惟系于此，其不苟于小成者如此。文、武、周公之泽其深长也宜哉！不刚所以保之，不柔所以厘之，不刚不柔，其德信乎其修矣。惟周公克慎厥始，惟君陈克和厥中，惟公克成厥终，三后协心，同底于道，道洽政治，泽润生民。四夷左衽，罔不咸赖。予小子永膺多福。殊厥井疆，非治之成也。使商民皆善，然后可谓之成。此曰成者，预期之也。三后所治者洛邑，而施及四夷。王畿，四方之本也。吴氏曰："道者，致治之道也。始之、中之、终之，虽时有先后，皆能即其行事，观其用心，而有以济之。若出于一时，若成于一人，谓之协心如此。"公其惟时成周，建无穷之基，亦有无穷之闻。子孙训其成式，惟义。建，立；训，顺；式，法也。成周，指下都而言。吕氏曰："毕公四世元老，岂区区立后世名者？而勋德之隆亦岂少？此康王所以望之者，盖相期以无穷事业，乃尊敬之至也。"呜呼！罔曰弗克，惟既厥心。罔曰民寡，惟慎厥事。钦若先王成烈，以休于前政。"苏氏曰："弗克者，畏其难而不敢为者也。曰民寡者，易其事以为不足为者也。前政，周公、君陈也。"

君　牙

君牙，臣名。穆王命君牙为大司徒，此其告命也。今文无，古文有。

王若曰："呜呼！君牙，惟乃祖乃父世笃忠贞，服劳王家，厥有成绩，纪于太常。王，穆王也，康王孙，昭王子。周礼司勋云："凡有功者，铭书于王之太常。"司常云："日月为常。"画日月于旌旗也。惟予小子，嗣守文、武、成、康遗绪，亦惟先王之臣克左右，乱四方，心之忧危，若蹈虎尾，涉于春冰。绪，统绪也。若蹈虎尾，畏其噬。若涉春冰，畏其陷。言忧危之至，以见求助之切也。今命尔予翼作股肱心膂，缵乃旧服，无忝祖考。膂，脊也。旧服，忠贞服劳之事。忝，辱也。欲君牙以其祖考事先王者而事我也。弘敷五典，式和民则。尔身克正，罔敢弗正。民心罔中，惟尔之中。弘敷者，大而布之也。式和者，敬而和之也。则，"有物有则"之"则"，君臣之义、父子之仁、夫妇之别、长幼之序、朋友之信是也。典以设教言，故曰"弘敷"。则以民彝言，故曰"式和"。此司徒之教也。然教之本，则在君牙之身。正也、中也，民则之体，而人之所同然也。正以身言，欲其所处无邪行也；中以心言，欲其所存无邪思也。孔子曰："子率以正，孰敢不正？"周公曰："率自中。"此告君牙以司徒之职也。夏暑雨，小民惟曰怨咨。冬祁寒，小民亦惟曰怨咨。厥惟艰哉！思其艰以图其易，民乃宁。祁，大也。暑雨、祁寒,小民怨咨,自伤其生之艰难也。"厥惟艰哉"者,叹小民之诚为艰难也。思念其难,以图其易,民乃安也。艰者,饥寒之艰。易者,衣食之易。司徒敷五典,扰兆民,兼教养之职。此又告君牙以养民之难也。呜呼！**丕显哉文王谟,丕承哉武王烈,启佑我后人,咸以正罔缺。尔惟敬明乃训,用奉若于先王,对扬文武之光命,追配于前人。"**丕,大;谟,谋;烈,功也。文显于前,武承于后,曰谟、曰烈,各指其实而言之。咸以正者,无一事不出于正。咸罔缺者,无一事不致其周密。若,顺;对,答;配,匹也。前人,君牙祖父。

王若曰:"**君牙乃惟由先正旧典时式,民之治乱在兹。率乃祖考之攸行,昭乃辟之有义。"**先正,君牙祖父也。君牙由祖父旧职而是法之,民之治乱在此而已,法则治,否则乱也。循汝祖父之所行,而显其君之有义,复申戒其守家法以终之。按:此篇专以君牙祖父为言,曰"缵旧服"、曰"由旧典"、曰"无忝"、曰"追配"、曰"由先正旧典"、曰"率祖考攸行",然则君牙之祖父尝任司徒之职,而其贤可知矣,惜载籍之无传也。陈氏曰:"康王时,芮伯为司徒,君牙岂其后耶?"

冏　命

穆王命伯冏为太仆正,此其诰命也。今文无,古文有。○吕氏曰:"陪仆瞽[一]御之臣,后世视为贱品而不之择者,曾不知人主朝夕与居,气体移养常必由之,潜消默夺于冥冥之中,而明争显谏于昭昭之际,抑末矣。自周公作立政而叹'缀衣虎贲知恤者鲜',则君德之所系,前此知之者亦罕矣。周公表而出之,其选始重。穆王之用太仆正,特作命书,至与大司徒略等,其知本哉!"

王若曰:"**伯冏,惟予弗克于德,嗣先人,宅丕后,怵惕**

〔一〕"瞽",原作"执",今据德星堂本、汇纂、四库本及增修东莱书说改。

惟厉，中夜以兴，思免厥愆。伯囧，臣名。穆王言我不能于德继前人，居大君之位，恐惧危厉，中夜以兴，思所以免其咎过。**昔在文武聪明齐圣，小大之臣咸怀忠良，其侍御仆从罔匪正人，以旦夕承弼厥辟，出入起居，罔有不钦；发号施令，罔有不臧。下民祗若，万邦咸休。**侍，给侍左右者；御，车御之官；仆从，太仆群仆，凡从王者。承，承顺之谓。弼，正救之谓。虽文武之君聪明齐圣，小大之臣咸怀忠良，固无待于侍御仆从之承弼者。然其左右奔走皆得正人，则承顺正救，亦岂小补哉？**惟予一人无良，实赖左右前后有位之士，匡其不及，绳愆纠谬，格其非心，俾克绍先烈。**无良，言其质之不善也。匡，辅助也。绳，直；纠，正也。非心，非僻之心也。先烈，文武也。**今予命汝作大正，正于群仆侍御之臣，懋乃后德，交修不逮。**大正，太仆正也。周礼太仆，下大夫也。群仆，谓祭仆、隶仆、戎仆、齐仆之类。穆王欲伯囧正其群仆侍御之臣，以勉进君德，而交修其所不及。或曰：周礼下大夫不得为正。汉孔氏以为太御中大夫。盖周礼大御最长，下又有群仆，与此所谓"正于群仆"者合，且与君同车，最为亲近也。**慎简乃僚，无以巧言令色便辟侧媚，其惟吉士。**巧，好；令，善也。好其言，善其色，外饰而无质实者也；便者，顺人之所欲；辟者，避人之所恶；侧者奸邪；媚者谀悦，小人也。吉士，君子也。言当谨择汝之僚佐，无任小人，而惟用君子也。又按：此言谨简乃僚，则成周之时，凡为官长者，皆得自举其属，不特辟除府史胥徒而已。**仆臣正，厥后克正；仆臣谀，厥后自圣。后德惟臣，不德惟臣。**自圣，自以为圣也。仆臣之贤否，系君德之轻重如此。吕氏曰："自古小人之败君德，为昏为虐，为侈为纵，曷其有极。至于自圣，犹若浅之为害。穆王独以是蔽之者，盖小人之蛊其君，必使之虚美熏心，傲然自圣，则谓人莫己若，而欲予言莫之违，然后法家拂士日远，而快意肆情之事，亦莫或龃龉其间。自圣之证既见，而百疾从之，昏虐侈纵皆其枝叶，而不足论也。"**尔无昵于憸人，充耳目之官，迪上以非先王之典。**汝无比近小人，充我耳目之官，

218

导君上以非先王之典。盖穆王自量其执德未固，恐左右以异端进而荡其心也。

非人其吉，惟货其吉，若时瘝厥官，惟尔大弗克祗厥辟，惟予汝辜。戒其以货贿任群仆也。言不于其人之善，而惟以货贿为善，则是旷厥官，汝大不能敬其君，而我亦汝罪矣。

王曰："呜呼！钦哉！永弼乃后于彝宪。"彝宪，常法也。

吕氏曰："穆王卒章之命，望于伯冏者深且长矣。此心不继，造父为御，周游天下，将必有车辙马迹。导其侈者，果出于仆御之间？抑不知伯冏犹在职乎？否也？穆王豫知所戒，忧思深长，犹不免躬自蹈之。人心操舍之无常，可惧哉？"

吕　刑

吕侯为天子司寇，穆王命训刑以诘四方，史录为篇。今文、古文皆有。〇按：此篇专训赎刑，盖本舜典"金作赎刑"之语。今详此书，实则不然。盖舜典所谓赎者，官府学校之刑尔，若五刑则固未尝赎也。五刑之宽，惟处以流。鞭扑之宽，方许其赎。今穆王赎法，虽大辟亦与其赎免矣。汉张敞以讨羌，兵食不继，建为入谷赎罪之法，初亦未尝及夫杀人及盗之罪。而萧望之等犹以为，如此则富者得生，贫者独死，恐开利路以伤治化，曾谓唐虞之世而有是赎法哉？穆王巡游无度，财匮民劳，至其末年，无以为计，乃为此一切权宜之术，以敛民财。夫子录之，盖亦示戒。然其一篇之书，哀矜恻怛，犹可以想见三代忠厚之遗意云尔。又按：书传引此多称甫刑，史记作"甫侯言于王，作修刑辟"，吕，后为甫欤？

惟吕命，王享国百年，耄荒，度作刑以诘四方。惟吕命，

与"惟说命"语意同。先此以见训刑为吕侯之言也。耄，老而[一]昏乱之称。荒，忽也。孟子曰："从兽无厌谓之荒。"穆王享国百年，车轮马迹遍于天下，故史氏以"耄荒"二字发之，亦以见赎刑为穆王耄荒所训耳。苏氏曰："荒，大也。

〔一〕"而"，原脱，今据纂疏、汇纂、四库本补。

大度作刑,犹禹曰'予荒度土功'。"荒当属下句亦通,然毫亦贬之之辞也。

王曰:"若古有训,<u>蚩尤</u>惟始作乱,延及于平民,罔不寇贼,鸱义奸宄,夺攘矫虔。言鸿荒之世,浑厚敦厐,<u>蚩尤</u>始开暴乱之端,驱扇熏炙,延及平民,无不为寇为贼。鸱义者,以鸱张跋扈为义。矫虔者,矫诈虔刘也。苗民弗用灵,制以刑,惟作五虐之刑曰法,杀戮无辜。爰始淫为劓、刵、椓、黥,越兹丽刑,并制罔差有辞。<u>苗民</u>承<u>蚩尤</u>之暴,不用善而制以刑,惟作五虐之刑,名之曰法,以杀戮无罪。于是始过为劓鼻、刵耳、椓窍、黥面之法,于丽法者必刑之,并制无罪,不复以曲直之辞为差别,皆刑之也。民兴胥渐,泯泯棼棼,罔中于信,以覆诅盟。虐威庶戮,方告无辜于上。上帝监民,罔有馨香德,刑发闻惟腥。泯泯,昏也。棼棼,乱也。民相渐染,为昏为乱,无复诚信[一],相与反覆诅盟而已。虐政作威,众被戮者,方各告无罪于天。天视苗民无有馨香德,而刑戮发闻,莫非腥秽。<u>吕氏</u>曰:"形于声嗟,穷之反也;动于气臭,恶之熟也。馨香,阳也;腥秽,阴也。故德为馨香,而刑发腥秽也。"皇帝哀矜庶戮之不辜,报虐以威,遏绝苗民,无世在下。皇帝,<u>舜</u>也。以<u>书</u>考之,治苗民,命伯夷、禹、稷、皋陶,皆<u>舜</u>之事。报苗之虐,以我之威。绝,灭也,谓"窜"与"分北"之类,遏绝之,使无继世在下国。乃命<u>重黎</u>绝地天通,罔有降格。群后之逮在下,明明棐常,鳏寡无盖。重,<u>少昊</u>之后。黎,<u>高阳</u>之后。<u>重</u>即<u>羲</u>,<u>黎</u>即<u>和</u>也。<u>吕氏</u>曰:"治世公道昭明,为善得福,为恶得祸,民晓然知其所由,则不求之眇茫冥昧之间。当<u>三苗</u>昏虐,民之得罪者莫知其端,无所控诉,相与听于神,祭非其鬼,天地人神之典杂揉渎乱,此妖诞之所以兴,人心之所以不正也。在<u>舜</u>当务之急,莫先于正人心。首命<u>重黎</u>,修明祀典,天子然后祭天地,诸侯然后祭山川,高卑上下,各有分限。绝地天之通,严幽明之分,焄蒿妖诞之说,举皆屏息。群后及在下之群臣,皆精白一心,辅助常道,民卒善而得福,恶而得祸,虽鳏寡之微,亦无有盖蔽而不得自伸

〔一〕"信",<u>德星堂</u>本作"德"。

者也。"〇按：国语曰："少皞氏之衰，九黎乱德，民神杂揉，家为巫史，民渎齐盟，祸灾荐臻，颛顼受之，乃命南正重司天以属神，火〔一〕正黎司地以属民，使无相侵渎。其后三苗复九黎之德，尧复育重黎之后不忘旧者，使复典之。"**皇帝清问下民，鳏寡有辞于苗。德威惟畏，德明惟明。** 清问，虚心而问也。有辞，声苗之过也。苗，以虐为威，以察为明。帝反其道，以德威而天下无不畏，以德明而天下无不明也。**乃命三后，恤功于民。伯夷降典，折民惟刑。禹平水土，主名山川。稷降播种，农殖嘉谷。三后成功，惟殷于民。** 恤功，致忧民之功也。典，礼也。伯夷降天地人之三礼，以折民之邪妄。苏氏曰："失礼则入刑，礼、刑一物也。"伯夷降典，以正民心；禹平水土，以定民居；稷降播种，以厚民生。三后成功，而致民之殷盛富庶也。吴氏曰："二典不载有两刑官，盖传闻之谬也。愚意皋陶未为刑官之时，岂伯夷实兼之欤？下文又言'伯夷播刑之迪'，不应如此谬误。"**士制百姓于刑之中，以教祗德。** 命皋陶为士，制百姓于刑辟之中，所以检其心而教以祗德也。〇吴氏曰："皋陶不与三后之列，遂使后世以刑官为轻。后汉杨赐拜廷尉，自以代非法家，言曰：'三后成功，惟殷于民，皋陶不与。'盖吝之也。是后非独人臣以刑官为轻，人君亦以为轻矣。观舜之称皋陶曰'刑期于无刑，民协于中，时乃功'，又曰'俾予从欲以治，四方风动，惟乃之休'，其所系乃如此，是可轻哉？"吕氏曰："吕刑一篇以刑为主，故历叙本末而归之于皋陶之刑，势不得与伯夷、禹、稷杂称，言固有宾主也。"**穆穆在上，明明在下，灼于四方，罔不惟德之勤，故乃明于刑之中，率乂于民棐彝。** 穆穆者，和敬之容也。明明者，精白之容也。灼于四方者，穆穆明明，辉光发越而四达也。君臣之德昭明如是，故民皆观感动荡，为善而不能自已也。如是而犹有未化者，故士师明于刑之中，使无过不及之差，率乂于民，辅其常性，所谓刑罚之精华也。**典狱非讫于威，惟讫于富。敬忌，罔**

〔一〕"火"，德星堂本、纂疏、汇纂、四库本作"北"。

有择言在身，惟克天德，自作元命，配享在下。"讫，尽也。威，权势也。富，贿赂也。当时典狱之官，非惟得尽法于权势之家，亦惟得尽法于贿赂之人。言不为威屈，不为利诱也。敬忌之至，无有择言在身，大公至正，纯乎天德，无毫发不可举以示人者。天德在我，则大命自我作，而配享在下矣。在下者，对天之辞。盖推典狱用刑之极功，而至于与天为一者如此。

王曰："嗟！四方司政典狱，非尔惟作天牧？今尔何监？非时伯夷播刑之迪。其今尔何惩？惟时苗民匪察于狱之丽，罔择吉人，观于五刑之中。惟时庶威夺货，断制五刑，以乱无辜。上帝不蠲，降咎于苗，苗民无辞于罚，乃绝厥世。"司政典狱，汉孔氏曰："诸侯也。"为诸侯主刑狱而言。非尔诸侯为天牧养斯民乎？为天牧民，则今尔何所监惩？所当监者，非伯夷乎？所当惩者，非有苗乎？伯夷布刑以启迪斯民，舍皋陶而言伯夷者，探本之论也。丽，附也。苗民不察于狱辞之所丽，又不择吉人，俾观于五刑之中，惟是贵者以威乱政，富者以货夺法，断制五刑，乱虐无罪，上帝不蠲贷而降罚于苗，苗民无所辞其罚，而遂殄灭之也。

王曰："呜呼！念之哉！伯父、伯兄、仲叔、季弟、幼子、童孙，皆听朕言，庶有格命。今尔罔不由慰日勤，尔罔或戒不勤。天齐于民，俾我一日，非终惟终，在人。尔尚敬逆天命，以奉我一人，虽畏勿畏，虽休勿休，惟敬五刑，以成三德。一人有庆，兆民赖之，其宁惟永。"此告同姓诸侯也。格，至也。参错讯鞫，极天下之劳者，莫若狱。苟有毫发怠心，则民有不得其死者矣。罔不由慰日勤者，尔所用以自慰者无不以日勤，故职举而刑当也。尔罔或戒不勤者，刑罚之用一成而不可变者也，苟顷刻之不勤，则刑罚失中，虽深戒之，而已施者亦无及矣。戒固善心也，而用刑岂可以或戒也哉？且刑狱非所恃以为治也，天以是整齐乱民，使我为一日之用而已。非终，即康诰"大罪非终"之谓，言过之当宥者。惟终，即康诰"小罪惟终"之谓，言故之当辟者。非终、惟终，皆非我得轻重，惟在夫人所犯耳。尔当敬逆天命，以承我一人。畏、威古通用。威，辟之也。休，宥之也。我虽以为辟，尔惟勿辟；我虽以为宥，尔惟勿宥，惟敬乎五刑之用，以成刚、柔、正直之德，则君庆于上，民赖于下，而安宁之福，其永久而不替矣。

王曰："吁！来，有邦有土，告尔祥刑。在今尔安百姓，何择非人？何敬非刑？何度非及？有民社者，皆在所告也。夫刑，凶器也，而谓之祥者，刑期无刑，民协于中，其祥莫大焉。及，逮也。汉世诏狱所逮，有至数万人者。审度其所当逮者，而后可逮之也。曰何、曰非，问答以发其意，以明三者之决不可不尽心也。**两造具备，师听五辞；五辞简孚，正于五刑；五刑不简，正于五罚；五罚不服，正于五过。**两造者，两争者皆至也。周官"以两造听民讼"。具备者，词、证皆在也。师，众也。五辞，丽于五刑之辞。简，核其实也。孚，无可疑也。正，质也。五辞简核而可信，乃质于五刑也。不简者，辞与刑参差不应，刑之疑者也。罚，赎也。疑于刑，则质于罚也。不服者，辞与罚又不应也，罚之疑者也。过，误也。疑于罚，则质于过而宥免之也。**五过之疵，惟官、惟反、惟内、惟货、惟来。其罪惟均，其审克之。**疵，病也。官，威势也。反，报德怨也。内，女谒也。货，贿赂也。来，干请也。惟此五者之病，以出入人罪，则以人之所犯坐之也。审克者，察之详而尽其能也。下文屡言，以见其丁宁忠厚之至。疵于刑罚亦然，但言于五过者，举轻以见重也。**五刑之疑有赦，五罚之疑有赦，其审克之。简孚有众，惟貌有稽，无简不听，具严天威。**刑疑有赦，正于五罚也；罚疑有赦，正于五过也。简核情实可信者众，亦惟考察其容貌，周礼所谓"色听"是也。然听狱以简核为本，苟无情实，在所不听。上帝临汝，不敢有毫发之不尽也。**墨辟疑赦，其罚百锾，阅实其罪。劓辟疑赦，其罚惟倍，阅实其罪。剕辟疑赦，其罚倍差，阅实其罪。宫辟疑赦，其罚六百锾，阅实其罪。大辟疑赦，其罚千锾，阅实其罪。墨罚之属千，劓罚之属千，剕罚之属五百，宫罚之属三百，大辟之罚其属二百。五刑之属**

三千。上下比罪，无僭乱辞，勿用不行，惟察惟法，其审克之。墨，刻颡而涅之也。劓，割鼻也。剕，刖足也。宫，淫刑也，男子割势，妇人幽闭。大辟，死刑也。六两曰锾。阅，视也。倍，二百锾也。倍差，倍而又差，五百锾也。属，类也。三千，总计之也。周礼司刑所掌五刑之属二千五百，刑虽增旧，然轻罪比旧为多，而重罪比旧为减也。比，附也。罪无正律，则以上下刑而比附其罪也。无僭乱辞，勿用不行，未详。或曰乱辞，辞之不可听者。不行，旧有是法而今不行者，戒其无差误于僭乱之辞，勿用今所不行之法，惟详明法意而审克之也。○今按：皋陶所谓"罪疑惟轻"者，降一等而罪之耳。今五刑疑赦而直罚之以金，是大辟，宫、剕、劓、墨皆不复降等用矣。苏氏谓"五刑疑则〔一〕入罚不降，当因古制"，非也。舜之赎刑，官府学校鞭扑之刑尔。夫刑莫轻于鞭扑，入于鞭扑之刑，而又情法犹有可议者，则是无法以治之，故使之赎，特不欲遽释之也。而穆王之所谓赎，虽大辟亦赎也。舜岂有是制哉？详见篇题。**上刑适轻，下服；下刑适重，上服。轻重诸罚有权，刑罚世轻世重。惟齐非齐，有伦有要。**事在上刑而情适轻，则服下刑，舜之"宥过无大"，康诰所谓"大罪非终"者是也。事在下刑而情适重，则服上刑，舜之"刑故无小"，康诰所谓"小罪非眚"者是也。若谓罚之轻重，亦皆有权焉。权者，进退推移，以求其轻重之宜也。刑罚世轻世重者，周官"刑新国，用轻典；刑乱国，用重典；刑平国，用中典"，随世而为轻重者也。轻重诸罚有权者，权一人之轻重也。刑罚世轻世重者，权一世之轻重也。惟齐非齐者，法之权也。有伦有要者，法之经也。言刑罚虽惟权变是适，而齐之以不齐焉。至其伦要所在，盖有截然而不可紊者矣。此两句总结上意。**罚惩非死，人极于病。非佞折狱，惟良折狱，罔非在中。察辞于差，非从惟从。哀敬折狱，明启刑书胥占，咸庶中正。其刑其罚，其审克之。狱成而孚，输而孚。其刑上备，有并两刑。"** 罚以惩

〔一〕"则"，纂疏、汇纂、四库本作"各"，当是据伪孔传误改。案：东坡书传作"则"，系抄录伪孔传而改字，不可据改蔡传。

过，虽非致人于死，然民重出赎，亦甚病矣。佞，口才也。非口才辩给之人可以折狱，惟温良长者，视民如伤者，能折狱而无不在中也。此言听狱者当择其人也。察辞于差者，辞非情实，终必有差，听狱之要，必于其差而察之。非从惟从者，察辞不可偏主，犹曰不然而然，所以审轻重而取中也。哀敬折狱者，恻怛敬畏，以求其情也。明启刑书胥占者，言详明法律，而与众占度也。咸庶中正者，皆庶几其无过忒也。于是刑之罚之，又当审克之也。此言听狱者当尽其心也。若是，则狱成于下，而己信之。狱输于上，而君信之。其刑上备，有并两刑者，言上其断狱之书，当备情节，一人而犯两事，罪虽从重，亦并两刑而上之也。此言谳狱者，当备其辞也。

王曰："呜呼！敬之哉！官伯族姓，朕言多惧，朕敬于刑，有德惟刑。今天相民，作配在下。明清于单辞，民之乱，罔不中听狱之两辞，无或私家于狱之两辞。狱货非宝，惟府辜功，报以庶尤，永畏惟罚。非天不中，惟人在命。天罚不极，庶民罔有令政在于天下。"此总告之也。官，典狱之官也。伯，诸侯也。族，同族。姓，异姓也。朕之于刑，言且多惧，况用之乎？朕敬于刑者，畏之至也。有德惟刑，厚之至也。今天以刑相治〔一〕斯民，汝实任责，作配在下可也。"明清"以下，敬刑之事也。狱辞有单有两，单辞者，无证之辞也，听之为尤难。明者，无一毫之蔽。清者，无一点之污。曰明曰清，诚敬笃至，表里洞彻，无少私曲，然后能察其情也。乱，治也。狱货，鬻狱而得货也。府，聚也。辜功，犹云罪状也。报以庶尤者，降之百殃也。非天不中，惟人在命者，非天不以中道待人，惟人自取其殃祸之命尔。此章文有未详者，姑阙之。

王曰："呜呼！嗣孙今往何监？非德于民之中。尚明听之哉！哲人惟刑，无疆之辞，属于五极，咸中有庆。受王嘉师，监于兹祥刑。"此诏来世也。嗣孙，嗣世子孙也。言今往何所监视，非用刑成德而能全民所受之中者乎？下文哲人，即所当监者。五极，五刑

〔一〕"治"，原作"佑"，今据诸本改。

也。明哲之人用刑而有无穷之誉。盖由五刑咸得其中，所以有庆也。嘉，善；师，众也。诸侯受天子良民善众，当监视于此祥刑。申言以结之也。

文侯之命

幽王为犬戎所杀，晋文侯与郑武公迎太子宜臼立之，是为平王，迁于东都。平王以文侯为方伯，赐以秬鬯、弓矢，作策书命之。史录为篇。今文、古文皆有。

王若曰："父义和！丕显文武，克慎明德，昭升于上，敷闻在下。惟时上帝，集厥命于文王。亦惟先正，克左右昭事厥辟，越小大谋猷罔不率从，肆先祖怀在位。同姓，故称父。文侯，名仇，义和其字。不名者，尊之也。丕显者，言其德之所成；克谨者，言其德之所修；昭升、敷闻，言其德之所至也。文武之德如此，故上帝集厥命于文王。亦惟尔祖父能左右昭事其君，于小大谋猷无敢背违，故先王得安在位。呜呼！闵予小子，嗣造天丕愆，殄资泽于下民，侵戎，我国家纯。即我御事，罔或耆寿，俊在厥服，予则罔克。曰：'惟祖惟父，其伊恤朕躬！'呜呼！有绩予一人，永绥在位。叹而自痛伤也。闵，怜也。嗣造天丕愆者，嗣位之初，为天所大谴，父死国败也。殄，绝；纯，大也。绝其资用惠泽于下民，本既先拨，故戎狄侵陵，为我国家之害甚大。今我御事之臣，无有老成，俊杰在厥官者，而我小子又材劣无能，其何以

济难？又言诸侯在我祖父之列者，其谁能恤我乎？又叹息言有能致功予一人，则可永安厥位矣。盖悲国之无人，无有如上文先正之昭事，而先王得安在位也。父义和！汝克昭乃显祖，汝肇刑文武，用会绍乃辟，追孝于前文人。汝多修扞我于艰，若汝，予嘉。"显祖、文人，皆谓唐叔，即上文"先正""昭事厥辟"者也。后"罔或耆寿，俊在厥服"，则刑文武之道绝矣。今刑文武自文侯始，故曰"肇刑文武"。会者，合之而使不离。绍

者,继之而使不绝。前文人,犹云"前宁人"。汝多所修完扞卫我于艰难,若汝之功,我所嘉美也。

王曰:"父义和! 其归视尔师,宁尔邦。用赉尔秬鬯一卣;彤弓一,彤矢百;卢弓一,卢矢百;马四匹。父往哉! 柔远能迩,惠康小民,无荒宁,简恤尔都,用成尔显德。"师,众也。黑黍曰秬,酿以鬯草。卣,中尊也。诸侯受锡命,当告其始祖,故赐鬯也。彤,赤;卢,黑也。诸侯有大功,赐弓矢,然后得专征伐。马供武用。四匹曰乘。侯伯之赐无常,以功大小为度也。简者,简阅其士。恤者,惠恤其民。都者,国之都鄙也。○苏氏曰:"予读<u>文侯</u>篇,知<u>东周</u>之不复兴也。<u>宗周</u>倾覆,祸败极矣。<u>平王</u>宜若<u>卫文公</u>、<u>越勾践</u>然,今其书乃旋旋[一]焉与平康之世无异。<u>春秋</u>传曰:'<u>厉王</u>之祸,诸侯释位,以间王政。<u>宣王</u>有志,而后效官。'读<u>文侯</u>之命,知<u>平王</u>之无志也。"愚按:<u>史记幽王</u>娶于申而生太子<u>宜臼</u>,后<u>幽王</u>嬖<u>褒姒</u>,废<u>申后</u>,去太子,<u>申侯</u>怒,与<u>缯</u>、<u>西夷</u>、<u>犬戎</u>攻王而杀之。诸侯即<u>申侯</u>而立故太子<u>宜臼</u>,是为<u>平王</u>。<u>平王</u>以<u>申侯</u>立己为有德,而忘其弑父为当诛,方将以复雠讨贼之众而为戍<u>申</u>、戍<u>许</u>之举。其忘亲背义,得罪于天已甚矣! 何怪其委靡颓堕而不自振也哉! 然则是命也,<u>孔子</u>以其犹能言<u>文</u><u>武</u>之旧而存之钦? 抑亦以示戒于天下后世而存之钦?

费 誓

<u>费</u>,地名。<u>淮夷</u>、<u>徐戎</u>并起为寇,<u>鲁侯</u>征之,于<u>费</u>誓众,故以<u>费誓</u>名篇。今文、古文皆有。○吕氏曰:"<u>伯禽</u>抚封于<u>鲁</u>,夷戎妄意其未更事,且乘其新造之隙,而<u>伯禽</u>应之者甚整暇有序,先治戎备,次之以除道路,又次之以严部伍,又次之以立期会,先后之序皆不可紊。"又按:<u>费誓</u>、<u>秦誓</u>皆侯国之事,而系于帝王书末者,犹诗之录<u>商颂</u>、<u>鲁颂</u>也。

〔一〕"旋旋",<u>东坡书传</u>作"施施",<u>书纂言</u>、<u>尚书纂传</u>引亦作"施施"。

公曰:"嗟! 人无哗,听命。徂兹淮夷、徐戎并兴,汉孔氏曰:"徐戎、淮夷并起寇鲁。伯禽为方伯,帅诸侯之师以征,叹而敕之,使无喧哗,欲其静听誓命。"苏氏曰:"淮夷叛已久矣,及伯禽就国,又胁徐戎并起,故曰'徂兹淮夷、徐戎并兴'。徂兹者,犹曰往者云。"善敹乃甲胄,敿乃干,无敢不吊。备乃弓矢,锻乃戈矛,砺乃锋刃,无敢不善。敹,缝完也。缝完其甲胄,勿使断毁。敿,郑氏云"犹系也"。王肃云:"敿楯,当有纷系持之。"吊,精至也。锻,淬;砺,磨也。甲胄所以卫身,弓矢戈矛所以克敌,先自卫而后攻人,亦其序也。今惟淫舍牿牛马,杜乃擭,敛乃穽,无敢伤牿。牿之伤,汝则有常刑。淫,大也。牿,闲牧也。擭,机槛也。敛,塞也。师既出,牛马所舍之闲牧,大布于野,当窒塞其擭穽。一或不谨,而伤闲牧之牛马,则有常刑。此令军在所之居民也。举此例之,凡川梁薮泽、险阻屏翳,有害于师屯者,皆在矣。此除道路之事。马牛其风,臣妾逋逃,勿敢越逐,祗复之,我商赍汝。乃越逐不复,汝则有常刑。无敢寇攘,逾垣墙,窃马牛,诱臣妾,汝则有常刑。役人,贱者,男曰臣,女曰妾。马牛风逸,臣妾逋亡,不得越军垒而逐之。失主虽不得逐,而人得风马牛、逃臣妾者,又当敬还之,我商度多寡以赏汝。如或越逐而失伍,不复而攘取,皆有常刑。有故窃夺、逾垣墙、窃人牛马、诱人臣妾者,亦有常刑。此严部伍之事。

"甲戌,我惟征徐戎,峙乃糗粮,无敢不逮,汝则有大刑。鲁人三郊三遂,峙乃桢干。甲戌,我惟筑,无敢不供,汝则有无余刑非杀。鲁人三郊三遂,峙乃刍茭,无敢不多,汝则有大刑。"甲戌,用兵之期也。峙,储备也。糗粮,食也。不逮,若今之乏军兴。淮夷、徐戎并起,今所攻独徐戎者,盖量敌之坚瑕、缓急而攻之也。国外曰郊,郊外曰遂。天子六军,则六乡六遂。大国三军,故鲁三郊三遂也。桢干,板筑之木,题曰桢,墙端之木也;旁曰干,墙两边障土者也。以是日征、是日筑者,彼方御我之攻,势不得扰我之筑。无余刑非杀者,刑之非一,但不至于杀尔。刍茭,供军牛马之用,军以期会,刍粮为急,故皆服大刑。桢干、刍茭,独言鲁人者,地近而致便也。

秦　誓

左传:"杞子自郑使告于秦,曰:'郑人使我掌其北门之管,若潜师以来,国可得也。'穆公访诸蹇叔。蹇叔曰:'不可。'公辞焉。使孟明、西乞、白乙伐郑。晋襄公帅师败秦师于殽,囚其三帅。穆公悔过,誓告群臣。"史录为篇。今文、古文皆有。

公曰:"嗟! 我士,听无哗! 予誓告汝群言之首。首之为言,第一义也。将举古人之言,故先发此。古人有言曰:'民讫自若,是多盘。责人斯无难,惟受责俾如流,是惟艰哉!'讫,尽;盘,安也。凡人尽自若是,多安于徇己,其责人无难,惟受责于人,俾如流水,略无扞格,是惟难哉! 穆公悔前日安于自徇而不听蹇叔之言,深有味乎古人之语,故举为誓言之首。我心之忧,日月逾迈,若弗云来。已然之过不可追,未迁之善犹可及。忧岁月之逝,若无复有来日也。惟古之谋人,则曰:'未就,予忌。'惟今之谋人,姑将以为亲。虽则云然,尚猷询兹黄发,则罔所愆。忌,疾;姑,且也。古之谋人,老成之士也。今之谋人,新进之士也。非不知其为老成,以其不就己而忌疾之;非不知其新进,姑乐其顺便而亲信之。前日之过虽已云然,然尚谋询兹黄发之人,则庶罔有所愆。盖悔其既往之失,而冀其将来之善也。番番良士,旅力既愆,我尚有之。仡仡勇夫,射御不违,我尚不欲。惟截截善谝言,俾君子易辞,我皇多有之。番番,老貌。仡仡,勇貌。截截,辩给貌。谝,巧也。皇、遑通。旅力既愆之良士,前日所诋墓木既拱者,我犹庶几得而有之。射御不违之勇夫,前日所夸过门超乘者,我庶几不欲用之。勇夫我尚不欲,则辩给善巧言,能使君子变易其辞说者,我遑暇多有之哉? 良士谓蹇叔，勇夫谓三帅，谝言谓杞子。先儒皆谓穆公悔用孟明，详其誓意，盖深悔用杞子之言也。**昧昧我思之，如有一介臣，断断猗无他技；其心休休焉，其如有容。人之有技，若己有之；人之彦圣，其心好之，不啻如自其口出，是能容之，以保我子孙黎民，亦职有利哉！**昧昧而思者，深潜而静思也。介，独也，*大学*作"个"。断断，诚一之貌。猗，语辞，*大学*作"兮"。休休，易直好善之意。容，有所受也。彦，美士也。圣，通明也。技，才；圣，德也。心之所好甚于口之所言也。职，主也。**人之有技，冒疾以恶之；人之彦圣，而违之俾不达，是不能容，以不能保我子孙黎民，亦曰殆哉！**冒，*大学*作"媚"，忌也。违，背违之也。达，"穷达"之"达"。殆，危也。苏氏曰："至哉！穆公之论此二人也。前一人似房玄〔一〕龄，后一人似李林甫，后之人主监此足矣。"**邦之杌陧，曰由一人。邦之荣怀，亦尚一人之庆。**杌陧，不安也。怀，安也。言国之危殆，系于所任一人之非。国之荣安，系于所任一人之是。申缴上二章意。

書集傳

230

〔一〕"玄"，原避宋始祖赵玄朗讳作"元"，今回改。

书　序

汉刘歆曰："孔子修易序书。"班固曰："孔子纂书凡百篇，而为之序，言其作意。"今考序文于见存之篇，虽颇依文立义，而识见浅陋，无所发明，其间至有与经相戾者；于已亡之篇，则依阿简略，尤无所补，其非孔子所作明甚，顾世代久远，不可复知。然孔安国虽云"得之壁中"，而亦未尝以为孔子所作，但谓"书序序所以为作者之意"，与"讨论坟典"等语隔越不属，意亦可见。今姑依安国壁书〔一〕之旧，复合序为一篇，以附卷末，而疏其可疑者于下云。

昔在帝尧，聪明文思，光宅天下，将逊于位，让于虞舜，作尧典。

聪明文思，"钦明文思"也。光宅天下，"光被四表"也。将逊于位，让于虞舜，以虞书也。作者追言作书之意如此也。

虞舜侧微，尧闻之聪明，将使嗣位，历试诸难，作舜典。

侧微，微贱也。历试，遍试之也。诸难，五典、百揆、四门、大麓之事也。

今按：舜典一篇，备载一代政治之终始，而序止谓"历试诸难，作舜典"，岂足以尽一篇之义？

231

帝釐下土，方设居方，别生分类，作汩作、九共九篇、稾饫。

汉孔氏曰："言舜理四方诸侯，各设其官居其方。生，姓也，别其姓族，分

〔一〕"书"，纂疏、汇纂作"中"。

其类，使相从也。汨，始；作，兴也，言治民之功兴也。橐，劳；饫，赐也。凡十一篇，亡。"今按：十一篇共只一序，如此亦不可晓。

皋陶矢厥谟，禹成厥功，帝舜申之，作大禹、皋陶谟、益稷。

矢，陈；申，重也。序书者徒知皋陶以谟名，禹以功称，而篇中有"来！禹，汝亦昌言"与"时乃功，懋哉"之语，遂以为舜申禹使有言，申皋陶使有功，其浅近如此，而不知禹曷尝无言，皋陶曷尝无功，是岂足以知禹、皋陶之精微者哉？

禹别九州，随山浚川，任土作贡。

别，分也，分九州疆界是也。随山者，随山之势。浚川者，浚川之流。任土者，任土地所宜而制贡也。

启与有扈战于甘之野，作甘誓。

经曰"大战于甘"者，甚有扈之辞也。序书者宜若春秋笔，然春秋桓王失政，与郑战于繻葛，夫子犹书"王伐郑"，不曰"与"、不曰"战"者，以存天下之防也。以启之贤征有扈之无道，正"礼乐征伐自天子出"也。序书者曰"与"、曰"战"，若敌国者，何哉？孰谓书序为夫子作乎？

太康失邦，昆弟五人须于洛汭，作五子之歌。

经文已明，此但疣赘耳。下文不注者放此。

羲和湎淫，废时乱日，胤往征之，作胤征。

以经考之，羲和盖党羿恶，仲康畏羿之强，不敢正其罪而诛之，止责其"废厥职，荒厥邑"尔。序书者不明此意，亦曰"湎淫，废时乱日"，亦有所畏而不敢正其罪耶？

自契至于成汤八迁，汤始居亳，从先王居，作帝告、釐沃。

汤征诸侯，葛伯不祀，汤始征之，作汤征。

伊尹去亳适夏，既丑有夏，复归于亳，入自北门，乃遇汝鸠、汝方，作汝鸠、汝方。

汉孔氏曰："先王，帝喾也。"丑，恶也。不期而会曰遇。鸠、方，二臣名。五篇亡。

伊尹相汤伐桀，升自陑，遂与桀战于鸣条之野，作汤誓。

以伊尹为首称者得之。咸有一德亦曰："惟尹躬暨汤咸有一德。"陑在河曲之阳，鸣条在安邑之西。"升自陑"，义未详。汉孔氏遂以为出其不意，亦序意有以启其陋欤？

汤既胜夏，欲迁其社，不可，作夏社、疑至、臣扈。

程子曰："圣人不容有妄举，汤始欲迁社，众议以为不可而不迁，是汤有妄举也。盖不可者，汤不可之也。"唐孔氏以于时有议论其事者。详序文以为欲迁者，汤欲之也，恐未必如程子所言。要之，序非圣人之笔，自不足以知圣人也。三篇亡。

夏师败绩，汤遂从之，遂伐三朡，俘厥宝玉，谊伯、仲伯作典宝。

三朡，国名，今定陶也。俘，取也。俘厥宝玉，恐亦非圣人所急。篇亡。

汤归自夏，至于大坰，仲虺作诰。

大坰，地名。

汤既黜夏命，复归于亳，作汤诰。

咎单作明居。

一篇亡。

成汤既没，太甲元年，伊尹作伊训、肆命、徂后。

孟子曰："汤崩，太丁未立，外丙二年，仲壬四年，太甲颠覆汤之典刑。"史记："太子太丁未立而死，立太丁之弟外丙，二年崩。又立外丙之弟仲壬，四年崩。伊尹乃立太丁之子太甲。"序书者以经文首言"奉嗣王祇见厥祖"，遂云"成汤既没，太甲元年"。后世儒者以序为孔子所作，不敢非之，反疑孟子所言与本纪所载，是可叹已。肆命、徂后二〔一〕篇亡。○吴氏曰："太甲谅阴，为服仲壬之丧。以是时，汤葬已久，仲壬在殡，太甲，太丁之子，视仲壬为叔父，为之后者为之子也。'祇见厥祖'，谓至汤之

233

〔一〕"二"，原作"三"，今据德星堂本、南涧书堂本、纂疏、汇纂改。

庙。盖太甲既立，伊尹训于汤庙，故称'祗见厥祖'。若止是殡前，既不当称'奉'，亦不当称'祗见'也。"

太甲既立，不明，伊尹放诸桐，三年复归于亳，思庸，伊尹作太甲三篇。

按：孔氏云："桐，汤葬地也。"若未葬之辞。盖上文"祗见厥祖"，言汤在殡，故此不敢为已葬。使汤果在殡，则太甲固已密迩其殡侧矣。舍殡而欲密迩汤于将葬之地，固无是理也。孔氏之失，起于伊训序文之缪。遗外丙、仲壬二帝，故书指不通。

书
集
传

伊尹作咸有一德。

沃丁既葬伊尹于亳，咎单遂训伊尹事，作沃丁。

伊陟相太戊，亳有祥桑穀共生于朝。伊陟赞于巫咸，作咸乂四篇。

太戊赞于伊陟，作伊陟、原命。

仲丁迁于嚣，作仲丁。

河亶甲居相，作河亶甲。

祖乙圯于耿，作祖乙。

沃丁，太甲之子。咎单，臣名。伊陟，伊尹之子。太戊，沃丁弟之子。桑、穀二木，合生于朝，七日而拱，妖也。巫咸，臣名。嚣、相、耿皆地名。嚣、相在河北，耿在河东耿乡。河水所毁曰圯。凡十篇，亡。

盘庚五迁，将治亳，殷民咨胥怨，作盘庚三篇。

234

以篇中有"不常厥邑，于今五邦"，序遂曰"盘庚五迁"，然今详"于今五邦"之下，继以"今不承于古，罔知天之断命"，则是盘庚之前，已自有五迁，而作序者考之不详，缪云尔也。又"五邦"云者，五国都也。经言亳、嚣、相、耿，惟四邦尔。盘庚从汤居亳，不可又谓之一邦也。序与经文既已差缪，史记遂谓盘庚自有五迁，误人甚矣。

高宗梦得说，使百工营求诸野，得诸傅岩，作说命三篇。

按：经文"乃审厥象，俾以形旁求于天下"，是高宗梦得良弼形状，乃审其状貌，而广求于四方。说筑傅岩之野，与形象肖似。如序所云，似若高宗梦得傅说姓氏，又因经文有"群臣"、"百官"等语，遂谓"使百工营求诸野，得诸傅岩"，非惟无补经文，而反支离晦昧，岂圣人之笔哉？

高宗祭成汤，有飞雉升鼎耳而雊，祖己训诸王，作高宗肜日、高宗之训。

经言"肜日"而序以为祭成汤；经言"有雊雉"，而序以为"飞雉升鼎耳而雊"，载籍有所传欤？然经言"典祀无丰于昵"，则为近庙，未必成汤也。宗室都宫堂室深远幽邃，而飞雉升立鼎耳而鸣，亦已异矣。高宗之训篇亡。

殷始咎周，周人乘黎，祖伊恐，奔告于受，作西伯戡黎。

咎，恶；乘，时也。详祖伊[一]所告，无一言及西伯者，盖祖伊虽知周不利于商，而又知周实无所利于商。序言殷始咎周，似亦未明祖伊奔告之意。

殷既错天命，微子作诰父师、少师。

惟十有一年，武王伐殷。一月戊午，师渡孟津，作泰誓三篇。

十一年者，"十三年"之误也。序本依放经文，无所发明，偶三误而为一。汉孔氏遂以为十一年观兵，十三年伐纣也。武王观兵，是以臣胁君也。程子曰："此事间不容发，一日而命未绝，则是君臣。当日而命绝，则为独夫。岂有观兵二年，而后始伐之哉？"盖泰誓序文既有"十一年"之误，而篇中又有"观政于商"之语，伪泰誓得之传闻，故上篇言观兵之事，次篇言伐纣之事，司马迁作周本纪，因亦谓十一年观兵，十三年伐纣，讹谬相承，展转左验，后世儒者遂谓实然，而不知武王盖未始有十一年观兵之事也。且序言"惟十有一年，武王伐殷"，继以"一月戊午，师渡孟津"，

235

〔一〕"伊"，原作"己"，今据德星堂本、南涧书堂本、纂疏、汇纂改。

即记其年其月其日之事也。夫一月戊午既为十三年之事，则上文"十一年"之误审矣。孔氏乃离而二之，于"十有一年武王伐殷"，则释为观兵之时；于"一月戊午师渡孟津"，则释为伐纣之时，上文则年无所系之月，下文则月无所系之年。又序言"十一年伐殷"，而孔氏乃谓"十一年观兵，十三年伐殷"，是盖缪中之缪，遂使武王蒙数千百年胁君之恶。一字之误，其流害乃至于此哉。

武王戎车三百两，虎贲三百人，与受战于牧野，作牧誓。

戎车，驰车也。古者驰车一乘，则革车一乘。驰车，战车。革车，辎车，载器械、财货、衣装者也。司马法曰："一车甲士三人，步卒七十二人，炊家子十人，固守衣装五人，厩养五人，樵汲五人。驰车七十五人，革车二十五人，凡百人。二车，故谓之两。"三百两，三万人也。虎贲，若虎贲兽之勇士，百人之长也。

武王伐殷，往伐归兽，识其政事，作武成。

归兽，归马放牛也。武成所识其事之大者亦多矣，何独先取于归马放牛哉？

武王胜殷，杀受立武庚，以箕子归，作洪范。

唐孔氏曰："言杀受立武庚者，序自相顾为文，未见意也。"

武王既胜殷邦，诸侯班宗彝，作分器。

宗彝，宗庙彝尊也，以为诸侯分器。篇亡。

西旅献獒，太保作旅獒。

献，贡也。

巢伯来朝，芮伯作旅巢命。

篇亡。

武王有疾，周公作金縢。

武王崩，三监及淮夷叛，周公相成王，将黜殷，作大诰。

三监，管叔、蔡叔、霍叔也。以其监殷，故谓之三监。

成王既黜殷命，杀武庚，命微子启代殷后，作微子之命。

微子封于宋，为汤后。

唐叔得禾，异亩同颖，献诸天子，王命唐叔归周公于东，作归禾。

周公既得命禾，旅天子之命，作嘉禾。

> 唐叔，成王母弟。亩，垄也。颖，穗也。禾各一垄，合为一穗。葛氏曰："唐叔虽幼，因禾必有献替之言。成王既悟风雷之变，因命唐叔以禾归周公于东。"旅，陈也。二篇亡。

成王既伐管叔、蔡叔，以殷余民封康叔，作康诰、酒诰、梓材。

> 按：胡氏曰："康叔，成王叔父也，经文不应曰'朕其弟'。成王，康叔犹子也，经文不应曰'乃寡兄'。其曰兄、曰弟者，武王命康叔之辞也。序之缪误，盖无可疑。"详见篇题。又按：书序似因康诰篇首错简，遂误以为成王之书，而孔安国又以为序篇亦出壁中，岂孔鲋藏书之时已有错简耶？不可考矣。然书序之作，虽不可必为何人，而必其非孔子作也。

成王在丰，欲宅洛邑，使召公先相宅，作召诰。

召公既相宅，周公往营成周，使来告卜，作洛诰。

成周既成，迁殷顽民，周公以王命告，作多士。

> 迁商顽民，在作洛之前。序书者考之不详，以为成周既成，迁商顽民，谬矣。详见本篇题。

周公作无逸。

召公为保，周公为师，相成王为左右。召公不悦，周公作君奭。

> 苏氏曰："旧说或谓召公疑周公，陋哉！斯言也。"愚谓：序文意义含糊，旧说之陋，有以启之也。

蔡叔既没，王命蔡仲，践诸侯位，作蔡仲之命。

成王东伐淮夷，遂践奄，作成王政。

践，灭也。篇亡。

成王既践奄，将迁其君于蒲姑，周公告召公，作将蒲姑。

史记作薄姑。篇亡。

成王归自奄，在宗周诰庶邦，作多方。

周公作立政。

成王既黜殷命，灭淮夷，还归在丰，作周官。

成王黜殷久矣，而于此复言，何耶？

成王既伐东夷，肃慎来贺，王俾荣伯作贿肃慎之命。

贿，赂也。义未详。篇亡。

周公在丰，将没，欲葬成周。公薨，成王葬于毕，告周公，作亳姑。

此言周公在丰，汉孔氏谓致政归老之时，而下文君陈之序乃曰"周公既没，命君陈分正东郊成周"，方未命君陈，时成周盖周公治之，以公没故，命君陈。然则公盖未尝去洛矣。而此又以为"在丰，将没"，则其致政归老果在何时耶？篇亡。

周公既没，命君陈分正东郊成周，作君陈。

成王将崩，命召公、毕公率诸侯相康王，作顾命。

康王既尸天子，遂诰诸侯，作康王之诰。

"尸天子"亦无义理。太康尸位，羲和尸官，皆言居其位而废弃其事之称。序书亦用其例，谬矣。

康王命作册毕，分居里成周郊，作毕命。

分居里者，"表厥宅里，殊厥井疆"也。

238 **穆王命君牙为周大司徒，作君牙。**

序无所发明，曰"周"云者，殊无意义。或曰：此春秋"王正月"例也。曰：春秋鲁史，故孔子系之以王。此岂其例耶？下篇亦然。

穆王命伯囧为周大仆正，作囧命。

吕命〔一〕穆王训夏赎刑，作吕刑。

> 此序亦无所发明，但增一"夏"字。自古刑辟之制，岂专为夷狄，不为中夏耶？或曰"训夏赎刑"，谓训夏后氏之赎刑也。曰夏承虞治，不闻变法。周礼亦无五刑之赎，其非古制，明甚。穆王耄荒，车轮马迹无所不至，吕侯窃舜典"赎刑"二字作为此刑，以聚民财，资其荒用，夫子以其书犹有哀矜之意而录之。至其篇首特以"耄荒"发之，其意微矣。详见本篇。

平王锡晋文侯秬鬯圭瓒，作文侯之命。

> 经文止言"秬鬯"，而此益以"圭瓒"，有所传欤？抑赐〔二〕秬鬯者必以圭瓒，故经不言欤？

鲁侯伯禽宅曲阜，徐夷并兴，东郊不开，作费誓。

> 徐，徐戎也。夷，淮夷也。

秦穆公伐郑，晋襄公帅师败诸崤，还归，作秦誓。

> 以经文意考之，穆公之悔，盖悔用杞子之谍，不听蹇叔之言。序文亦不明此意。

〔一〕"吕命"二字，原脱，今据德星堂本、南涧书堂本、纂疏、汇纂及尚书正义书序补。
〔二〕"赐"，德星堂本、南涧书堂本、纂疏、汇纂作"锡"。

黄自然跋〔一〕

右书传六卷,总序一卷,文公先生门人九峰蔡先生所集也。始书未有传,分命门人纂集,莫可其义,乃专属之九峰。其说出于一家,则必著姓氏。至于行有删句,句有刊字,附以己意,为之缘饰者悉不复录,用诗集传例也。宏纲要指,奥辞突义,既饫闻而熟讲之矣。又复玩心绎意,融会其归,精思力践,务造其极。文公既殁,垂三十年,而后始出其书,故其援据的确,训释明备,文从字顺,了无可疑。典谟五篇,则又文公未易篑前所定手毕也。西山先生谓"考序文之误,订诸儒之说,发明二帝三王群圣贤之用心,有先儒所未及者",岂虚语哉?传本文公所命,故不复表著师说。若周公迪后,本以治洛,非封伯禽;秦穆悔过,在听杞子,非为孟明;居东以避流言,则康成为是;作书以留召公,则苏氏近之。他如此类,难遍每举。

自然之生也后,不及一登考亭之门。岁庚辰,侍九峰于洪都郡斋,旦夕习闻其说,因请受以□□〔二〕,犹"主善协

───────────────

〔一〕此题目原无,系整理者所加。
〔二〕"□□"原漫漶不清。

一"之旨,语录所记,若有合于<u>横渠</u>;<u>书传</u>之云,乃少异于<u>文公</u>。揆之内心,亦有未释然者。间窃从而质焉,则知一以心言,纯粹不杂之义;一以理言,融会贯通之名也。从语录之说,逆上经文,既或未明,"协"下"克"字,复为长语。味<u>书传</u>之训,惟能合而一之,故始虽主于一善,终则无一之不善,自涣然而无疑矣。审乎此,则<u>文公</u>释经不尽同于<u>程子</u>者,非求异也,言盖有在也。

若夫洪范九畴,每以奇行,五常居中,地本无十,备见于皇极内外篇。根极理要,探索幽眇,又其深造而自得之者,每以不获先师印可为恨。九原可作,其谓斯何?精义无二,终归一揆。<u>自然</u>受质不敏,虽涉其藩,未测其奥,忧患罪罚,偶未即死。方将执经联屦,日侍诲席,而山颓木坏,已不胜其悲矣。曩不自揆,僭状其行,以请铭于当世名卿,辄复叙次所闻,挂名传末,虽不足以发明□〔一〕旨,姑以志无穷之憾焉耳。

绍定壬辰□□〔二〕后十日,后学<u>黄自然</u>拜手敬书

〔一〕"□"原漫漶不清,疑当作"其"。

〔二〕"□□"原漫漶不清。

朱监跋〔一〕

　　岁在庚申,先祖与九峰商订是书,监生十一年矣,独得在侍旁缔听窃读。三月九日,先祖即世,是书为绝笔。鸣呼痛哉!后廿八年,九峰嗣子抗来濡须,出旧薹示监,捧玩数四,手泽如新,追想音容,潸涕横集。敬书其后而归之。

　　　　　　　　　　仲冬朔䫉孤孙监百拜谨志

242

〔一〕此题目原无,系整理者所加。

南宋淳祐十年上饶郡学本吕遇龙跋^{〔一〕}

南宋淳祐十年上饶郡学本吕遇龙跋[一]

伊川先生以春秋传属刘质夫，既成，门人请观，先生曰："却须著某亲作。"吁，亦难矣！文公晚年，训传略备。下至离骚，且为之辩证。而帝王之书，独以付九峰先生，曰："只等蔡仲默来便了。"文公岂轻所付哉？斯传上经乙览，四方人士争欲得而诵之，犹惧其售本之未善也。遇龙倚席上饶，际先生的嗣久轩先生为部绣衣，茂明家学，而遇龙得以承教焉。遂从考质，锓梓学宫。观者能以一时师友问答求之，则知其不专于训诂也。

淳佑庚戌九月既望，后学金华吕遇龙敬书

〔一〕此题目原无，系整理者所加。

真德秀九峰先生蔡君墓表

君名沉,字仲默,姓蔡氏,西山先生子也。先生尝特召,坚辞不起,世谓之聘君云。聘君以师事朱文公,而文公顾曰:"季通,吾老友也。凡性与天道之妙,他弟子不得闻者,必以语季通焉。"异篇奥传,微辞突义,多先令讨究而后亲折衷之。故尝辑其问答之辞,曰翁季录者,盖引以自匹也。当是时,西山之名闻天下。君之昆弟自胜衣趋拜,入则服膺父教,出则从文公游。文公晚年训传诸经略备,独书未及为。环眠门下生,求可付者,遂以属君。洪范之数,学者久失其传,聘君独心得之,然未及论著,亦曰:"成吾书者,沉也。"君既受父师之托,廪廪焉常若有负。盖沉潜反复者数十年,然后克就。

其于书也,考序文之误,订诸儒之说,以发明二帝三王群圣贤用心。洪范、洛诰、秦誓诸篇往往有先儒所未及者。其于洪范数也,谓:"体天地之撰者,易之象。纪天地之撰者,范之数。数始于一奇,象成于二偶,奇者数之所以立,偶者数之所以行,故二四而八,八卦之象也;三三而九,九畴之数也。由是八八而又八之,为四千九十六,而象备矣;九九而又九之,为六千五百六十一,而数周矣。易更四圣而象已著,范锡神禹而数不传,后之作者昧象数之源,窒变通之妙,或即象而为数,或反数而拟象,洞极有书,潜虚有图,非无作也,牵合傅会,自然之数益晦焉。嗟夫!天地之所以肇,人物之所以生,万事之所以失得,莫非数也。数之体著于形,数之用妙于理,非穷神知化者曷足以语此?"君于二书阐幽发微至于如此,真不媿父师之托哉!

庆元初,伪学之论兴,文公以党魁绌,聘君亦远谪舂陵,君徒步数千里以从。九疑之麓,最楚粤穷僻处,山川风物,悲凉惨怆,居者率不能堪,君父子相对,独以理义自怡说,浩然无湘累之思、楚囚之泣也。聘君不幸没贬所,复徒步护柩以归,有遗之金而义不可受者,辄谢却之,曰:"吾宁随所止而殡,不忍累其先也。"时年仅三十,即屏去举子业,一以圣贤为师。平居仰观俯察,默坐终暑,了然有见于天地之心、万物之情,反求诸躬,众理具备,信前圣之言不予欺也。聘君尝著律吕书,演八阵图,皆为文公所叹重,然学者鲜窥其微。间以叩君,毫析缕解,使人洒然亡疑。至象纬运行,阴阳向背,历历如指诸掌。其志以经世综物自任,而道与时违,遂指山林为归宿,卜居九峰,窜奥重掩,虽当世名卿物色求访,将以用君,不屑就也。其文长于论辨,诗早慕太白,晚入陶韦社中。至其吟咏性情,摹写造化,则又源流文公感兴诸作，非徒以诗自命而已。

　　某之生也后，不及拜聘君床下，而喜观其书。嘉定中，始见君后山。未几，过予洪都之郡斋，留止数月，暇则相从质问，得所未悟。后三年，将之潭，诣君以别，户庭洁幽，竹树茂美，如适君平子陵之居，伯季联席，衣冠伟然，若图缋中见古人物。会李敬子、公晦、蔡元思继至，引觞命醨，名论迭发，杂以辨争，竟日散去，未知别离之可重也。比年退处，念一相从于芦峰幔亭间，迄不可得，而坐中客如君与公晦父皆不复存，然后知一日之会为千载之诀，其亦可悲也夫。

　　君之没，实绍定三年五月壬辰，年六十有四。是月甲寅，葬九峰之东原。始君之名若字，文公寔命之，欲其潜心体道，默而成之也。及君长子生，公复命之曰模，欲其循法履度，动与道合也。公之属君父子者如此。君既克佩师训，模亦进未易量。次子抗以明经擢进士第，余亦嗜学有立。蔡氏自牧堂老人以道术名，西山振大之，君与二昆又相与阐明之，然皆堙沦弗耦，或以为蔡氏恨。予曰："是不足恨也。鲁之曾氏，自葳以后未尝仕，而圣师与其志，道统得其传，至西犹羞比管仲，是其所得多矣。汉陈仲弓子孙继隆贵，然公惭卿，卿惭长，位高而名益下，君子病之。若君之家学，渊源河洛，羽翼鲁邹，繇祖暨孙，先后一辙，言学之有本者必推焉。此其可贵，岂区区人爵比乎？"君之言行，予友黄君自然状之。模复谓予表其墓，予不得辞也，故为叙其梗概，俾刻之石，后之君子其尚有考于斯。

（四部丛刊景明正德刊本宋真德秀西山文集卷四十二）

李幼武宋名臣言行录续集别集外集卷十七
蔡沈九峰先生

字仲默，西山先生子也。卜居九峰，当世名卿物色求
访，将以用之，不屑就也。绍定三年五月殁，年六十四。

西山师事晦庵，而晦庵顾曰："季通，吾老友也。凡性
与天道之妙，他弟子不得闻者，必以语季通焉。"异篇奥传，
微辞突义，多先令讨究而后亲折之，故尝辑其问答之辞曰
翁季录者，盖引以自匹也。君自胜衣趋拜，入则服膺父教，
出则从晦庵游。晦庵晚年训传诸经略备，独书未及为，环
视门下生，求可付者，遂以属君。洪范之数，学者久失其
传，西山独心得之，然未及论著，亦曰："成吾书者，沈也。"
君受父师之托，凛凛焉常若有负。盖沈潜反复者数十年，
然后克就。其于书也，考序文之误，订诸儒之说，以发明二
帝三王群圣贤用心，洪范、洛诰、秦誓诸篇往往有先儒所未
及者。其于洪范数也，谓："体天地之撰者，易之象。纪天
地之撰者，范之数。数始于一奇，象成于二偶，奇者数之所
以立，偶者象之所以存，故二四而八，八卦之象也；三三而
九，九畴之数也。由是八八而又八之，为四千九十六，而象
备矣；九九而又九之，为五百六十一，而数周矣。易更四圣
而象已著，范锡神禹而数不传，后之作者昧象数之源，窒变

通之妙,或即象而为数,或反数而拟象,洞极有书,潜虚有图,非无作也,牵合傅会,自然之数益晦焉。嗟夫!天地之所以肇,人物之所以生,万事之所以失得,莫非数也。数之体著于形,数之用妙于理,非穷神知化者曷足以语此。"君于二书阐发幽微至于如此,真不愧父师之托哉!

伪学之论兴,聘君远谪舂陵,君徒步数千里以从。九疑之麓,最楚粤穷僻处,山川风物,悲凉惨怆,居者率不能堪,君父子相对,独以义理自怡说,浩然无湘累之思、楚囚之泣也。聘君不幸没贬所,复徒步护柩以归。有遗以金而义不可受者,辄谢却之,曰:"吾宁随所止而殡,不忍累其先也。"年仅三十,即屏去举子业,一以圣贤为师。平居仰观俯察,默坐终暑,了然有见于天地之心、万物之情,反求诸躬,众理具备,信前圣之言不予欺也。

聘君尝著律吕书,演八阵图,皆为文公所叹重。然学者鲜窥其微,间以叩君,毫分缕析,使人洒然亡疑。至象纬运行,阴阳向背,历历如指诸掌。其文长于论辩,诗早慕太白,晚入陶韦社中。至其吟咏情性,摹写造化,则又源流文公感兴诸作,非徒以诗自命而已。

(清文渊阁四库全书本宋名臣言行录续集别集外集卷十七)

元脱脱等宋史卷四百三十四蔡元定传

蔡元定,字季通,建州建阳人。生而颖悟,八岁能诗,日记数千言。父发，博览群书，号牧堂老人，以程氏语录、邵氏经世、张氏正蒙授元定，曰："此孔孟正脉也。"元定深涵其义。既长，辨析益精。登西山绝顶，忍饥啖荠读书。闻朱熹名，往师之。熹扣其学，大惊曰："此吾老友也，不当在弟子列。"遂与对榻讲论诸经奥义，每至夜分。四方来学者，熹必俾先从元定质正焉。太常少卿尤袤、秘书少监杨万里联疏荐于朝，召之，坚以疾辞。筑室西山，将为终焉之计。

时韩侂胄擅政，设伪学之禁，以空善类。台谏承风，专肆排击，然犹未敢诵言攻朱熹。至沈继祖、刘三杰为言官，始连疏诋熹，并及元定。元定简学者刘砺曰："化性起伪，乌得无罪？"未几，果谪道州。州县捕元定甚急，元定闻命，不辞家即就道，熹与从游者数百人饯别萧寺中，坐客兴叹，有泣下者。熹微视元定不异平时，因喟然曰："友朋相爱之情，季通不挫之志，可谓两得矣。"元定赋诗曰："执手笑相别，无为儿女悲。"众谓宜缓行。元定曰："获罪于天，天可逃乎？"杖屦同其子沉行三千里，脚为流血，无几微见言面。至舂陵，远近来学者日众，州士子莫不趋席下以听讲说。有名士挟才简傲、非笑前修者，亦心服，谒拜执弟子礼甚恭。人为之语曰："初不敬，今纳命。"爱元定者，谓宜谢生徒。元定曰："彼以学来，何忍拒之。若有祸患，亦非闭门塞窦所能避也。"贻书训诸子曰："独行不愧影，独寝不愧衾，勿以吾得罪故，遂懈。"一日谓沉曰："可谢客，吾欲安静以还造化旧物。"阅三日卒。侂胄既诛，赠迪功郎，赐谥

249

元定于书无所不读,于事无所不究,义理洞见大原,下至图书、礼乐、制度无不精妙。古书奇辞奥义,人所不能晓者,一过目辄解。熹尝曰:"人读易书难,季通读难书易。"熹疏释四书及为易、诗传、通鉴纲目,皆与元定往复参订。启蒙一书,则属元定起稿。尝曰:"造化微妙,惟深于理者能识之,吾与季通言而不厌也。"及葬,以文诔之,曰:"精诣之识,卓绝之才,不可屈之志,不可穷之辩,不复可得而见矣。"学者尊之曰"西山先生"。其平生问学多寓于熹书集中,所著书有大衍详说、律吕新书、燕乐原辩、皇极经世太玄潜虚指要、洪范解、八阵图说。熹为之序。

子渊、沉皆躬耕不仕。渊有周易训解。沉字仲默,少从朱熹游。熹晚欲著书传,未及为,遂以属沉。洪范之数,学者久失其传,元定独心得之,然未及论著,曰:"成吾书者,沉也。"沉受父师之托,沉潜反复者数十年,然后成书,发明先儒之所未及。其于洪范数,谓:"体天地之撰者,易之象。纪天地之撰者,范之数。数始于一奇,象成于二偶,奇者数之所以立,偶者数之所以行,故二四而八,八卦之象也;三三而九,九畴之数也。由是八八而又八八之,为四千九十六,而象备矣;九九而又九九之,为六千五百六十一,而数周矣。易更四圣而象已著,范锡神禹而数不传,后之作者昧象数之原,窒变通之妙,或即象而为数,或反数而拟象,牵合傅会,自然之数益晦焉。"始从元定谪道州,跋涉数千里,道楚粤穷僻处,父子相对,常以理义自怡悦。元定殁,徒步护丧以还。有遗之金而义不可受者,辄谢却之,曰:"吾不忍累先人也。"年仅三十,屏去举子业,一以圣贤为师。隐居九峰,当世名卿物色,将荐用之,沉不屑就。次子抗,别有传。

(中华书局点校本)

附录二 书目解题

宋晁公武昭德先生郡斋读书志卷第五上

书集传六卷。

右晦庵先生朱文公订正,而武夷蔡沉集传也。沉自序于前,其子奉议郎秘书省著作佐郎兼权侍右郎官兼枢密院编修官兼诸王宫大小学教授抗[一]进于朝。沉字仲默,号九峰先生,真西山撰其墓表,今附于后。

（四部丛刊三编景宋淳祐本）

于敏中等天禄琳琅书目卷五

书集传一函七册,元板,宋蔡沈撰,六卷,宋邹近仁音释。前沈序并尚书纂图,书传序共一册。后附书序一篇。

宋史蔡沈字仲默,建州建阳人,元定次子,少从朱子

〔一〕"抗",原作"杭",今据宋史卷四二〇蔡抗传改。下同,不再出校。

游。朱子晚年欲著书传，未及为，遂以属沈。洪范之数，学者久失其传，元定独心得之，然未及论著，曰："成吾书者，沈也。"沈受父师之托，沈潜反复者数十年，然后成书。方年三十时，即屏去举子业，一以圣贤为师。居九峰，当世名卿物色将荐用之，沈不屑就。邹近仁，宋史无传。考江西志，近仁字季友，饶州人，为龙阳丞。尝叩道于杨简，一再语而顿觉。性至孝。或干以利，介焉弗受。人告之过，敛衽以服。所当为，虽强御不畏。著有归轩集。此书与宋版纂图互注毛诗、周礼体式相同，惟注字参差不齐，未能如宋椠耳。毗陵周良金藏本无考。

（清文渊阁四库全书本）

永瑢四库全书总目卷十一经部十一

书集传六卷，通行本。

宋蔡沈撰。沈字仲默，号九峰，建阳人。元定之子也。事迹附载宋史元定传。庆元己未，朱子属沈作书传，至嘉定己巳书成。案：此据序年月，真德秀作沈墓志，称"数十年然后克成"，盖误衍一"数"字。淳祐中，其子抗表进于朝，称集传六卷、小序一卷、朱熹问答一卷，缮写成十二册。其问答一卷久佚。董鼎书传纂注称"淳祐经进本录朱子与蔡仲默帖及语录数段，今各类入纲领辑录内"，是其文犹散见于鼎书中，其条目则不复可考。小序一卷，沈亦逐条辨驳，如朱子之攻诗序。今其文犹存，而书肆本皆削去不刊。考朱升尚书旁注，称古文书序自为一篇，孔注移之各冠篇首，蔡氏删之而置于后，以存其旧，盖朱子所授之旨。案：陈振孙书录解题载朱子书古经四卷、序一卷，则此本乃朱子所定，先有成书，升以为所授之旨，盖偶未考。是元末明初刊本尚连小序，然宋史艺文志所著录者亦止六卷，则似自宋以来，即惟以集传单行矣。元何异孙十一经问对称吉州所刊蔡传仍以书序置之各篇，初不害其为蔡传。盖一家之版本，非通例也。沈序称"二典三谟经朱子点定"，然董鼎纂注于"正月朔旦"条下注曰："朱子亲集书传，自孔序止此，其他大义悉口授蔡氏，并亲稿百余段，俾足成之"，则大禹谟犹未全竣。序所云"二典三谟"，特约举之辞。鼎又引陈栎之言曰："案栎此条不载所作书传纂疏中，盖其书传折衷之文也。朱子订传，原本有曰：'正月，次年正月也。神宗，说者以为舜祖颛顼而宗尧，因以神宗为尧庙，未知是否。如帝之初等。'盖未尝质言为尧庙。今本云云，其朱子后自改乎？抑蔡氏所改乎？"则序所谓"朱子点定"者，亦不免有所窜易。故宋末黄景昌等各有正误、辨疑之作。陈栎、董鼎、金履祥皆笃信朱子之学者，而栎作书传折衷，鼎作书传纂注，履祥作尚书表注，断断有辞。明洪武中，修书传会选，改定至六十六条。国朝钦定书经传说汇纂，亦多所考订厘正。盖在朱子之说尚书，主于通所可通而阙其所不可通，见于语录者不啻再三，而沈于殷盘、周诰一一必求其解，其不能无憾也固宜。然其疏通证明，较为简易，且渊源有自，大体终醇。元与古注疏并立学官，见元史选举志，而人置注疏肄此书。明与夏僎解并立学官，见<u>杨慎丹铅录</u>，而人亦置<u>僎解</u>肄此书，固有由矣。

（<u>清乾隆武英殿</u>刻本）

<u>彭元瑞天禄琳琅书目后编</u>卷八

　　<u>书集传</u>。一函六册。
　　<u>宋蔡沈</u>传，<u>邹季友</u>音释。<u>沈</u>字<u>仲默</u>，<u>建阳</u>人，<u>朱氏</u>弟子，属以注书。<u>季友</u>，<u>邹近仁</u>字，<u>鄱阳</u>人，<u>杨简</u>弟子也。书六卷，前列书经序，后有书序。考<u>沈</u>子抗进表，尚有朱熹问答一卷，<u>宋</u>以来刊本俱不载。序末有"<u>南溪精舍</u>"及"<u>至正乙酉</u>"钟式、"<u>明复斋</u>"鼎式墨印三，书末刻"<u>至正乙酉</u>菊节，<u>虞氏明复斋</u>刊"。

（<u>光绪</u>刻本）

<u>孙星衍平津馆鉴藏书籍记续编</u>

　　元版
　　<u>书经集注</u>十卷，题<u>蔡沈</u>集注，前有<u>嘉定己巳蔡沈</u>序，末附书序。据<u>沈</u>自序，四代之书分为六卷，<u>宋艺文志</u>、<u>晁氏读书志</u>、<u>天一阁</u>、<u>天禄琳琅</u>藏本<u>蔡沈书集传</u>俱作六卷。此本改"集传"作"集注"，"六卷"作"十卷"，每句皆作小圈，读法或作连圈。钦、慎、遍、恤、中、止等字间作大圈标出，当是坊间重刻本。书中亦附<u>邹近仁</u>音释。黑口，巾箱本，每叶十八行，行十七字，收藏有"<u>晋府书画之印</u>"朱文方印，

"栎园赏鉴图书"朱文方印。

（道光刻本）

张金吾爱日精庐藏书志卷二经部

蔡氏书集传序。

孔安国书传序，书蔡氏传重刊明本。明本，明州本也。

凡例

一、蔡氏集传，九峰先生子参政抗淳祐经进本。元载朱子手帖数段，未能尽一经大旨。今将鄱阳董氏录注所辑朱子纲领取其精详而有补于书者刊置卷首，又取诸儒说书纲领，续于语录之次，庶几开卷者未读时已见大概，然后复熟之，不待讲习而已焕然矣。

一、蔡氏集传行世虽久，其间讹误不少，今依辑录本精加校正。此诸本不同。

一、蔡氏集传，元无音释，今用鄱阳邹氏经传音释，附于各段之末，庶几学者字得其音，事得其释，疑得其辨，而胸次洒然，无复滞碍矣。

（清光绪十三年吴县灵芬阁集字版校印本）

周中孚郑堂读书记卷九经部五之下

书集传六卷，通行本。

宋蔡沈撰。沈字仲默，号九峰，建阳人，元定之子也。

书集传

256

四库全书著录，读书附志，通考无卷数，宋志俱载之，书录解题不载。宋志无"集"字，朱氏经义考从之，皆省文尔。考其子抗进表称"书集传六卷，小序一卷，朱熹问答一卷，缮写成十二册"云云。今问答一卷不传，其说犹存于语类及大全集中，而小序一卷亦有集传，如朱子诗小序之辨说，其文虽存，而宋以来刊本悉不载，故赵氏及宋志皆止称六卷焉。真西山德秀作九峰墓表，称"君从文公游，文公晚年训传诸经略备，独书未及为整，环视门生，求可付者，遂以属君。君沉潜反覆数十年，然后克就其书。考序文之误，订诸家之说，以发明二帝三王群圣贤用心之要。洪范、洛诰、泰誓诸篇往往有先儒所未及者。"其自序亦称"二典三谟，先生盖尝是正。改本已附文集中，其间亦有经承先生口授指画而未及尽改者，今悉更定，见本篇"，又称"集传本先生所命，故凡引用师说不复识别"云云，然其说虽原出于朱子，而自用己意者多，故与朱子颇有异同。当其初行，已多异论。张苞舒有书蔡传订误，黄景昌有尚书蔡氏传正误，程直方有蔡传辨疑，余芑舒有读蔡传疑，递相诘难。及元仁宗延祐二年，议复贡举，定尚书义用蔡氏，于是张氏等之书尽佚不传。至明太祖，始考验天象，与是传不合，乃命刘三吾等撰书传会选六卷。凡是传之合者存之，其不合者则改之，计所纠正凡六十六条。而永乐中读书种子已绝，所纂修大全，专以是传为主，竟不知太祖之已有成书，可谓数典而忘其祖矣。

（民国吴兴丛书本）

洪颐煊读书丛录卷二十四

书经集注十卷,题蔡沈集注。前有嘉定己巳蔡沈序,末附书序。元刊黑口,巾箱本,每叶十八行,行十七字。据晁氏读书志、天禄琳琅藏本,蔡沈书集传俱作六卷,此本改"集传"作"集注","六卷"作"十卷",当是坊间重刻本。

（清道光二年富文斋刻本）

杨守敬日本访书志补

元椠蔡氏书集传六卷,首蔡氏自序,序后有木记,云"梅隐书院鼎新绣梓"八字,下载纂图一卷,又载朱子说书纲领,疑即蔡抗表所称朱子问答一卷。又有木记称"两坊旧刊诗、书集传俱无音释,览者有遗恨焉。本堂今将书传附入鄱阳邹氏音释,诗传金华许益之名物钞、音释,各依名儒善本点校句读,仍取纂图寘之卷首,大字刊行,精加校正无差,庶几读者豁然无疑矣。与坊中旧本玉石判然,收书君子幸监。至正丙午孟冬,梅隐精舍谨识。"据此,知为合刊诗集传之记。又载蔡抗进书传表。第二册首标题"朱子订定,蔡氏集传"。所录孔安国序、汉书艺文志、孔颖达之说皆有注文。"今按"以下,则朱子之说。末有"今定此本"云云,知此书本朱子之志。下接书序,每条皆有注,与蔡抗表有小序一卷合。此如朱子之诗集传,于诗序皆逐条辨驳也。再下为本书首行，题"书卷第一"，无"经"字，"蔡氏集传"。按：今本题"书经卷之一，蔡沈集传"，又删除其书序辨说、朱子纲领及蔡抗进书表，皆为谬妄。其经文异者，如"泲水傲予"不作"降"，据蔡氏注，称作"降"者为古文，则集传本作"泲"可知。益稷"敖虐是作"不作"傲"。金縢"惟朕小子其新逆"不作"亲迎"，据注知"新"当作"亲"，是蔡氏订定之辞，其正文必仍作"新逆"，作"迎"者则又后人臆改。酒诰"惟殷之迪诸臣惟工"不作"百工"，武成一篇有注，今考定武成一篇低一格无注，惟"垂拱而天下治"后夹注十余行，与今本大异，且增多百余字。观此知蔡氏虽改定此篇，犹以旧文为主。今本则两篇并载，注文繁，非注书体。又其注文，如禹贡"九河既道"注"齐威塞八流以自广"不作"齐桓"，蔡氏避宋讳，自应作"威"，皆当据以订正，以还蔡氏之旧。至其中亦间有讹字，则由坊刻不校之过，读者当自得之。又按：宋元之际所刊书籍多有木记，称某书院校刊。今日藏弄家以为当时官本，其实皆坊肆所托。如此本纲领后，木记云云，决知非官刊之书。又此本木记既云附入鄱阳邹氏音释，而全书实无音释，当是坊贾故作此语欺人。但今日则又深幸未附音释，尚存蔡氏原本面目。又此书前所载纂图，不著作者姓名，后有合沙先生云云。按：经义考合沙渔父，郑东卿自号。东卿有尚书图一卷，此必其所作也。光绪庚寅夏四月，宜都杨守敬记。

重刊明本书集传附音释六卷。元刊本。

题"朱子订定，蔡氏集传，鄱阳邹季友音释"。案：蔡氏书成于嘉定己巳淳祐中，其子抗奏进，后遂有刻本。此云明本，即宋之明州本。明州，今宁波府也。当时经进本，传六卷，小序一卷，朱子问答一卷。小序本自为一篇，孔氏作传，移冠各篇之首，朱子仍合为一，书录解题载有"晦庵所录书古经四卷，序一卷"者是也。集传经其订定，故亦置序于后。此本悉依其旧，惟朱子问答，董氏辑录纂注采入说书纲领，此从董本列诸卷首。又有纂图六十有八，不著何人所纂。张氏金吾谓取诸郑东卿尚书图。案：东卿图见经义考则有七十有七，核其图名，又不同者半，明系两本，不得以图说有合沙云云，谓即郑本也。传文每节后附邹季友音释。考季友字晋昭，鄱阳人。明太祖见集传与季友所论间有未安，诏征儒臣纂书传会选，多采其说。黄氏千顷堂书目、钱氏元史艺文志俱载有书蔡传音释六卷，即此书也。所释与蔡传异者，已见张氏藏书志。其释音亦主虚实动静，引玉篇、广韵、韵略，不全用释文。其论"数"字云："诸经中如'加我数年'、'数口之家'，陆氏并音色主反，而朱子四书集注音去声。今案：上声乃用力字，于此义未安，宜从朱子音为是。"又谓："徐仙民赎音树，为北音，因改为神蜀反。"盖亦元人之讲小学者。邹氏有上胡云峰书曰："书

書集傳

传音释极感订正，傥遂可传，先生与有惠焉。"是又经云峰
手定矣。凡例后有墨图记，曰"至正辛卯孟夏，德星堂重
刊"。旧为邑中孙氏藏书，后归张氏爱日精庐，载入藏书
志，次诸元人之末，盖以邹氏音释为主，然凡经传附释文皆
不从陆氏时代，故今以集传为主，改列于此，而单行本一卷
则仍叙诸元人中焉，每卷有"虞山孙仲孝维收藏图书"
朱记。

（清光绪常熟瞿氏家塾刻本）

丁丙善本书室藏书志卷一

书集传六卷。元刊本。明杨石淙旧藏。

蔡沈集传。

前有书序。按：陈氏鳣经籍跋文有宋本书集传跋，云：
经文如禹谟"降水儆予"不作"洚水"，"夔夔斋栗"不作"齐
栗"，益稷"州十有二师"不作"有十"，泰誓"无辜吁天"不
作"顜天"，武成"师逾孟津"不作"师渡"，金縢"惟朕小子，
其新逆"不作"亲迎"，酒诰"又惟殷之迪诸臣惟工"不作
"百工"，"弗蠲乃事"不作"汝事"，君奭"越我民罔尤违"
不作"曰我"，费誓"勿敢越逐"不作"无敢"，皆与宋本合。
若尧典"母嚚"传引吕氏春秋增多十九字，今考定武成一篇
低一格无传，惟"垂拱而天下治"后夹注十余行，异同居多，
又增多百余字，足以证今本之误。其为元翻宋本无疑。有
"内府图书"之印，"古吴延陵世家"、"清河世家"、"邃庵藏

书画"记。按:邃庵,明石淙杨一清为中书舍人时,卜居长安石门之室,名有邃庵集。此犹其旧藏也。又有"汉唐斋"、"马玉堂"、"筠斋珍藏"诸印。

尚书集传六卷。明正统刊本。

蔡沈集传。

张氏爱日精庐藏书志有元至正重刊明州本。凡例曰:"集传旧无音释,今用鄱阳邹氏经传音释附于各段之末。"是至正以前,集传皆不附音释,惟德星堂始附刊刻。是书首蔡氏自序,次纂图六十,次朱子说书纲领,次孔安国书序,次序悉依元版,字画工整,行款疏朗,惟无明本凡例耳。音释今尚有单行本,乃日本黄备昌谷硕所刊,即摘录此书而为之者。惜乎王道音释一书,见董鼎书传纂疏,今已泯灭,不获与之并传也。

书经集注十卷,序一卷。嘉靖赣州刻巾箱本。

蔡沈集注。

此书改"集传"为"集注",分六卷为十卷,与阳湖孙氏所藏元本合,惟元版系黑口,本附邹氏音释,且每句加一圈,读法作连圈,而此本删节音义,并削去其圈,似非全依元版者。后有木记楷书二行,曰"嘉靖癸未季春月,刊行于赣州府清献堂"。

(清光绪刻本)

附录三　序跋

陈鳣宋本书集传跋

　　书集传六卷,宋刻本每叶十六行,行十七字,首题"书卷第一,晦庵先生订定,门人蔡沉集传",余卷止题"蔡沉集传"四字,与前序云"二典禹谟,先生盖尝是正"之言合,此其原式。今本第一卷删去"晦庵先生订定"六字及"门人"二字,殊失本来面目。集传本无音,前序亦无注,今本有之,盖明初坊间附以鄱阳邹氏音释,而今本夏书仍不附音,惟成化本尚有。宋本序后有真西山题跋,又载孔安国序一篇、汉书艺文志一条、孔颖达疏说一条,皆有注,后载书序亦有注。盖集传于书序亦如朱文公之攻诗序,逐条辨驳,后来书肆重刊,率尔削去,并前序所附者俱削之,良可浩叹。考淳祐中,蔡氏子抗进表偁"集传六卷,小序一卷,朱熹问答一卷,缮写成十二册"云云,其问答一卷久佚,仅散见于董鼎书传纂注中。自宋以来,张葆舒有蔡传订误,黄景昌有蔡氏传正误，程直方有蔡传辨疑，余苣[一]舒有读蔡传疑，递相诘难。及元延祐二年，议复贡举，书用蔡氏与古注疏并行。陈栎初作书传折衷，颇论蔡氏之失，迨法制既定，乃改作纂疏，以发明之。至明洪武十年，太祖与群臣论蔡传之失。二十七年诏刘三吾等撰书传会选，其所纠正凡六十六条。永乐中，胡广等奉敕撰书传大全，复崇主蔡传，定为功令，以迄于今。盖屡晦屡显，究之渊原有自，以视陈澔礼记集说、胡安国春秋传，可取实多。但累经坊刻，又失其真。是本为吴中顾安道所藏，惜缺夏商二卷，尝借读而校之。经文如禹谟"降水儆予"不作"洚水"，"夔夔斋栗"不作"齐栗"，益稷"州十有二师"不作"有十"，泰誓"无辜吁天"不作"顲天"，武成"师逾孟津"不作"师渡"，金縢"惟朕小子，其新逆"不作"亲迎"，酒诰"又惟殷之由诸臣惟工"不作"百工"，"弗蠲乃事"不作"汝事"，君奭"越我民罔尤违"不作"曰我"，费誓"勿敢越逐"不作"无敢"，皆足以证今本之误。集传若尧典"母嚚"传引吕氏春秋增多十九字，今考定武成一篇低一格，无传，惟"垂拱而天下治"后夹注十余行，异同居多，又增多百余字，其它字句之异者更复不少，知今本皆为后人删改。是书与家藏宋刻易本义、诗集传正堪并行，安得有力而好事者尽付诸梓，以还先儒旧观，且以广益天下后世之诵习也哉？

（清涉闻梓旧本陈鳝经籍跋文）

书集传

264

〔一〕"苣"，原作"苞"，今据前书录解题改。

钱泰吉跋书经集传校本

道光己亥秋日，仁和邵蕙西孝廉懿辰见余曝书杂记，知欲访求邹氏蔡传音释，以明正统本书集传借读。既钞音释于别册，乃以此本校核正文传文，他事间断，至庚子季夏四日甫毕，读旧书生记于海昌学舍。

附录异文。咸丰癸丑得见至正刻本，亦附著异同。

序"二典禹谟"，坊本多误作"三谟"，朱子实止于禹谟，正统本不误，元至正本作"禹谟"。○后凡至正本与正统本同者不著。禹贡"伊、洛、瀍、涧，既入于河"传云"瀍水，地志云出河南郡谷城县晉亭北"，坊本"晉"误"替"；"过九江至于敷浅原"传引地志"傅易山"，坊本"易"误"易"；"五百里荒服"传云"或以为禹直方计"，坊本少"为"字。汤诰"弗忍荼毒"传"如荼之苦，如螫之毒"，坊本作"如毒之螫"，元至正本作"如毒之螫"，与今本同。伊训"制官刑"节传文"异时太甲"，坊本"异时"作"当时"。盘庚上"盘庚敩于民"节传文"盖小民患焉卤垫隘"，坊本"小"作"以"。泰誓上"惟十有三年春，大会于孟津"传文"尤为无艺"，坊本"艺"作"义"。更定武成篇末，坊本传文少百余字，正统本与钦定传说汇纂所录同。洪范"明作哲"、"曰晢时燠若"，今本"晢"皆误"哲"，至正本亦误。金縢"惟朕小子其新逆"，坊本"逆"误"迎"，至正本作"迎"；"史乃册祝"节传文"以纾危急"，今本"纾"作"输"，至正本传文作"输"，音释作"纾"。大诰"王若曰猷大诰尔多邦"传文"言我不为天所恤"，今本"不"作"命"；"绍天明"传文"以其可以绍介天明"，今本"明"作"命"。酒诰"又惟殷之迪诸臣惟工"，今本"惟"误"百"。无逸"自朝至于日中昃"，今本"昃"作"昃"，至正本作"昃"。周官"司空掌邦土"传文"主国空土"，今本"空"误"邦"。康王之诰"用端命于上帝"传文"文武用受正命于天"，今本作"天下"，衍"下"字，至正本亦多"下"字。

（以上二文均出自清钱泰吉甘泉乡人稿卷六，同治十一年刻，光绪十一年增修本）

钱泰吉跋影写元至正重刊蔡传凡例

道光庚子，从仁和邵蕙西部郎懿辰假正统本书集传，录邹氏音释，阅十四年矣，曾寄大梁请吾兄衍翁刻入经苑，未几，吾兄下世，不果。蒋生沐光煦近得元至正辛卯双桂书堂刊本，拟借校一过，忽忽未暇。唐茂午孝廉兆榴适馆余斋，因倩摹重刊凡例一叶，视元本不爽豪发，足与汲古阁影写本颉颃矣。蔡氏书传虽三家村塾皆有之，而穷经之士皓首不见音释，于蔡氏传文袭俗沿误者十盖八九也。生沐能倩人摹写经传及音释，依式授梓，加以校勘，俾家有随和，岂非盛事？此叶则吾家径尺之璧也。咸丰三年七月廿六日，识于海昌城东寓庐。